中小学音乐教育发展与改革

王凤　赵莉　刘洁　主编

吉林大学出版社

长春

图书在版编目（ＣＩＰ）数据

中小学音乐教育发展与改革 / 王凤，赵莉，刘洁主编. —长春：吉林大学出版社，2019.4
ISBN 978-7-5692-4621-6

Ⅰ.①中… Ⅱ.①王…②赵…③刘… Ⅲ.①音乐课—教学研究—中小学 Ⅳ.①G633.951.2

中国版本图书馆CIP数据核字(2019)第071493号

书　　名　中小学音乐教育发展与改革
　　　　　ZHONG-XIAOXUE YINYUE JIAOYU FAZHAN YU GAIGE

作　　者　王凤 赵莉 刘洁 主编
策划编辑　刘佳
责任编辑　王洋
责任校对　刘佳
装帧设计　郭少飞
出版发行　吉林大学出版社
社　　址　长春市人民大街4059号
邮政编码　130021
发行电话　0431-89580028/29/21
网　　址　http://www.jlup.com.cn
电子邮箱　jdcbs@jlu.edu.cn
印　　刷　长春市昌信电脑图文制作有限公司
开　　本　787mm×1092mm　　1/16
印　　张　11.5
字　　数　280千字
版　　次　2019年4月　　第1版
印　　次　2019年4月　　第1次
书　　号　ISBN 978-7-5692-4621-6
定　　价　45.00元

前　言

　　教育部为了适应教育发展的新形势,不断地对教育进行改革,新课程便是在 1999 年启动的基础性教育改革,后于 2001 年发布了《基础教育课程改革纲要(试行)》。根据新课程改革的基本理念,在十年中教育部对理论与实践的关系不断地进行摸索,终于在 2011 年制定了《义务教育音乐课程标准》,赋予了音乐课程新的定义,使我国美育发展取得了质的飞跃。

　　中国音乐教育发展已有百余年的历史,在新的历史时期,对音乐教育历史进行回顾与反思,是推进音乐教育快速发展的重要理论支撑。笔者从音乐学科史的角度,以时间为顺序,以我国长期以来颁布的有关普通中小学教育的学制、课程(教学)计划、音乐课程标准(教学大纲)、艺术教育法规为主要历史发展线索,结合相关史料,运用课程相关理论,力图详细考察中华人民共和国成立以来中小学音乐课程在课程设置、课程目标、课程内容及课程评价等方面的历史变化过程,分析不同历史阶段音乐课程的特点,总结出某些带有规律性的经验与教训,为现今的音乐课程改革服务。

　　"以审美为核心"的音乐教育观念已经在中小学音乐教育中普及,然而过于追求审美,往往造成对双基、文化等方面的忽视。多元文化的传播,尽管早已扩散,课程标准中也早已说明,然而在 21 世纪中小学音乐教育中却很少得到实施,教师能力水平问题、教材问题等许多现实问题,一直影响着多元文化观念的具体落实。本书总结了中小学音乐教育观念存在的问题,以及在现实教育中产生的实际影响。由此,笔者从理论观念和实践操作两个方面提出了多元文化观念在 21 世纪背景下我国中小学音乐教育中实施的可行性,指出我国的音乐教育应放眼全世界,注重以人为本,以学生为主体,在引进国外音乐教育观念的同时,注重本国的具体国情,从具体实践中,找出符合中国中小学的音乐教育观念,从而发挥多元文化教育观念在中小学音乐教育实践中的作用和影响。

教材建设是课程、教育改革的基础工作之一。长期以来,由于人们对音乐课程的性质与价值存在认识上的偏差,致使传统音乐教材存在很多缺失。从教材内容到教材体例结构,再到教材的视觉效果都不符合时代的精神。在当今教学理念不断更新,教学设施逐步完善,教学机制迅速变更的新形势下,传统的线性、封闭的教材设计范式受到了越来越多的质疑,应有与音乐教育发展相适应的多视角、多维度的注重学生主体性学习的新教材的生成,使教师与学生在教与学的过程中有可信赖的基本材料。本书探究了中小学音乐教材的建设以及实施成效,以音乐教育学、音乐美学、音乐教育心理学、课程论、教学论等为理论依据,对中小学音乐教材的建设做了较全面、较系统的分析研究与探索。

音乐课程标准主要是一个国家对国民在音乐方面所达到的基本素质的要求,音乐课程标准不仅体现了一个国家基础音乐教育事业的发展水平,同时也是作为一个纲领性文件在音乐教育方面的体现。它对教材的编写、课程的实施、课程的评价等都起着指导性的作用,所以对中小学音乐课程标准的研究对于以后的音乐教学具有重要的指导意义。

中小学音乐教学法研究是基础音乐教育研究的一个分支领域，从学校音乐课程系统确立至今，中小学音乐教学法的理论与实践研究逐渐要求系统化、科学化。因此，有必要对其进行细致的梳理与归纳，以便找出基础音乐教学方法在今后的发展规律和创新途径。

我国音乐课程的发展经历过艰辛、迷茫、曲折，也充满着挑战，但也积累了宝贵的经验。音乐课程的发展经历了从完全照搬苏联教学模式到自主探索适合我国教育模式的过程，发生了质的变化。尽管现阶段我国的音乐教育事业已取得了辉煌的成就，但是有关音乐课程的研究成果还是很少，系统的中国音乐教育史学科还没有完全形成，还需要我们进一步努力。

目　录

第一章　中小学音乐教育发展与改革

在漫长的封建社会,历代统治阶级都把兴学育才、推广教育作为国家发展的重要策略。作为文化教育的重要内容,中国的音乐教育也有着悠久的历史,伴随着音乐文化的产生和发展,其成为历史文化传承与传播的重要载体。近代以来,随着中国政治、经济、文化、教育近代化的先后萌芽,音乐教育也开始了近代化的历程。然而,它不可能凭空出现,它是近现代音乐教育的传承与延续,是一定的音乐教育形式、内容在特定历史时期的发展与变化。因此,回顾近现代音乐教育的启蒙与发展,探究近代化音乐教育的内涵与外延,有助于更准确地把握中国音乐教育近代化的历史嬗变。

第一节　近代中国中小学音乐教育发展沿革

近代化的中小学音乐教育，自 1901 年上海南洋公学附属小学设立"唱歌"课起，已经历了一个多世纪。康有为在《请开学校折》中写道："令乡皆立小学，限举国之民，自七岁以上必入之，教以文史、算数、舆地、物理、歌乐。"其中提到的"歌乐"，后来称之为"乐歌"，即指新式学校中开设的唱歌课程。这是中国音乐教育史上首次提出在新式学校中设立"乐歌"课的主张，揭开了中小学音乐教育近代化的历史篇章。在之后的一百多年里，它经历了从无到有，从萌芽到成熟的过程，为当今的学校音乐教育奠定了扎实的基础。

一、初步萌芽阶段

学校音乐教育的近代化萌芽是以学堂乐歌的兴起与发展为标志的。20 世纪初期，在一些先进知识分子的积极倡导下，学堂乐歌迅速发展起来。梁启超认为："今日不从事教育则已，苟从事教育，则唱歌一科，实为学校中万不可缺者。"梁启超充分肯定了在新式教育中开设乐歌课的必要性。随后，《奏定女子小学堂章程》以法令的形式确立了学校音乐教育的地位，全国各地热衷于音乐教育事业的人士陆续开始在新式学校中设立有关音乐的课程，中小学音乐教育近代化初步萌芽。

学堂乐歌的产生伴随着清末民初的社会变革，其内容大多反映了资产阶级实现"富国强兵""救亡图存"等民主主义和爱国主义的政治要求。

它最初从日本引入，又吸收了许多西方的音乐元素，因此基本采用日本和欧美的歌曲曲调，再填上中国歌词，成为新的歌曲。它诞生于清末民族危亡时刻，经历了封建社会走向近代社会的转折时期，遭遇了中西文化的碰撞，结合了中国的语言文字、时代风貌和审美情趣，在一定程度上反映了广大民众对时代的呼唤和反帝反封建的要求，当时较有影响力的学堂乐歌如《何日醒》《中国男儿》《祖国歌》《体操（男子用）》《春游》《送别》等都基本体现了这一特点。作为一种区别于中国传统音乐的新体裁，学堂乐歌成了近代中国新音乐文化的组成部分，在中国近现代音乐教育史上具有不可磨灭的历史意义。

首先，学堂乐歌的产生伴随着近代新式中小学的建立，为近代化学校的音乐教育奠定了基础。随着乐歌课的设置，各地新式学堂都明确了学校音乐教育的目的、内容和程度，确定了中小学音乐课为每周 1~2 课时，推动了音乐教材的建设以及音乐师资的培养。为了满足中小学音乐教学的需要，沈心工等人在上海务本女塾、龙门师范任教时，积极培养音乐教师队伍，使当时音乐师资力量短缺的情况得到了一定的缓解。其次，学堂乐歌是中西合璧的新音乐体裁，它的发展为进一步吸收外来音乐文化创造了条件，促进了中外文化的交流与融合。这不仅体现在乐歌的曲调、歌词上，还贯穿于音乐文化的各个领域。20 世纪初，为了新式学校的教学需要，一大批从事乐歌教学的音乐教育家投入中小学音乐教材的编撰工作，为音乐教育的发展做出了巨大贡献。如沈心工编撰的《学校唱歌集》（后经修订、增补，更名为《心工歌曲集》），是我国出版最早的音乐教材，也是当时流传较为广泛、较有影响力的音乐教科书；曾志态在日本出版的《教育唱歌集》，是早期比较有影响力的音乐教材；叶中冷的《小学唱歌集》，包含歌曲、教学法、乐理等内容，是一部综合性音乐教材；张秀山主编的《最新中等音乐教科书》是最早的中学音乐教材；索树白的《唱歌基本练习》是早期中学普遍使用的音乐教科书。同时，随着学堂乐歌的广泛传播，一些西方的乐器，如钢琴、提琴、风琴等陆续被中国人民所熟悉；西方的音乐演奏形式，如管乐、弦乐、军乐逐渐被国人所接受；西方的记谱法、作曲法、演奏技巧等逐渐被国内音乐学者普遍运用。在中国的许多音乐活动中，经常可以看到来自西方的合唱、音乐会、舞曲等表演形式。这是同中国传统的乐教思想与实践截然不同的新音乐理念，促进了中国音乐文化的进步，也推动了音乐教育近代化的发展。但是，在学堂乐歌兴盛的过程中，国人自制曲调的乐歌屈指可数，中国优秀的传统乐曲和民歌未能得到较好的传承，出现了生拼硬凑、重量不重质的现象。这是学堂乐歌发展中的缺陷，也是社会历史不可避免的局限性。

二、稳步发展阶段

民国初年，教育总长蔡元培提出了德、智、体、美四育并举的完全人格教育，其中的美感教育具有显著地位，成为学校教育的新目标。蔡元培主张将音乐教育作为美育的重要实施途径，他认为："美育之在普通学校内，为图工音乐等课。可是亦须活用，不可成为机械的作用。"蔡元培的美育思想被教育界普遍接受，被列为民国的教育宗旨。自此，学校美育逐渐受到重视，并以音乐、美术的形式出现于教育体系中。《中学校令施行规则》中提道："乐歌要旨在使谙习唱歌及音乐大要，以涵养德行及美感。"1923年，教育部颁发《小学音乐课程纲要》和《初级中学音乐课程纲要》，将音乐定为必修科目，教学内容除了歌曲外还有乐理，初级中学又增设了乐器。中小学音乐课程纲要的颁布与实施,使得各地中小学校开始设置音乐课程,推动了音乐教育的发展,为音乐教学和教材编写工作提供了依据。这时的教材建设更趋于规范化、统一化,注重音乐与美育的融合。萧友梅、黄自、赵元任、刘质平、丰子恺、黎锦晖、缪天瑞等音乐教育家、美学家借鉴西方的音乐教育制度,创作了适合我国国情的歌曲,出版了一系列中小学音乐教科书,如萧友梅的《新学制乐理教科书》《新学制唱歌教科书》《新学制钢琴教科书》《新学制风琴教科书》;丰子恺、裘梦痕的《开明音乐教本乐理编》;黄自的《复兴初级中学音乐教科书》;柯政和的《初中模范音乐教科书》;钱仁康的《中学音乐教材》:王余的《乐丛》;缪天瑞的《小学活页歌曲》;陈运仁、林淑惠的《小学音乐教材》等。

在这一时期,由于新文化思潮的崛起,国外近代化的教育理念陆续传入中国。美国教育家杜威、孟禄、克伯屈等先后来华讲学,对中小学教育改革产生了巨大的推动作用。中国文化教育界掀起了一场探求新思想、新知识的高潮。许多音乐教育工作者、音乐爱好者纷纷组织各种音乐社团,创办音乐刊物,发表音乐论文,编写音乐教材,形成了一种新的社会风尚。美学家吴梦非、刘质平、丰子恺等成立"中华美育会",创办会刊《美育》,通过论述美育的基本原理,总结中小学教育的实践经验,探讨学校美育的实施方案,以提高中小学音乐教师的全面素质。吴梦非认为,美育在学校教育里面,当以图画、音乐、手工三科为主;以文学、体操等为辅,强调了音乐教育在美育实施过程中的重要作用。值得一提的是,黎锦辉在创作中小学歌曲,开展审美教育方面取得了巨大成就,他首创的儿童歌舞剧和儿童歌舞表演曲,以儿童为主体,由儿童演唱、表演,运用歌舞音乐的艺术形式来体现儿童的生活情趣,启发了儿童的美感,丰富了儿童的知识,实现了审美教育的目标和作用。由于他的作品在语言、情节、曲调、舞蹈等各方面都符合儿童的生理和心理特点,因此被普遍用作中小学音乐课的教材。

自民国初年美育思想的萌芽至 20 世纪 30 年代,在政府部门的重视、广大音乐教育家和音乐工作者的努力下,中小学音乐教育进入了一个稳步发展的阶段。1932 年以后,《小学音乐课程标准》《初级中学音乐课程标准》《高级中学音乐课程标准》陆续出台,对音乐教学目标、教学内容、课时安排等都做了详细规定。尤其是将音乐课程列为高中的必修科目,完善了中学音乐教学体系。在统一的课程标准指引下,中小学音乐教材的编写工作、音乐基础理论的建设工作都得到了一定程度的提高。同时,音乐欣赏被列入教学内容,从而形成了唱歌、乐理、欣赏、乐器四部分构成的较为完整的音乐课教学模式。另外,中国共产党领导的苏区政府鉴于当时的实际情况,将学校教育的重心置于面向广大儿童的小学教育,推行普通教育,提出"设立公立学校,对于儿童施以免费的教育"的主张,将"唱歌"定为初级、高级列宁小学的必修课程,规定课时为每星期八小时,从而建立了较为完整的小学音乐教育体系。毛泽东形容当时情况时说:"苏区中许多地方,学龄儿童的多数是进入了列宁小学校。"苏区小学教育的规模和普及程度在近现代音乐教育史上写下了光辉的一笔,为后世提供了宝贵的经验。至此,中国近代化中小学音乐教学模式基本确立。

三、艰难前进阶段

1937 年卢沟桥事变以后,全国掀起了抗战高潮。国难当头,抗日救国成为全国人民的一致奋斗目标。由于社会秩序遭到严重破坏,许多学校被迫停办、迁徙,音乐教育几乎处于停滞状态。然而,学校是宣传抗日救亡运动的文化阵地,音乐是挽救民族存亡的精神支柱,音乐教育在此时也受到了重视。教育部颁布了一系列利用音乐戏剧进行抗战宣传的文件，要求"所属各公私立中等以上学校,指导学生组织戏剧队,利用课间及假日公演施教。各地学校纷纷开展抗日歌咏活动,成为宣传抗战的文化阵地。中小学音乐课在教材、课时等方面,都有了一定加强。一方面,抗日歌咏活动的开展,抗日歌曲的广泛传唱,聂耳、冼星海等音乐家的积极创作,基本解决了中小学音乐课的教材问题。其中比较著名的歌曲有《大路歌》《在太行山上》《大刀进行曲》《松花江上》《开路先锋》等。另一方面,政府为了发挥音乐在抗战中的宣传作用,加强了其在课时安排上的地位,当时初级中学音乐课每周为两小时,高级中学为一小时。在这一时期,课外活动成为音乐教育成果的重要方面。

1940 年教育部颁发了《改进中小学音乐科事项》和《学校课外音乐活动办法》,对提倡课外音乐活动做了具体规定,如"各校应在学生中组织多种艺术团体,每位学生至少应参加一项有关活动;经常举办音乐比赛或演出活动"等。之后,《修正初级中学音乐课程标准》《修正高级中学音乐课程标准》的相继颁布,对音乐教学的目标和内容提出了新的要求。前者增添了欣赏著名乐曲的内容,并对发声练习、曲谱、合唱、和声、乐理、器乐等项目都做了相当详细的要求;后者鉴于高中课业较为繁重的情况,在教学内容和课时安排上略显灵活。课外音乐活动的兴起,体现了国民政府对音乐教育的重视。以歌咏、戏剧等形式宣传抗日救亡思想,激发了广大人民的爱国热忱,坚定了抗战信念,客观上促进了中小学音乐教育体系的完善与发展。对音乐欣赏要求的提高,开阔了学生的音乐视野,拓展了学生的音乐感悟能力,使音乐在青少年的健康成长过程中起到了潜移默化的作用,也是音乐教育近代化纵深发展的显著标志。

抗战时期，中国共产党领导的抗日根据地将教育作为一项十分紧迫的任务，积极创立和恢复中小学教育，以为抗战服务。陕甘宁边区教育厅公布《陕甘宁边区小学规程》，规定初级小学音乐课时为每周3节，高级小学为每周2节，课程内容都以抗战为中心。晋察冀边区将音乐和体育合并为"唱游"课，提出"唱歌课应注意多授救亡歌曲，以激发儿童的爱国情绪，培养儿童的民族意识"的主张。华中苏皖地区将简易的乐理、指挥、乐器、合奏等教学引入小学课堂，丰富了音乐教学的内容。中学方面，晋察冀边区为了培养地方各部门所需的基层干部，下令每一专员行政区中要创办一座中学，并在学校中设置艺术课程，包括歌咏、美术和写作技术，其中歌咏课的内容有救亡歌曲、指挥、识谱等。课外活动中也要求进行戏剧、歌咏等活动。

抗战胜利后，中国进入解放战争时期，音乐课已作为一门必修课程被列入学校的教学规划中。当时的中小学音乐课程设置基本沿用1932年的音乐课程标准。各解放区的中小学音乐教育在新民主主义思想的指导下，有了新的发展。边区政府在保证音乐课程正常有序开展的前提下，更注重引导其走上科学化、正规化的道路。中小学校开始进行音乐教材和教学方法的研究，探讨启发式教学法，发展学生学习的主动性和积极性。课程建设力求学以致用，将理论与实践有机结合起来。教学内容除了唱歌、乐理、识谱、戏剧等，还加强了乐器教学。此外，丰富多彩的课外音乐活动也是中小学教育的重要实践内容。解放区各中小学在音乐教育领域的探索与实践，使学生的身心得到了全面健康的发展，推动中小学音乐教育逐步迈向科学化与正规化，为中华人民共和国的成立和建设奠定了基础。

由于时局动荡、师资缺乏、经费短缺、课程设置不稳定等因素,中小学音乐教育的近代化受到了一定的限制。但综观整个发展历程,经过广大音乐工作者、音乐教育家的努力,中小学音乐教育仍起到了不可估量的作用。音乐教育适应时代的需要,无论是在抗击外来侵略,还是在争取民族解放时期,都始终对提高国民素质、宣传爱国主义精神发挥着巨大作用。在教材、教学方法等方面的积极探索,对完善中小学音乐教育体制,建设新时期的音乐教育具有重大的开拓意义。这是值得后世汲取和借鉴的宝贵经验。

第二节　中华人民共和国成立初期
中小学音乐教育发展沿革

一、音乐教育思想

(一)政治背景

1949 年中华人民共和国成立,标志着一百多年来民主革命的胜利和一个新的历史时期的开端。半个多世纪以来中国社会政治、经济、文化艺术的发展,都发生了空前深刻的变化。

中华人民共和国成立后前十七年间,最大的特点在于随着政治气候的变化,出现了无规律的剧烈颠簸。从中华人民共和国成立初期的全面学习"苏联模式"开始,"苏联的今天就是我们的明天"成为鼓舞人心的流行口号,向苏联学习形成"一边倒"的局面。向苏联学习的过程如同 19 世纪末 20 世纪初第一次向日本学习一样是一个主动学习的过程,其间有一个背弃和重新选择的问题。

(二)教育背景

中华人民共和国的教育通常被分为前十七年、中间十年、改革开放时期这样三个不同阶段。这三个不同时期似乎是断裂的,每一阶段都意味着对前一阶段的激烈否定和改造,但事实上这是一个大致连续的过程。

1949 年中华人民共和国成立后,是我国政治、经济制度发生重大变革的时期,其主要任务是改造旧教育体制,建立新教育体制,把教育方向转移到为社会主义建设服务的轨道上来。党的教育的首要任务是贯彻新的国家意识形态,对知识文化系统的控制与改造,培养造就无产阶级知识分子。革命化与知识化、正规化的冲突也贯穿了这一过程。中华人民共和国成立初期也是对教育学进行改造进而全面"苏化"的时期,此时的教育学一改以往"仿美"的面貌,伴随着中华人民共和国的成立呈现出新的气象。

中华人民共和国成立初期,中国在各个方面都提倡向苏联学习,教育也不例外,早在 1942 年召开的教育工作会议上,就明确提出教育改革的方针是"以老解放区新教育经验为基础,吸收旧教育有用经验,借助苏联经验,建设新民主教育"。

中国的教育从此纳入了苏联式的高度集中计划和专才教育的模式。这是一种与计划经济、产品经济体制同构的教育制度,它可以集中国家资源,迅速培养大批标准化的专门人才。苏式的"专才教育"以培养"速成的专家"为目标,造成学校和学科结构的文理分驰、理工分家。导致过度的"专业化",致使高等学校的专业设置越来越细、越来越多。过于狭窄的专业教育,使得所培养人才的基础比较薄弱,知识结构比较偏狭,现实生活中出现大量"专业不对口"问题,许多人用非所学,学非所用,正是这种过细过窄的专业教育的必然后果。

对我国普通学校音乐教育学产生影响的传统教育学还包括20世纪五六十年代对我国教育学影响较大的苏联教育科学体系。当时我国自己编写的《教育学》大都在凯洛夫主编的《教育学》基础上加以具体化,将教育科学体系分成五个组成部分,即研究青年一代教育和教学的一般规律的普通教育学;探究幼儿的教学与教育的内容和方法的幼儿教育学(学前教育);特殊教育学;研究学校个别科目的内容、形式和方法的分科教学法;研究古代到现代教育理论和实践发展的教育史。另外,也有在普通教育学基础上划分出学龄前教育学、学校教育学以及高等学校的教育学;在普通教学法基础上划分出各科教学法(如在音乐教学方法中的歌唱教学、器乐教学、律动教学、欣赏教学、创作教学以及音乐基础知识和基本技能教学)。这些都成了中国音乐教育中的教育学基础。

(三)受国外思想影响的学校音乐教育思想

中华人民共和国音乐教育在初期奠定了较好的基础。为配合课程建设,我国翻译引进了一大批苏联音乐教材及音乐教学参考资料,同时学校音乐教育在教材建设、教学研究、教学管理、教学模式等方面均以苏联的音乐教学理论为指导。客观来说,这段时期学习苏联的经验对于规范我国学校音乐教育,提高教学质量等方面都起到了一定的积极促进作用。

全面学习苏联的音乐教育体系、教学思想和方法。在全面向苏联学习的方针指导下,我国认真学习苏联的教育教学理论;翻译出版介绍苏联音乐教育教学的理论著作;派出留学生到苏联和东欧国家学习;聘请苏联专家来华讲学。苏联的音乐教育理论和教学方法对我国学校音乐教育产生了重要的影响,但由于对苏联音乐教育的经验缺乏实事求是的分析,全盘照搬,也造成了一些问题。

1952年高等学校进行了教育改革,这次改革以学习苏联经验为重点,包括学习苏联的教育理论和高等学校的模式,采用苏联学校的教学计划、教学大纲和教科书,采用苏联学校的许多规章制度。学习苏联教育经验,同时进行旧教育体制的改造是中华人民共和国成立初期中国教育改革的核心。高师院校音乐系科也不例外,从音乐教学管理、音乐教育体系、音乐教育教学理论、教学思想、教学计划、教学大纲,一直到课程设置、教材内容、教学方法等,一律学习苏联模式。我国所选用的教材大多是苏联音乐院校和师范院校的教材,具有较强的理论性、学术性、系统性、规范性。1952年教育部颁发的高等师范学校《音乐系教学计划(草案)》基本上是参照苏联高等师范学校音乐专业的教学计划,并结合我国实际而制定的。该教学计划的实行,体现了学校音乐教育思想的彻底苏化,在当时对高师院校音乐教育走上正规化、科学化的发展道路具有重要的意义,为高师院校音乐教育在今后的健康发展奠定了很好的基础。另外,从现在的角度来看,至今仍沿用的这套教学计划还存在一些问题,表现为过于偏重学习苏联的音乐教育体系,忽视了具有中国特色的音乐教育体系的建立。

二、中小学音乐教育事业的发展

中华人民共和国成立初期,党和政府十分重视音乐教育,整个教育形势从半封建半殖民地的教育转变为社会主义的教育,实现了教育性质的根本改变。在学习苏联教学经验和改革旧教育体制的基础上,我国的教育事业逐步走上了正轨。由于美育在国家教育地位的确立,普通学校音乐教育受到了较大重视,为了满足这一时期普通学校对音乐师资的需求,高师音乐教育也相应地受到了重视,并得到了一定的发展。

这一时期的音乐教育思想比较注重音乐审美教育与思想品德教育的有机结合。这一时期中国音乐发展的基本特征是从战争转向和平建设,人们的精神面貌饱满向上,音乐文化方面的各项工作均呈现出生机勃勃、欣欣向荣的气象。

学校音乐教育思想在这段时期坚持"百花齐放,百家争鸣""洋为中用,古为今用""推陈出新"的方针,为繁荣和发展我国的音乐事业,满足人民群众文化生活的需要进行着创造性的劳动。革命音乐和群众歌咏活动的蓬勃发展,使民间音乐得到人们的热爱和重视,在学校音乐教育中,歌声激发了学生的爱国之情和集体主义革命热情。

1952年3月,教育部颁布了中华人民共和国第一个《中学暂行规程》《小学暂行规程》,明确指出中小学实施智育、德育、体育、美育等全面发展的教育,并提出美育的教学目的为"陶冶学生的审美观念,并启发其艺术的创造能力""使儿童具有爱美的观念和欣赏艺术的初步能力",规定初中一至三年级每周一学时;小学一至六年级每周两学时。音乐教育的目的日趋明确,即为培养社会主义新一代全面发展的人才服务,在这种思想方针指导下,各级政府对师范音乐教育给予了高度重视,提出发展国民音乐教育首先要解决的是音乐师资问题。仅从1952年的院系调整来看,全国有15所高等师范学校设立了音乐或艺术系科,在校生达千余人,为国家培养了一大批高水平师资。与此同时,一些省市的中等艺术、音乐学校也陆续成立。1956年以后,中央教育部组织编写的中小学音乐大纲和音乐教材,总结了中华人民共和国成立以来的初步经验,稳定了中小学音乐教育质量,重视大中专音乐系科的发展,为中小学输送了部分音乐师资。

中华人民共和国成立初期,普通音乐教育恢复了它在整个国民教育中的地位。但从全国范围来讲,中小学音乐教育的发展一直跟不上客观形势的发展,原因之一是在教育方针上对美育教育重视不够。另外,中小学的发展速度飞快,而合格音乐师资队伍的建设相差较远,这种不平衡现象持续了相当长的一段时间。由于对美育教育重视不够,也使得师范音乐教育在整个师范教育或艺术教育的发展中得不到应有的重视。具体表现为,从全国师范教育的全面布局中建立的音乐系科太少;少数师范音乐教育机构的体制不稳定;从全国音乐人才的分布上讲,绝大多数集中在专业音乐院校和音乐团体,而留在师范音乐教育岗位的、有经验的教师队伍很少。

20世纪50年代,我国引进了苏联音乐教育的理论和方法,对音乐教育影响较大的有《中小学唱歌教学法》《幼儿园音乐教学法》等,有关教材教法也被引入学校音乐教育思想研究的范畴。1950年8月,教育部在《北京师范大学暂行规程》中规定中学教材教法课为公共必修课,还规定中师必须开设小学教材教法课。1957年教育部对教材教法内容做了具体规定,即"了解中小学教材内容和编辑原则,熟悉基本的教学方法,对使用教材过程中的经验与问题进行研究"。音乐教材教法研究阶段是音乐学科教育学研究的准备阶段,也是微观研究阶段。在研究对象上,它的范围限于以唱歌为主的音乐学科教学;在研究任务上,它探索的是本学科的教学法则;在功能上,它只是对本学科的教学法则加以阐明;在理论高度上,它偏重于具体教学经验介绍或信息传播,研究领域比较狭窄。以唱歌教材教法为音乐学科教育研究对象,强调教师的主导作用,以传授知识技能为主要教学任务，以及程式化的教学模式，在我国一直延续到 20 世纪 70 年代末。

第三节　改革开放后我国中小学音乐教育发展沿革

1978 年党的十一届三中全会的胜利召开，标志着我国进入改革开放新时期。在新时期里，无论是政治、经济还是文化各个方面都发生了翻天覆地的变化，曾经停滞不前的社会主义教育事业，也呈现出蒸蒸日上的繁荣景象。国家为了尽快恢复和发展中小学音乐教育，积极地采取了一系列相关措施，中小学音乐教育发展取得了骄人的成绩。这一时期进行的教育工作的背景主要包括以下两个方面。

首先是政治背景。20 世纪 70 年代末，中国开始了新一轮的历史性社会变革，过去的封闭状况所造成的各种僵化模式逐渐被打破，国家努力寻求既能跟上世界潮流又符合自身特点的发展途径。1978 年召开的十一届三中全会是 1949 年以来中国共产党历史上具有深远意义的伟大转折，此后，我国在政治、经济、文化上都出现了新的发展，各个领域都发生了巨大的变化。拨乱反正和思想解放运动极大地解放了人们的思想，由农村开始的经济改革，以及党和国家制度改革，经济体制、科技体制和教育体制改革，极大地解放了社会生产力，同时引起了社会阶层、社会结构的深刻变化。20 世纪 80 年代中期，我国又陆续开展了以市场经济体制改革为中心的教育体制改革和科技体制改革。20 世纪 90 年代初的社会气氛和社会心态是务实和重视实利的，经济活动成为从政府到民间的实际重心。1992 年，邓小平发表的"南方谈话"又为这个时期的改革起到了承前启后的重要作用。

其次是教育背景。十一届三中全会之后,教育工作显现出一片大好形势,教育事业得到很大发展,教育改革得以逐步深入、全面地展开。在这个阶段,邓小平提出了著名的教育指导方针即"三个面向",这是在 1983 年为景山学校题词时提出的教育思想,正式提出了教育现代化的任务,即"教育要面向现代化,面向世界,面向未来",这是我国教育理论和实践的旗帜,是新时期教育改革与发展的战略。

1985 年 5 月颁发的《中共中央关于教育体制改革的决定》提出了与"以经济建设为中心"的党的基本路线相一致的新的教育指导思想,即"教育必须为社会主义建设服务,社会主义建设必须依靠教育"。"教育为社会主义建设服务"的方针,是对错误的教育功能的扭曲、对教育高度政治化的纠正,强调教育促进经济和社会发展的功能,这无疑是一个巨大的历史进步。但是,作为面向未来的教育指导方针,它的局限性也很明显,即教育仍然只具有一种从属性,而没有确立在社会发展中的主体性和先导性。

1993 年 2 月,中共中央、国务院印发的《中国教育改革和发展纲要》是这一阶段的重要教育文件。《纲要》重申了"教育是社会主义现代化建设的基础,必须坚持把教育摆在优先发展的战略地位"的思想,提出 20 世纪 90年代教育工作的基本任务是"加快教育的改革和发展,进一步提高劳动者的素质,培养大批专门人才,建设适应社会主义市场经济体制和政治、科技体制改革需要的教育体制,更好地为社会主义现代化建设服务"。

一、调整恢复阶段(1979—1988 年)

1978 年 12 月,党的十一届三中全会在北京胜利召开。伴随着全国教育事业的调整和恢复,学校音乐教育也逐步调整、恢复和发展起来,并且其在学校教育中凸显出来的重要地位和作用日益被人们认识,音乐教育实践也相应地逐渐步入正轨。

(一)中小学音乐教育思想方面概述

1.召开全国教育工作会议,改革教育体制,解放教育思想

1985 年 5 月,党中央国务院召开了全国教育工作会议,会议以讨论《中共中央关于教育体制改革的决定》为中心议题,并研究了贯彻执行《决定》的步骤和相关措施,这也是改革开放以来第一次召开的全国教育工作会议。本次教育工作会议的主题是有关教育体制改革的问题,因此这次会议不会也不可能具体涉及美育和音乐教育问题的层面,更不会面面俱到地讨论中小学音乐教育方面的问题。但是,中小学音乐教育是整个教育事业的有机组成部分,这两者的命运是紧密联系在一起的。因此,虽然这次全国教育工作会议没有提及美育以及中小学音乐教育,但是它对恢复美育,确立中小学音乐教育在整个学校教育中的重要地位以及音乐教育在全面发展中的作用打下了良好的基础,创造了良好的氛围。需要特别指出的是,教育体制从宏观上的改革,促进了教育思想的大解放,这为中小学音乐教育迅速发展提供了体制上和思想上的保证。

2.确立了美育方针

1986 年 3 月,全国人大六届四次会议审议批准的"七五"计划明确指出了"各级各类学校都要加强思想政治工作,贯彻德育、智育、体育、美育全面发展的方针"。同年,时任国务院副总理兼国家教委主任的李鹏,在关于《中华人民共和国义务教育法(草案)》的相关说明中也再次强调,"在中小学教育中,应该贯彻德、智、体、美全面发展的方针……注意加强音乐、

美术、体育等科目的教育"。至此,美育和音乐教育在沉寂了将近三十年的时间后,党和国家重新为它们正了名,确定了美育教育的方针,让音乐教育回到了整个学校教育的大环境中。

3.加强对学校音乐教育的宏观规划与指导

为了贯彻国家德、智、体、美、劳全面发展的教育方针,加强对学校音乐教育宏观上的规划与指导,学校音乐教育方面也采取了一系列颇具意义的措施。国家教委成立了艺术教育处,这是我国成立的第一个主管普通学校艺术教育工作的专门机构,这也改写了我国音乐教育没有专门管理机构、没有专人负责的历史。国家教委还成立了艺术教育委员会,这是一个专门负责艺术教育咨询的机构,它在学校音乐教育教学改革、教育方针、政策以及发展规划等重要方面直接为国家教委提供咨询。另外,它还要协助国家教委检查、指导、督促各级各类学校音乐教育的具体实施情况。随后,全国各地相继建立了一整套音乐教育行政管理部门和教学科研部门。

4.音乐教育理论方面

这个阶段是音乐教育理论逐步恢复和发展的阶段。1983年《中小学音乐教育》创刊,1984年《中小学音乐报》创刊,此外,全国还有很多音乐教育类的刊物大量刊登了有关中小学音乐教育教学方面的理论成果。此时,一些中小学专著陆续出版,主要有《小学音乐教学法》《中小幼音乐教育研究》《小学音乐教师手册》《中等学校音乐教学法》《中学音乐教学》《中学音乐教学原理与方法》等,这一系列音乐教育理论成果对中小学音乐教育的调整和恢复起到了巨大的推动作用,也为下一阶段的快速发展打下了良好的基础。

(二)中小学音乐教育实践方面概述

1.教学计划方面

1978 年教育部颁发了第一个《全日制十年制中小学教学计划(试行草案)》之后,1981 年 3 月和 12 月,教育部对其进行了相应的修订,并分别颁布了《全日制五年制小学教学计划(修订草案)》和《全日制五年制中学教学计划(试行草案)的修订意见》,修订后的教学计划将原来小学一至三年级每周两节音乐课,四至五年级每周一节音乐课,改为一至六年级每周均设两节音乐课,占全部课程总课时的 7.8%;将原来初中只在一年级开设音乐课改为初中各年级均开设音乐课,且每周一课时,这就使中小学的音乐课基本上恢复到了以前的水平。

1988 年原国家教委又颁布了《义务教育全日制小学、初级中学教学计划(试行草案)》。本教学计划规定了小学低年级每周三节音乐课,"六三"学制音乐课的总课时分别是小学共 476 节、初中 100 节,这些课时数达到了中华人民共和国成立以来的最高课时数。

2.教学大纲方面

在调整恢复阶段,为了加强对中小学音乐教学的规范管理,1982 年、1988 年教育部先后两次修订颁布了中小学音乐教学大纲。

1982 年 2 月,教育部下发了《全日制五年制小学音乐教学大纲(试行草案)》和《全日制初级中学音乐教学大纲(试行草案)》,规定小学、初中音乐教育是进行美育的重要手段之一,是全面贯彻党的教育方针和培养学生德、智、体全面发展的重要组成部分。文件要求无论是中学音乐教学还是小学音乐教学都要陶冶学生的优良品格,树立学生的革命理想和培养学生的高尚情操,同时还要发展学生的形象思维能力,锻炼学生活泼乐观的情绪,使他们能够在身心方面得到健康的发展。在教学内容方面,无论是初级中学还是小学都包含了三个方面的内容,即唱歌、音乐知识和技能训练、欣赏,其中都以唱歌为主要部分,并且都要求这三个部分在教学中有机结合起来, 还强调各部分在各年级教学时间上所占的比重都应有所不同。

1988年5月,国家教委颁发了《九年制义务教育全日制小学音乐教学大纲(初审稿)》和《九年制义务教育全日制初级中学音乐教学大纲(初审稿)》。《大纲》从提高全民族素质,培养社会主义建设者和接班人着手,明确规定了中小学音乐教学的内容、教学目的、教学要求、课外音乐活动、教学设备、学业考核以及分年级不同的教学进度等方面的内容。其中,小学部分的音乐教学内容主要包括唱歌、欣赏、读谱知识、听音和视唱等方面,此外,还着重指出了小学音乐教育教学最重要的于段依然是唱歌教学,而且还要求其占有重要地位,但不把它作为唯一的教学内容。中学部分的教学内容包括视唱练耳、唱歌、欣赏、基本乐理等方面,同时也指出"以唱歌为主"的提法不再沿用。

3.教材建设方面

由于我国地域广袤,各地经济、文化等的发展现状存在着相对不平衡性,因此国家教育主管部门实行了"一纲多本"的政策,鼓励个人和团体在遵循教学大纲的前提下,可以编写不同版本的中小学音乐教材。这一时期出版的教材种类很多,1986年人民音乐出版社分别出版了五线谱和简谱两种版本的《九年制义务教育小学音乐课本》《九年制义务教育初级中学音乐课本》及《教师用书》,并配有教学录音带、挂图等教学用具。其中六三学制小学课本是12册,初中6册;五四学制的小学课本是10册,初中是 8 册。

1988 年人民教育出版社分别出版了五线谱和简谱两种版本的《全日制小学音乐试用课本》《全日制初级中学音乐试用课本》及《教师用书》和教学录音带。其中小学课本是 12 册,初中是 6 册。

通过上述教材可以看出，这一时期音乐教材方面的建设是紧扣教学大纲内容的,并且与当时音乐教育的发展基本上是同步进行的。

4.引进外国教学方法方面

改革开放以来，我国在音乐教育方面打开了国门，接受国外的新知识,一批外国优秀的音乐教育理论迅速引入国内。主要有德国的奥尔夫教学法、匈牙利的柯达伊教学法、瑞士的达尔克罗兹教学法、日本的铃本教学法、美国的综合音乐感教学法等。这些学习方法开阔了我国中小学音乐教育工作者的视野，对我国学校音乐教育的改革与发展起到了极大的推动作用。我国中小学音乐教师不断学习国外的教学理论和方法,力求将国外的教学经验和我国的教学现状有机地结合在一起,摸索、形成一套符合我国国情,具有中国特色的中小学音乐教育教学的新方法和新思路。

诚然,这一时期的音乐教育实践还涉及很多方面,如课程设置、教师队伍建设等,总之,这一时期原国家教委无论是在音乐教育思想方面，还是在实践方面都采取了相关措施,逐步把中小学音乐教育带入了正轨。

二、迅速发展阶段(1989—2000 年)

经过了国家一系列政策的调整和恢复，我国的中小学音乐教育步入了快速发展阶段。

(一)中小学音乐教育思想概述

1.召开会议确定美育地位,使中小学音乐教学工作有章可循

1989 年 9 月,原国家教委组织教师代表集体讨论美育、音乐教育在改革开放中的地位和作用,这些教师主要是来自高校从事美育、音乐教育研究的相关专家及长期从事普通学校音乐教育工作的教师,经过讨论,确定了新形势下的美育、音乐教育的地位和作用以及自身的定位。

1993 年 2 月,国务院正式颁发了《中国教育改革和发展纲要》,明确指出,"美育对于培养学生健康的审美观念和审美能力,陶冶高尚的道德情操,培养全面发展的人才,具有重要的作用。要提高认识,发挥美育在音乐教学中的作用,根据各级各类学校的不同情况,开展形式多样的美育活动。"这是我国第一次以国家正式颁发文件的形式来论述美育在学校教育中的地位和作用,它为我国中小学音乐教育的快速发展提供了理论及政策上的保障,为开创我国中小学音乐教育的新局面打下了坚实的基础。

1994 年 6 月,国务院召开了改革开放后的第二次全国教育工作会议,这次会议主要是进一步学习动员实施国务院颁发的《中国教育改革和发展纲要》,确立教育优先发展的地位,并且在本次会议中,美育再次成为重要议题,这就为今后中小学音乐教育的发展进一步做好了政策上的保障。

1997 年 5 月,教育部颁发了《关于加强学校艺术教育的意见》。《意见》可以说是对这一时期国家颁布的艺术教育文件的一个全面概况和总结,也是贯彻执行有关音乐教育方针政策和中央领导指示精神的一个具体实施方案。

2.明确音乐教育的发展方向

1989 年 11 月,原国家教委正式下发了《全国学校艺术教育总体规划

（1989—2000）》（以下简称《规划》）。《规划》是我国艺术教育史上的重要文件，指明了我国学校艺术教育发展的方向。《规划》从学校艺术教育的任务、目标、教学、管理、师资、设备等方面都做出了明确具体的要求与设想，它是我国学校艺术教育快速发展的宏伟蓝图，是我国普通学校艺术教育近、中期发展的方案与部署，是我国指导、检查以及管理学校艺术教育工作的重要标准与依据，是引导学校艺术教育发展的纲领性文件。《规划》中强调，"艺术教育是学校实施美育的主要内容和途径，也是加强社会主义精神文明建设，潜移默化地提高学生道德水准，陶冶高尚的情操，促进智力和身心健康发展的有力手段。艺术教育作为学校教育的重要组成部分，具有其他学科不可替代的特殊作用"。此外，《规划》还提出了总的发展目标。

《规划》是中华人民共和国成立以来我国制定颁布的第一个有关艺术教育事业发展的宏伟蓝图，这是一项十分艰巨、繁重、复杂、长期的系统工程，它的颁布实施，将建立起一整套科学化、体系化、多元化、网格化的音乐教育体系，为我国中小学音乐教育事业的快速健康发展，提供了政策上的保障。

3.中小学音乐教育理论研究

1989年，在原国家教委的委托下，由人民音乐出版社主办的《中国音乐教育》正式创刊，它得到了原国家教委的高度重视与大力支持。这段时期，该刊积极刊登有关中小学音乐教育、美育方面的政策法规、教学改革、教育科学研究、教师的基本功比赛等方面的内容，对我国中小学音乐教育的发展起到了良好的指导作用。另外，还有《人民音乐》《音乐研究》等音乐类的杂志，以及《中国音乐》《中央音乐学院学报》《音乐探索》等专业艺术院校的学报都纷纷刊发有关中小学音乐教育方面的论文，这些论文对中小学音乐教育的不同层面进行了相关的研究与探讨，其中的很多文章对中小学音乐教育实践提出了合理有效的意见，促进了中小学音乐教学研究与音乐教学改革的快速发展。

国家教育科学"七五"的重点课题"我国学校艺术教育的理论与实践"、"八五"的重点课题"学校美育理论与实践研究"、"九五"的重点课题"学校艺术教育实践研究"纷纷立项，解决了我国中小学音乐教育在不同层面上存在的问题，同时，还有很多著作伴随着课题的深入研究纷纷出版发行。这些中小学音乐教育理论的研究都力求突破传统中小学音乐教学法的教学模式，从宏观上审视了中小学音乐教育行为，总结了中小学音乐教育实践的经验，构建了新型的中小学音乐教育的框架结构。

总之，不管是在中小学音乐教育论文、专著方面还是在科研立项等方面，这些关于我国中小学音乐教育方面的探讨与研究，为我国中小学音乐教育提出了很多合理化的建议，为日后的音乐教育课程改革铺平了道路。

(二)中小学音乐教育实践概述

1.课程设置方面

1992年8月，原国家教委下发了《九年制义务教育全日制小学课程方案(试行)》和《九年制义务教育全日制初级中学课程方案(试行)》，课程方案主要由课程计划和各科教学大纲组成。

在课程方案中，音乐课程设置分为六三学制和五四学制两种情况，具体音乐设置内容为，六三学制中，小学一至六年级每周2课时，共计476课时，占小学所有科目总课时的8.6%;初中一至三年级每周1课时，音乐课总计100课时，占初中所有科目总课时的3.3%。在九个学年里，音乐共计576课时，占全部学科的所有课时的7.2%。五四学制中，小学一至二年级每周 3 课时,三至五年级每周 2 课时,共计 408 课时,占小学所有科目总课时的 8.9%;初中一至四年级每周 1 课时,共计 134 课时,占初中所有科目总课时的 3.8%。在九个学年里,音乐共计 542 课时,占全部学科的所有课时的 6.6%。这套课程方案中规定的小学音乐课时总数,是中华人民共和国成立以来国家教育法规文件中所规定的小学音乐课课时数量最多的一次,充分体现了国家对学校音乐教育的重视。

2.教学计划、大纲方面

1992 年 8 月,原国家教委颁布的课程方案中包括《九年义务教育全日制小学音乐教学大纲(试用)》和《九年义务教育全日制初级中学音乐教学大纲(试用)》,这次教学大纲的修订基本上维持了 1988 年的规定,本次教学大纲和 1988 年的教学大纲在教学目的等方面都存在着相似性,都强调了音乐教育是进行审美教育的重要途径,对于促进学生德、智、体、美、劳全面发展,提高全民族的素质有着重要的作用。它是原国家教委根据《中共中央关于教育体制改革的决定》《中华人民共和国义务教育法》的精神,依据《义务教育全日制小学音乐教学课程计划》《义务教育全日制初级中学音乐教学课程计划》的有关规定,在广泛调查研究的基础上,结合教学实际制定的。新的中小学音乐教学大纲的颁布,对于规范新时期学校音乐教学有着重要的意义。

3.教材建设方面

自教育部针对教材的编写提倡"一纲多本"制度以来,我国鼓励各级出版社、教育部门或个人编写不同内容的中小学音乐教材,但是要求只有经过国家中小学教材审订委员会审查通过的教材,才能在全国范围内使用。同时,国家也提倡各省、自治区、直辖市可以根据所在地区的具体情况,编写适合本地区实际情况的、具有本地区地方特色的乡土教材,如广东省编写的适合经济发达的沿海地区的"沿海版"音乐教材,四川省编写的适合经济相对不发达的内陆地区的"内地版"音乐教材等。另外,根据"一纲多本"的教材编写精神,1992 年的《中小学音乐教学大纲》中,乡土音乐教材总量占教学内容总量的五分之一, 全国各地的教育部门都组织人员编写适合本地区的音乐教材,各省、市都相继出版并使用适合本地区的音乐教材以及相关的教辅资料, 其中最具代表性的教材有黑龙江教育出版社与人民音乐出版社共同编写的《九年义务教育五年、六年制小学试用课本·音乐》(共 12 册),此教材抓住了黑龙江地区的民族特点,使音乐课本内容与黑龙江乡土音乐内容很好地结合在一起,成为最具乡土特色的代表教材之一。

总之,各式各样的符合中国国情和地方特色的音乐教材相继出版并使用,可以说,这一时期是我国中小学音乐教材建设的繁荣期,为我国中小学音乐教育的快速发展打好了基础,做好了铺垫。

4.师资队伍方面

在中小学音乐教育的快速发展阶段,随着师范音乐教育的快速发展,一定程度上极大地缓解了长期以来的中小学音乐师资匮乏、水平较低的现状。但是,从当时整个中小学音乐教育状况来看,其音乐师资在数量的配备上还是比较缺乏的,这一状况仍然令人担忧。根据当时的具体情况,从全国的范围来看,各地的中小学音乐教育师资情况也不一样,这主要是由于各地区在经济文化等方面的差异造成的。总的来说,经济发达地区的音乐教师配备情况较好,城市的配备情况相对也较好,但是,农村地区、经济欠发达地区,特别是偏远山区音乐教师的配备情况不容乐观。

此外,国家也非常重视提高中小学音乐教师的素质。对此,原国家教委为了检验中小学音乐教学质量发布了《关于举办全国中小学音乐、美术课录像评比活动的通知》,紧接着原国家教委又发布了《关于举办全国中小学音乐、美术教师教学基本功比赛的通知》,这些活动的举办,既能提高音乐教师的综合音乐素质,又能提高音乐教学的质量,从中也可以看出国家对提高音乐教师素质的重视。

第四节　21世纪以来的音乐教育发展沿革

进入了21世纪,必将有新的起点和新的开始,各个方面都应该有一个新的气象,经济和社会的高速发展也必将会对教育提出更高的标准、更严的要求,整个教育事业正面临着崭新的发展机遇和更加严峻的挑战。与此同时,教育还担负着提高全民族的综合素质,培养创新型人才的艰巨重任。在素质教育的实施背景下,中小学音乐教育又是实施素质教育的最佳手段,因此它在各个方面都备受关注。

一、中小学音乐教育思想概述

21世纪的中小学音乐教育之所以能够快速地发展和进步,与我国相关部门的重视密不可分,教育部门针对中小学音乐教育颁发的一系列文件对我国中小学音乐教育的快速发展起着重要的促进作用。

(一)纲领性文件

2001年7月,教育部颁布了《全日制义务教育音乐课程标准(实验稿)》,本次新课改遵循了音乐课程自身的发展规律,针对其长期存在的问题,力求改变以下五方面的问题。

1.重新审视了音乐的课程性质及价值并进行了新的定位

把音乐课程看作基础教育阶段的一门必修课程,是学校实施美育的主要途径,是人文学科的一个重要领域。改变过去将音乐课程以体系化的形式呈现在学科知识教学过程中的基本理念,把音乐的审美教育作为音乐课程的目标,进而促进学生素质的全面发展。根据音乐艺术独特的功能及特征,从学生审美教育这一根本目标出发,将我国的中小学音乐课程的价值定位在审美体验、创造性发展、社会交往和文化传承等方面。

2.改变学习模式

过去音乐课的教学模式是教师单方面灌输知识,而学生则被动地接受知识。新的课程标准改变了这一模式,在具体的教学过程中树立了以学生为主体地位,教师起主导作用的理念,提倡探索、体验、模仿、合作等方法以及综合实践的教学过程,积极创设有利于全体师生相互交流的教学环境及氛围,建立平等互动的良性师生关系,启发学生带着浓厚的学习兴趣,在亲自体验、模仿的过程中,主动地探索学习音乐。

3.努力寻求实现创造性发展价值的有效途径

音乐是一门声音的艺术,它凭借着声音这个载体使人的心理和生理方面产生感应,进而引发人的无限想象,活跃人的各种思维活动,激活人的创作欲望和表现冲动,从而起到开发人的创造性思维的作用。由于音乐教育有着不同的研究领域,这就客观地为学生的创作和发展提供了实现的可行性。例如,在具体的音乐作品的表现中,对意境与情感的理解及再现所进行的艺术创造;在即兴创作中的发挥及应变能力;在欣赏相关音乐作品时所产生的独特理解及丰富想象;对音乐的社会功能的理解;对艺术作品所做出的价值判断与评论等。

4.丰富和提高音乐教育的人文内涵

本次音乐课程改革强调音乐是人类文化传承的重要载体，强调音乐与社会生活,以及与艺术之外的其他相关学科的联系,强调要加强学生对本民族音乐的学习,通过引导学生学习本民族的音乐作品及音乐活动,认识本民族的传统文化,培养学生热爱祖国的情怀。同时,学生还需要学习和了解其他国家或民族的音乐文化特点,尊重他们的音乐文化理念,通过认识世界各民族音乐文化的多样性与丰富性,开阔自己的审美文化视野,在平等交流的基础上逐步树立多元文化观，增进学生对不同文化的理解与热爱。丰富音乐教育的人文内涵,既体现在音乐课程的内容标准上,又积极地渗透于不同的教学领域中。

5.进一步完善评价体制

本次音乐课程改革强调在体现素质教育的前提下，把音乐课程基本目标和价值的实现作为评价的出发点,提出了建立"综合评价机制"的观点,这种评价机制的对象分为学生、教师、课程管理三个层面,评价形式采取了自评、互评与他评相结合、定性述评与定量测评、形成性评价与终结性评价等多种评价形式。在采取不同的评价教育基础上,新课标还强调了要加强激励与改善的功能,逐步淡化和摒弃筛选、排序等不良做法,提倡关注学生对音乐的爱好、兴趣、参与的态度及程度问题,帮助学生提高音乐鉴赏能力,提高教学水平,完善教学管理制度。

(二)指导性文件

2002 年 5 月，教育部颁发了改革开放以来第二个学校艺术教育指导性文件——《全国学校艺术教育总体规划(2001—2010)》。《规划》从指导思想、发展目标、主要任务、管理与保障四个大方面具体展开,其中在发展目标中指出,到 2005 年,我国的九年义务教育阶段,城市和农村的学校艺术课程开课率分别达到 100% 和 90%,处境不利地区的学校也要达到70%;到 2010 年,农村学校和处境不利地区的学校的开课率分别达到100% 和 80%;同时在规划中还提出以下目标,即建立一支能够实施素质教育且具有较高水平的教师队伍来满足不同学校艺术教育的需求;提高学校艺术教育的教学质量,深化教学改革,加强科学研究;加大学校艺术教育经费的投入;要面向全体学生开展丰富多彩的课外、校外艺术活动等。此外,《规划》中还指出,要在 2010 年前,建立符合素质教育要求的大、中、小学相衔接的,具有中国特色的学校艺术教育体系。

(三)保障性文件

2006 年,中共中央十六届六中全会表决通过了《中共中央关于构建社会主义和谐社会若干重大问题的决定》。《决定》的中心议题是坚持教育优先发展、促进教育公平,另外还要求各级政府都要认真全面地贯彻执行党的教育路线、方针、政策,继续实施科教兴国和人才强国的战略决策。要提高教育教学质量,同时全面深化教育改革,贯彻实施素质教育,建立现代化的国民教育和终身教育体系,使每一位公民都能够得到接受良好教育的机会。《决定》中还特别指出,要保证财政性教育经费增长幅度明显高于财政经常性收入增长幅度,逐步使财政性教育经费在国内生产总值中的比例达到 4%。这表明国家要加大学校教育投入的决心。《决定》中虽然未具体地涉及中小学音乐教育,但中小学音乐教育作为学校教育的一个组成部分,作为整个教育事业的一分子,整个教育的发展必将为中小学音乐教育的发展提供可靠的契机。

二、中小学音乐教育实践方面概述

(一)教材建设方面

2001 年教育部制定颁布了《全日制义务教育音乐课程标准（实验稿)》,对中小学音乐教材的编写提出了一些相关的具体建议,这些建议为音乐教材的建设指明了方向。

音乐新课标纠正了长期以来人们认为教学参考书等同于教材的错误观点与做法。实际上,具体的音乐教材应该包括三方面:一是学生的教科书;二是教师的参考书;三是与之相匹配的音响教材,这三方面缺一不可。同时,音乐新课标还提出了编写音乐教材的六个基本原则:一是教育性原则;二是以学生为本的原则;三是科学性原则;四是实践性原则;五是综合性原则;六是开放性原则。此外,音乐新课标在教材内容的选择方面也提出了一些建设性的意见,如在教材曲目的选择上,注意中外作品的比例适当,传统民族音乐、优秀新作品、经典作品等要占有一定的比例,还要注意音乐与其他文化的相互渗透;在音响教材的内容上,要包括示范演唱、歌曲伴奏、欣赏曲、实践范例及供教师选用的一定数量的备用乐曲;在所选教材方面,要求难度、分量要适中,并且还要求将所学的音乐基础知识和基本技能有机地结合并渗透在音乐活动之中;最后对教师的参考用书也做出了一定的要求。

总之,在音乐新课标的指导下,这一时期音乐教材的编写主要体现了基础性、实践性、开放性、多样性的理念。多年的实践也证明了当前我国中小学音乐教材不能完全适应中小学音乐教育的发展需求,甚至在一定程度上还阻碍了其发展,因此我国中小学音乐教材的修订迫在眉睫。值得高兴的是,依据音乐新课标编写出来的新教材比原来的教材进步了很多,实践表明,新教材在一定程度上较好地适应了中小学音乐教学的要求,也得到了广大师生的好评。

(二)新课程标准的实施情况

音乐新课程标准实施以来,带来了全方位的变化与发展。这些巨大的变化主要体现在三个方面,一是学校方面,以校本课程为主体的教研活动在积极蓬勃有序地开展之中,学校能够满足本地区社会发展的不同需求,开发新课程资源状况的自主能力也得到了不断的加强,围绕新课程改革的实施,学校的育人环境更加优越、和谐,各项管理工作也蒸蒸日上;二是教师方面,教师在教育教学理念上得到了及时必要的更新,在新课程目标的把握上更加明确,在教学内容及过程上更加贴近学生的实际,在教学方法的改进上热情空前高涨,教学过程的探索创新意识不断地增强,在学生的培养上更加符合素质教育的要求;三是学生方面,学生的学习方式更加灵活,创新精神明显提高,学习氛围浓厚,学生变得更加爱学习,更加会学习,实践能力都得到明显改善。音乐新课程标准研制组的负责人之一王安国教授曾把新课程标准的实施给音乐课带来的变化概括为四个方面:一是学生爱上了音乐课;二是音乐课的教学手段变得丰富多样;三是音乐课的教学方式更加生动活泼;四是音乐教师学习新课程,研究新教材,认真转变教学观念,努力提高教学水平,已初步形成风气。

新课标下的中小学音乐教育实践方面的内容有很多,在之后也将涉及一部分内容,在此就不一一列举。总体来讲,改革开放以来,中小学音乐教育事业得到了迅速发展,并取得了令人瞩目的成绩,但同时也要清醒地认识到我国中小学音乐教育还面临着许许多多的问题和困难，需要我们继续团结奋斗，开拓进取，努力开创我国中小学音乐教育的新局面。

第五节　我国中小学音乐教育改革的现状、启示及对策

改革开放以来，我国的中小学音乐教育取得了长足的进步，获得了骄人的成绩，如中小学审美教育水平的提高、中小学音乐教师队伍质量的提高、中小学音乐教育教学设施的改善等。另外需要指出的是，我们在看到成绩的同时还应看到目前我国中小学音乐教育存在的一系列问题。

一、我国中小学音乐教育的现状

中小学音乐教育属于学校音乐教育中的一个重要部分，是我国音乐教育体系中最基础、最重要的部分，它承担着培养中小学生审美教育的重要任务，也是素质教育实施的重要手段之一，它主要针对的是学校音乐教育中的小学生和中学生的音乐教育。随着改革开放的深入开展，我国的教育事业得到了突飞猛进的发展，中小学各方面教育的面貌焕然一新，尤其是中小学的音乐教育得到迅速发展，但同时也存在着一些问题。

（一）当前我国音乐教育改革取得的成绩

1.国家的重视

改革开放后，国家召开了一系列全国中小学教育工作会议，颁发了一些有利于中小学音乐教育发展的文件，这些措施都给我国的中小学音乐教育带来了新的发展契机，在很大程度上促进了中小学音乐教育的快速

发展。此外,各级教育主管部门提高了对中小学音乐教育的重视程度,充分认识到了中小学音乐教育的重要性,确立了其在学校教育中的重要地位,发挥了中小学音乐教育在素质教育、审美教育中的作用,对我国中小学音乐教育的发展起到了积极的作用。

2.美育和音乐教育地位得到了确立

改革开放以后,我国中小学音乐教育在学校教育中的地位得到较大的提高,这主要来自社会各界对美育、音乐教育的重视,都认为音乐教育和审美教育在学生全面发展中起着不容忽视的作用,逐步统一并确立了音乐教育以及审美教育在整个学校教育中的地位和作用。特别是在1986年的国家"七五"计划中,提出了德、智、体、美全面发展的教育方针,确立了美育在整个教育方针中的地位,为学校实施审美教育指明了方向,提供了保证。音乐教育作为学校审美教育的重要内容,其强大的作用逐渐被人们所认识,在国家教育行政部门的重视和努力下,增加了中小学音乐课时数,修订了教学大纲,编写了全国通用教材,各种音乐活动也蓬勃开展起来。

3.中小学音乐教育科研方面取得了丰硕的成果

这一时期,在《中国音乐》《中国音乐教育》《人民音乐》《中小学音乐教育》等音乐类的刊物以及专业音乐(艺术)院校的学报上,不断地刊发有关中小学音乐教育理论、实践、改革等方面的论文,他们为中小学音乐教育的发展献计献策,很好地促进了中小学音乐教育的快速发展。在专著方面,无论是数量上还是质量上都有了大幅度的提高,取得了骄人的成绩。在科研立项方面,国家"七五""八五""九五"等有关学校音乐教育的重点课题纷纷立项。总的来说,这一时期我国中小学音乐教育取得了丰硕的研究成果。

4.中小学音乐师资队伍建设情况得到较大改善

改革开放以后，我国中小学音乐师资队伍原来基本空白的状况得到很大改善，特别是农村或边远地区缺乏音乐教师的学校得到了较大的改善。这一时期中小学音乐教师队伍不断壮大，教师素质不断提高的原因主要有以下两个方面：第一，这一时期中师、大专、高师院校迅速发展，这些学校的毕业生无论是从数量上还是质量上都比改革开放前有了非常明显的提高和进步，他们毕业后迅速充入中小学音乐教师的队伍中，使中小学音乐教师队伍不断壮大，素质不断提高；第二，各级教育行政部门重视提高音乐教师的素质，想尽办法为他们提供学习机会，如加大培训力度，鼓励其上电大、函授等，这些方式都使中小学音乐教师队伍建设的状况得到了较大的改善。

5.国外教育法的引进

20 世纪 80 年代，我国中小学音乐教育引进了各种外国音乐教育教学方法，借鉴了外国中小学音乐教育的教学理念与教学经验，对我国中小学音乐教育的发展起到了很好的促进作用，为我国中小学音乐教育的快速、科学发展打下了良好的基础。同时，我国中小学音乐教育工作者根据我国的国情，摸索形成了一套适合中国国情，具有中国特色的中小学音乐教育体系，它将继续坚定我国中小学音乐教育的发展步伐，为我国中小学音乐教育的发展提供了强大的理论依据。

此外，中小学音乐课的开课率有了大幅度的提高，音乐课程设置比较合理，符合学生的学习心理，教学大纲经过多次修订逐步完善起来，各种音乐教学器材大量投入使用，中小学教育教学法规也逐步得到完善等，总之,我国中小学音乐教育改革取得了令人瞩目的成绩。

(二)我国中小学音乐教育存在的问题

1.中小学音乐师资队伍及建设问题

第一,目前我国中小学音乐师资队伍不能够很好地胜任中小学音乐教学的任务,其原因主要有两个方面:其一,中小学音乐教师数量缺乏,教学任务繁重。不管是学校、社会,还是家长、学生本人,在他们看来,音乐这门学科是"小三门""唱歌课""娱乐课""放松课",始终处于可有可无的地位,小学一般一周设两节音乐课,中学一般一周设一节音乐课,所以这就客观上造成了中小学音乐教育教学几乎无人问津。受长期以来传统教育观念的影响,不少教育行政部门和学校领导不能够从根本上重视音乐教育的作用,没有正确认识音乐教育在学校教育中的重要地位,使学校在音乐教师的配备上,抱着能省一个人则省一个人的心态。因此,从总体上说,学校音乐教师的人数往往相对比较少,这就造成了中小学音乐师资力量薄弱,数量匮乏,往往一位音乐教师教授很多个年级、很多个班级,教学任务艰巨,这就导致教师显然不可能很好地胜任中小学音乐教学的任务。其二,中小学音乐教师的整体素质有待提高。当前,在中小学音乐教师队伍里存在着令人费解的情况,如有的学校的音乐教师并不是毕业于师范类音乐专业的教师;有的是师范类音乐专业毕业的教师教授音乐课,但是这些教师同时还担负着主科或副科的教学任务,使得这些教师无暇顾及怎样上好音乐课;有的中小学音乐课直接由一些主、副课的教师来担任,这些情况均不能圆满地完成中小学音乐教育的教学任务,这也恰恰说明了音乐课自身的价值往往被忽视,因而中小学的审美教育就不能够很好地完成,这种现象在农村的小学里比较多见。

　　第二,中小学音乐教师评定职称的标准各异,没有统一的评价标准和评价体系。当前,教育部已明确规定在中小学里禁止给学生排名次,禁止用学习成绩评价学生,但是在具体的中小学教师的职称评定上,有些地区还需要考核教师近几年来的教学成绩,这就产生了一个既奇怪而又矛盾的问题,即不给学生评成绩、排名次,那教师的教学成绩如何判断?这种情况也就是意味着学生是有成绩的,但是不允许教师公布成绩,不允许学生看试卷,只能转化为等级公布,其实其背后隐藏着的仍然是通过学生的学习成绩来衡量一位教师教学水平的高低,从另外一个角度来说,这种现象仍然是给学生打分数,这种考试实际上既是在考学生,又是在考教师,可谓"一箭双雕"。

　　此外,个别地区在评职称时,还要求教师在上公开课或进行优质课的比赛时,必须讲语文、数学、英语中的一门,这也就意味着,中小学音乐教师不能够讲自己所教授的音乐课,不得不讲三门主科中的一门。这样的硬性要求,实际上不符合现实状况,阻碍了中小学音乐教育的发展,这种现象在农村的小学里比较多见。

　　每个地区的中小学教师职称的评定标准和评定要求都各不相同,没有一个统一的标准。从整体来看,中小学教师职称在名额分配方面严重不平均,即城市的名额多,农村的相对较少。现实的情况是农村的工作条件差,压力大,且教师的职称问题又无法解决,极大地挫伤了中小学音乐教师的工作积极性。很多中小学音乐教师由于评不上职称,工作积极性不高,再加上工作压力大,所以不能够认真积极地完成教学任务,这势必会形成一种恶性循环,影响学生的音乐审美教育。

　　第三,整个中小学音乐教师的职称评定体系不合理。在整个教育系列的职称体系里，大学有教授、副教授、讲师、助教等职称，中学有中学高级教师、中学一级教师和中学二级教师等职称，小学有小学高级教师、小学一级教师和小学二级教师等职称。从这个职称体系来看，大学是最好的，级别是最高的，中学最高级别的教师才相当于大学的副教授，小学最高级别的教师才相当于中学一级教师，相当于大学讲师。但是在现实工作中，小学的音乐教学任务不比中学轻，中学的教学任务也不比大学轻，这样一个职称评价体系恰恰相反，把九年制义务教育的起步阶段也是最难教的阶段——中小学音乐教育阶段的职称体系定在最低层、最底层。但中小学的音乐教育，尤其是小学的音乐教育，对于学生的审美要求提出了更高的要求，因此中小学音乐教师的压力和任务比大学教师更大、更艰巨。因此，这样的职称评定体系更加打击中小学音乐教师的工作积极性，不能够很好地调动他们的工作热情，不利于中小学生审美教育的发展。

2.中小学音乐教材方面的问题

教材是中小学音乐教育教学必备的工具书，虽然得到了国家和地方政府的重视，但是教材问题仍然存在。有些经济条件较好的地区，每人一本教材，但是一些经济条件差的地区采取了循环用书的办法，以节约教育成本，这一做法可以理解，但循环用书的过程中出现了以下两方面的问题。

一是循环用书的衔接问题。目前有些地区的中小学音乐教材采取的是循环用书的方式，大体上有两种情况，一种是在整个学校所有年级中，有的学校整体使用的是人民音乐出版社的音乐教材，有的使用的是人民教育出版社的教材，这种情况比较多见。另外一种是有些地区的同所学校中有的年级使用的是人民音乐出版社的音乐教材，有的使用人民教育出版社的教材，也就是说，一所学校中同时使用两种不同出版社的音乐教材。第一种情况中整个学校所有年级学生的知识点都能够衔接起来，可是第二种情况可能导致，在一所学校中，有一个年级或是两个年级使用人民音乐出版社的中小学音乐课本，这些学生升高了一年级后，他们使用过的课本由于循环用书，又被学校收回来发给下一年级的学生使用，但是下一年级的学生本来用的却是人民教育出版社的音乐课本。由于每套课本的知识点的衔接都不一样，这样势必会造成音乐教材的不配套，学生知识的衔接不连贯，这种情况也不利于中小学音乐教育的发展。

二是循环用书的数量问题。每个年级的学生人数都是不一样的，因此高年级和低年级的音乐课本在循环使用时，就势必会出现缺少或多余课本的现象，缺少的音乐课本一般都会补调，但是有时学校即使补调了课本数量还是不够，有的年级两个人共用一本书甚至是三个人共用一本书的情况仍然存在，这部分学生不能够正常地使用课本，而多余的课本又造成了资源的闲置，如何合理地处理好这两者之间的关系，是值得教育主管部门深刻反思、注意的问题。

3.农村中小学音乐教育依然薄弱,有待加强

我国的农村中小学音乐教育依然是整个学校音乐教育中最薄弱的环节，制约农村中小学音乐教育发展的因素很多，因此农村中小学音乐教育滞后的原因也有很多。

(1)落后、陈旧的教育观念和教育思想的制约

思想观念的落后是制约农村中小学音乐教育落后的主要原因之一。因为在农村，家长都有"望子成龙,望女成凤"的心理，他们的潜意识里普遍认为学好主科就可以脱离农村生活，所以往往不重视"小三门"之一的

音乐。他们认为音乐课只是简单的唱歌课,是可有可无的,对学生的成绩不会产生任何影响,学生不需要学习音乐课程,毕竟这门课程在中小学期间不需要参加任何形式的考试。因此,正是在这种落后、陈旧的思想观念的影响下,我国农村的中小学音乐教育仍然非常薄弱,有待加强。

(2)国家虽然重视,但是仍然缺少教育经费

目前,国家非常重视农村中小学音乐教育的发展,但是国家对此的投入仍然相对较少,主要经费投入的重担还是依靠地方政府,因此在农村小学里,一些音乐器材奇缺,特别是在音乐多媒体教室以及各种乐器的配备上非常简陋,远远达不到教学要求。即便是已经配备了多媒体教室,但是由于多媒体教室的使用费用相对较高,很多学校的多媒体教室大多都是摆设,或者是应付各种检查。大多数农村中小学校并没有直接配备多媒体教室,致使农村中小学音乐课程只能依靠播放录音机,简单地听音乐或唱几首歌,这些状况都严重阻碍了学生音乐素养的提高。

4.中小学音乐教育的科研水平有待提高

科研能力不只是高等院校音乐教师需要具备的基本素质,中小学音乐教师也应该具备一定的科研能力,科研水平的高低是衡量一位中小学音乐教师是否合格的重要标准之一。要发展高水平的中小学音乐教育,音乐教育工作者必须具有较高水平的教学科研能力,因此一位优秀的音乐教师除了具备基本的教学能力之外还应具备较高的科研能力,两者是相辅相成、相互配合的,两者有机地结合在一起是提高中小学音乐教学质量的重要条件之一。所以说,中小学音乐教师不能一味地低头苦干,只顾教学,还应该钻研中小学音乐教育教学方面的重点、难点问题,学习新鲜理念和教学规律,提高自身在中小学音乐教育教学方面的科研能力。

目前,我国中小学音乐教育的科研水平总体来说比较差,虽然有些地方已经将科研成果与教师的职称评定挂钩,但是这些仅停留在发表一篇或几篇文章就可以在职称评定方面加分的层面上,缺乏文章质量方面的评价标准,对文章的质量方面没有做出明确的要求,仅以发表文章的数量来计算加分情况,这种为了评职称加分而发表文章的做法不可取。还有的地区对发表文章的要求就是仅限于音乐教学方面的文章,这样的文章大多是空谈理论,忽视了音乐教育实践方面的相关问题,不利于中小学音乐教育的发展。另外,在中小学中,对于音乐教育课题方面的研究几乎没有。实际上,在中小学音乐教育科研的过程中,需要大量地搜集资料,反馈信息,积累经验,交流成果,还要参与实地调查与研究,这对中小学音乐教师素质的提高有很大的帮助,因此中小学音乐教育的科研水平有待提高。

二、中小学音乐教育发展与改革的历史经验和启示

(一)国家的重视是中小学音乐教育发展的政策保障

任何一种教育的发展都离不开国家的重视,国家的重视是中小学音乐教育发展的政策保障。国家的重视包括多方面的内容,大致上可以分为两个方面:一是政策方面;二是经济方面。

1.在政策方面

制定健全的政策是中小学音乐教育得以良好发展的重要保障之一。国家制定教育政策的好坏直接决定着中小学音乐教育发展的结果,政策制定得好,会使得中小学音乐教育健康快速地向前发展,反之,则会使中小学音乐教育走很多弯路,不利于中小学音乐教育的发展,甚至是直接阻碍其发展。改革开放后,教育部制定了一系列教育政策,以促进我国中小

学音乐教育的发展,正是在这些政策思想的指导下,我国的中小学音乐教育发生了翻天覆地的变化。

2.在经济方面

在经济上加大对我国中小学音乐教育的投入是中小学音乐教育得以良好发展的另一重要保障。改革开放后国家对中小学音乐教育的投入大幅度提高,因此我国中小学音乐呈现出大发展的新局面。但是,目前国家对中小学音乐教育的投入还存在着一些不足,特别是在农村的中小学音乐教育方面。农村的中小学音乐教育本来就是非常薄弱的环节,尤其是在教学设施、教学设备、教学器材等方面,由于国家对这些方面的投入不足,导致整个农村中小学音乐教育明显地滞后于城市的中小学音乐教育,现实中的农村中小学音乐教育几乎是可有可无的。

总之,国家无论是在政策上还是经济上的重视,都将会为我国中小学音乐教育的发展创造良好的教育环境,中小学音乐教育在这种良好的教育环境下会得到更好的发展。中小学音乐教育的发展具有重要的意义:一方面它将影响我国高等音乐教育的发展;另一方面它还影响着国民素质和人民审美情趣的提高。因此,我国的中小学音乐教育在整个音乐教育中虽然是处于最底层的音乐教育,但是却是最基础、最重要的音乐教育,只有中小学音乐教育发展了,整个音乐教育事业才会得以发展,进而促进整个教育事业的进步。

(二)适应素质教育是中小学音乐教育发展的体制保障

苏霍姆林斯基说:"音乐教育并不是音乐家的教育,而首先是人的教育。"这充分揭示了音乐教育的本质,强调了要在音乐教育中利用音乐本身所蕴含的育人因素,开发学生的智力,造就健康的审美情趣,给学生以美的感染,净化美的心灵,全面提高学生整体素质的教育过程。因此,全面正确地认识音乐教育的功能, 是音乐教育工作者充分发挥教育作用的必备条件。

在基础教育阶段,音乐教育具有其他教育所无法代替的特殊的综合性教育功能,因此它是学校教育中的重要组成部分。音乐教育具有多方面积极而又明显的育人功能,并在素质教育中发挥着不可替代的作用,因此音乐教育也是实施素质教育的最佳途径之一, 而且其必须要适应素质教育的发展要求。

总之,中小学音乐教育通过自身独特的艺术特点,在素质教育中起着举足轻重的作用。在当今社会发展的重要历史时期,音乐教育工作者必须要面对现实,迎接挑战,以音乐与素质教育的密切关系为契机,以音乐教育实践为出发点,通过科学、有序的工作,充分发挥音乐教育在培养高素质人才中的作用,使全民族的整体素质能有一个质的飞跃与突破。

(三)教师资格制度是中小学音乐教育发展的法律保障

教师资格制度是国家实行的法定职业许可制度, 是持证人具有国家认定的教师资格的法定凭证,是公民获得教师专业工作的前提条件,是国家对专门从事教育教学工作人员的基本要求。1995 年 12 月国务院颁布的《教师资格条例》规定,在各级各类学校和其他教育机构中从事教师工作的人员,必须依法取得相应的教师资格,并持有相应的教师资格证书。

教师资格制度是吸引优秀人才从教,提高教师队伍素质,促进教师专业化的根本途径,是依法教育、管理教师队伍的重要手段,同时也是借鉴国内外先进的师范教育经验教训所得出的重要启示, 教师资格制度的确立标志着我国建立了法定教师职业许可制度。

中小学音乐教师是一个责任重大、专业性强的专门职业，要保证中小学音乐教师良好的教育教学工作的专业水平，必须实行教师资格制度。因为音乐教育是一门教育学与音乐学相结合的特殊学科，也就意味着这门学科要求中小学音乐教师必须做到以下三点：一是具备系统扎实的教育理论基础知识与教育实践技能；二是掌握良好的音乐教育基本理论知识；三是具备音乐方面的基本技能技巧。因此，中小学音乐教师更应该严格地实行音乐教师的准入制度，即教师资格制度。教师资格制度的实施可以排除不具备音乐教师资格的教师进入中小学音乐教育教学的行业中来，确保上岗的中小学音乐教师均是具备音乐教育教学资格的教师，这就实现了学历证书和教师资格证书互不代替、共同并行的局面。也就是说，只要从事中小学音乐教学，除了具备相应的学历之外，同时还需要取得相应的音乐教师资格证书，这就打破了以往只具备学历证书而不具备教帅资格证书的局面，这样既有利于提高中小学音乐教师的教育教学工作基本技能、基础理论等多方面的综合性素质，又树立了中小学音乐教师良好的专业形象，增强音乐教师工作的吸引力，维护音乐教师的社会尊严。

(四)教学性与科研性相统一是中小学音乐教育发展的专业保障

一名合格的中小学音乐教育教师最重要、最基础的任务就是搞好、搞扎实中小学基础音乐教育教学工作，这是我国中小学音乐教育得以发展的重要保证。这也相应地要求中小学音乐教师除了要精通一门专业技能之外，还要有扎实的基础知识。换句话说，中小学音乐教师既需要"传道"也需要"授业""解惑"。作为中小学生，他们思维敏捷，行为活跃，性格开朗，这就要求中小学音乐教师对学生的教育必须按照教育教学规律以及学生的身心发展规律来进行相应的中小学音乐教育教学活动，而不能按照主观意愿,随心所欲地教育学生。因此,中小学音乐教师必须具备扎实、广泛的音乐专业基础知识,知道要教授中小学生什么教学内容,同时,还要具备最基本的教育理论,知道怎样教中小学生音乐,只有具备这两种能力,才算得上一名基本合格的中小学音乐教师。

此外,作为一名中小学音乐教师,除了具备教学能力之外,还需要具备另外一种基本能力,即科研能力,只有同时具备这两方面的能力才算是一名真正合格的中小学音乐教师。因为现在的中小学音乐教育发展迅速,一些重要的课题还需要广大的中小学教育工作者来探讨和研究,而且作为新时代的中小学音乐教育工作者,应该始终走在中小学音乐教育教学的前列,探索发现有利于中小学音乐教育教学的重要课题,这样会更有利于促进我国中小学音乐教育的发展。中小学基础音乐教育是一项非常庞大、复杂的系统工程,它包含了许许多多的教育教学和科研活动,作为中小学音乐教育工作者不能降低自身的学术水准,而要进一步提高自身的学术水平,这样才能更好地胜任中小学音乐教育教学的任务。

强调中小学音乐教育的科研性并不是否定其教学性,因为不管是提高中小学音乐教育的科研水平还是提高中小学音乐教育教学水平,都是为了更好地服务于基础音乐教育。不能一味地只强调中小学音乐教育的教学能力而忽视基础音乐教育的教学与研究,提高基础音乐教育的科研能力能够更好地促进教育教学的发展,当然基础音乐教育教学也能够更好地促进中小学音乐教育科研水平的提高,二者是辩证统一的。中小学音乐教育工作者只有将两者辩证统一起来,将中小学音乐教育的教学性与科研性有机地结合在一起,才能成为一名合格的教育工作者,才能更好地提高中小学音乐教育的发展水平。

(五)师资队伍的建设是中小学音乐教育发展的队伍保障

具备一支数量充足、稳定合格、质量过硬、素质较高的中小学音乐教师队伍,不仅关系到我国中小学音乐教育能否快速发展,而且还关系到我国整个音乐教育事业能否健康长足地发展。目前,从我国中小学音乐教育的发展状况来看,师资力量薄弱是一个比较普遍性的问题,因此加强中小学音乐教师队伍建设具有重要的意义。中小学音乐教师队伍与高校音乐教师队伍有着明显的区别,小学音乐教师队伍更强调教师本身的专业水平、音乐技能、基本知识和综合素质以及教师教育教学理念和思想的改革与更新。因此,在中小学音乐教育教学水平不断提高的同时,也要求中小学必须具备能力过硬的、素质较高的音乐教育工作者,这在一定程度上成为提高中小学音乐教育质量的重要捷径。

另外,如何更好地加强中小学音乐教师的管理,有效地利用教师资源,合理地配置教师数量,成了当前我国中小学音乐教育的重要课题之一。目前我国基本上制定了较为完善的中小学教师系列的法规,在中小学音乐教师的晋升、考核和聘用等方面都有相关的文件规定。在中小学音乐教师的录用方面,坚持公开招聘、平等竞争、全面考察、择优录取的原则,严格把关,提高了中小学音乐教师的质量。在教师资格的认定方面,同样也把好了教师的质量关,保证了从事中小学音乐教育的教师除了具备专业知识外,还具备了教育教学的基本技能。此外,在中小学音乐教育中实行聘任制度,将竞争意识引入师资队伍的建设中来,这样不仅废除了教师的"终身制",使中小学音乐教师队伍合理流动,而且还把不合格的教师淘汰出去,保证了中小学音乐教师队伍的生机和活力。

（六）尊师重教是中小学音乐教育发展的社会保障

通常来说，知识为人类开辟了世界，开辟了通往宇宙之路，而教师则带领学生打开了知识海洋的大门。教师的工作只是在三尺讲台上默默无闻地耕耘、奉献，没有轰轰烈烈的场面，平凡而艰辛，但却蕴含着伟大，创造着神奇。可以说，每一个人的成长、成才都离不开辛勤工作的教师。一个没有教师、没有知识的社会，不过是一片贫瘠的荒漠。因此，教师这个职业被誉为"人类灵魂的工程师"，从这一点就可以看出教师这个职业受到人们的尊敬。自古以来，尊师重教是中华民族的传统美德，在中国历史上，凡是有作为的政治家、思想家、教育家无不重视教育，尊重教师。古人有云，"三教圣人，莫不有师；千古帝王，莫不有师""不敬三师，是为忘恩，何能成道？"回顾从古至今古圣先哲对尊师重教的精辟论述，对我们有深刻的启示。

《礼记·学记》中指出："师严然后道尊，道尊然后民知敬学。"意思是教师受到社会普遍尊敬之后，教育才能得到重视，教育得到重视后人们才懂得努力学习，三者是互为前提的关系。教师受到尊重，意味着人们重视教育，人们接受教育就会认识到学习的重要性，为懂得更多的道理就会重视学习，尊敬教师。

《吕氏春秋·劝学》中讲道："疾学在于尊师。"戊戌四君子谭嗣同在《浏阳算学馆增订章程》中也曾告诫世人："为学莫重于尊师。"《荀子·大略》中说："国将兴，必贵师而重傅……国将衰，必贱师而轻傅。"这深刻地阐明了国家兴衰与重视知识、尊敬教师的关系。

《礼记·学记》中指出："凡学之道，严师为难。"意思是在所有做学问的道理中，尊敬教师可谓难事。尊敬教师是学生的本分，然而尊师难以持之以恒,初学尊师并不难,但是学生逐渐学有所成,甚至超过教师时,尊师就很勉强了。古今中外,无数事例告诉人们应该尊敬教师。我们只有通过自身的实际行动来弘扬尊师重教的优良传统,才能在社会上树立良好的学风,有力地推动我国教育事业的发展。

教师这一职业的地位举足轻重,任务十分艰巨,应该受到全社会的尊敬。随着人们对教师职业认识的重视,教师的工资待遇也在逐年提高,但是,总的来说,教师的工作仍然不理想,并且有些地区对教育虽然口头上重视,但是由于经济等问题,造成不重视教育的现象仍然存在,这就使得教师的社会地位偏低,报考教师的师范类毕业生越来越少,有些地区教育的发展甚至出现滞后现象。因此,适当增加教师的工资待遇,提高教师的社会地位,尽最大可能地调动教师的积极性,使全社会形成良好的尊师重教的风气,才能使整个中小学音乐教育向着更好、更健康的道路发展。

(七)改革求新是中小学音乐教育发展的自身保障

有人说,高等音乐教育是一种高难度的专业教育,但是笔者认为,中小学音乐教育毫不逊色于高等音乐教育。因为中小学音乐教育是高等音乐教育的基础,其直接影响着高等音乐教育的发展,所以必须提高中小学音乐教育的教学质量。而提高中小学音乐教育的教学质量最主要的措施就是要搞好中小学音乐教学改革。

1.及时更新教学观念是促进中小学音乐教育发展的关键

(1)教学方法方面

教学方法是中小学音乐教师必须具备的要素之一,教学方法直接决定着学生的学习兴趣,恰当、合适的教学方法能够促进中小学生在音乐方面的学习,反之则阻碍中小学生在音乐方面的造诣。因此,作为中小学音乐教师,必须及时更新教学方法方面的思想观念,吸取他人的优秀教学方法与教学理念,这样才能促进中小学音乐教育的发展。

(2)中小学音乐教学与学术研究的观念方面

中小学音乐教学与学术研究并不矛盾,重视教学并不是要求放松学术研究,重视学术研究并不是放松音乐教学,这二者是辩证统一的。良好的教学需要音乐教师通过大量的学术研究提升自己的教学理念,及时更新教学观念,这样会更加有利于促进中小学音乐教育的快速发展。

(3)中小学音乐中的知识传递与知识创新观念方面

以往的中小学音乐教学只重视知识的传授,这种单纯的演绎式教学方式已经不能适应现代化教学的要求。因此,这就需要我们的音乐教学由过去单纯的知识传授变为师生之间的相互讨论和研究的活动,这种教学实际上是一种探索性教学活动,只有在讨论中研究树立新的教学观念,才能促进中小学音乐教育的发展。

2.课程体系改革是提高中小学音乐教育质量的基本途径

改变中小学教育中比较落后、陈旧的教学内容和不符合教学发展要求的课程体系,是提高中小学音乐教学质量的基本保证。这就需要中小学音乐教育必须做到抓住当前中小学音乐学科所取得的研究成果,研究中小学音乐教育改革和发展的热点问题,由此作为中小学音乐教育教学的内容和课程体系改革的基本参考。

总之,经验与启示需要我们在今后的中小学音乐教育教学过程中逐步地总结,为今后中小学音乐教育的更好、更快发展打下良好的基础。

三、改善我国中小学音乐教育改革现状的对策

改革开放以来,中小学教育历经了风风雨雨,我国的中小学音乐教育在踏上21世纪的旅程之后,借着新课程标准的颁布,迈上了崭新的台阶。回望过去,立足现在,展望未来,中小学音乐教育的发展任重道远,我们要发扬现在的优点,改革当前的不利因素。在改革开放的今天,展望我国中小学音乐教育,应该做好以下八个方面。

(一)继续深化基础音乐教育的改革

改革开放以来,我国的教育事业借着改革开放的东风迅速发展,音乐教育作为教育的一个组成部分同样也得到了快速发展,然而音乐教育作为美育的一个重要载体,其所面临的形势却不容乐观。当今,虽然全社会都倡导"素质教育"与"全面发展",但是音乐教育的现状仍远远落后于时代与社会的发展要求。例如,音乐课程建设跟不上形势的发展要求,面对全面推进素质教育,深化教育改革的新形势,由于主客观原因导致我国的教学理念相对落后、教学内容相对陈旧、教学方法相对滞后、课堂结构相对脱节,很多中小学音乐教师仍然沿用以往的教学模式,主要表现在重传统,轻创新;重广度,轻深度;重理论,轻实践。与此同时,有些乡镇学校或经济欠发达地区的学校,对中小学音乐课程开设的必要性认识不充分,重视程度不足,学校认为中小学的音乐课程是可有可无的,有的是不闻不问,更有甚者认为开设音乐课程将挤占文化课学习时间,不利于学生学习成绩的提高。针对此现象,虽然国家各级教育行政部门采取了一系列的措施,防止音乐教学为了应付检查而走过场,但是盲目一味地提高考试成绩,追逐升学率,不重视中小学音乐教育教学的现象至今仍大量存在。可

以说，我国的音乐教育目前还处于初级阶段，尤其是中小学音乐教育，受师资队伍、教学设备等实际情况的影响，还存在着不同方面、不同层面、不同程度上的问题等待我们去认真地思考、总结并合理、有效地解决，然而这些问题的解决需要继续深化基础音乐教育的改革，为中小学音乐教育的发展创造良好的条件。

(二)中小学音乐教育必须坚持以学生为主体

中小学音乐教育的任务不是培养专门、优秀的音乐人才，而是应该面向全体中小学生，使每一位中小学生从中受益，并且能够开发他们的音乐潜能。因此，中小学音乐课程的全部教学活动必须以学生为主体，形成师生互动的教学氛围，并将学生感受音乐、参与音乐活动的目标摆在重要位置。

中小学音乐教育必须将培养人作为最根本的目的，这就需要坚持以学生为主体，变以往封闭式的音乐课堂教学为开放式的课堂教学，通过音乐本身的魅力，采用最自然的形式吸引学生，将学生引入高雅的音乐殿堂。音乐的学习内容主要包括两部分：一是音乐基本理论；二是音乐基本技能。另外还需要重视培养学生的综合素质，提高中小学生学习实践及创新等方面的能力。此外，还必须充分考虑学生学习的特点以及自身的条件，努力做到"授之以渔"，而不是"授之以鱼"。新时期的中小学音乐教育需要摒弃过去传承式的学习方法，学习和利用构建式、探索式、研究式、自主式的学习模式，为学生的可持续发展以及创新能力的培养营造良好的氛围。当前正处于知识经济时代，需要大量具备开拓创新能力的人，中小学音乐教育的发展亦是如此，这就需要中小学音乐教师注重每一位学生的个性发展，每一个学生的学习状况各不相同，他们都有权利以自己独特的方式来学习音乐,享受音乐给他们带来的乐趣,只有这样才能使他们更好地参与到各种音乐活动中去,从而表达出个人的情智。因此,学校教育要对不同个性的学生因材施教,将全体学生的普遍参与、个体学生的因材施教有机地结合起来,创造出灵活多样、生动活泼的教学形式,为学生提供发展个性的空间。

(三)健全教师资格制度,提高教师资格门槛

为了加强教师队伍建设,提高教师素质,依据《中华人民共和国教师法》,制定教师资格制度。教师资格认证制度是教育专业化、法制化的体现,也是依法规范和管理师资培养工作,加强师资队伍建设的重要措施与保障,其根本宗旨和目的就是要通过法律的形式来保障和提高教师的素质。教师这一职业的责任重大,专业性强,目前,国际社会为了保证教师的教学工作和专业发展水平,普遍实行教师资格制度。要成为一名中小学专业音乐教师并非一朝一夕的事情,教师资格制度的实施,确保音乐教师必须持证上岗,这样可以排除不具备教师资格者进入中小学音乐教师队伍,保证了中小学音乐教师除了具备相应的学历之外,还要有基本的教育理论、教学实践、教学技能等,这样既提高了音乐教师的任教水平,又树立了其良好的教学形象,维护了其社会尊严。

此外,除了确保教师资格制度之外,还要健全该制度的体制,提高教师资格门槛。当前实施的教师资格认证制度相对宽松,教师资格认证的"门槛低",这就使不少人在取得教师资格证书之后未踏入教育事业。例如,广西壮族自治区从2011年起正式改革教师资格认定制度,实行教师"入口关",打破教师资格"终身制"。为了清退不符合教师任职资格的人员,打破教师资格"终身制",广西拟实行教师资格每五年注册一次的注册

制度,要完成注册年度考核必须达标。由于县级教育主管部门缺乏教师资格认定的专家,因此广西取消县级教师资格认定权限,改为由省市级教育行政部门承担,同时还规定了非师范人员申请教师资格的相关要求,总体来说,教师资格制度将越来越完善,教师职业的门槛也将越来越高。

(四)加强师资队伍建设,提高教师专业水平

中小学音乐教师队伍素质的高低直接决定着音乐教学质量的好坏,因此必须千方百计地加强中小学音乐教师的队伍建设,提高他们的综合素质。目前,中小学音乐教师的师资队伍,一方面师资分布不均衡,主要表现在城市学校的音乐教师过分集中,乡镇学校的音乐教师比较缺乏,这种局面造成了师资队伍整体的不稳定,城乡音乐教育的均衡发展也受到了限制;另一方面师资配备情况参差不齐,主要表现在许多乡镇的中小学校中,几乎没有专职的音乐教师,大部分都是兼职的,然而这些兼职的音乐教师不具备音乐教师的基本素养,不能够很好地完成中小学音乐教学的任务,并且很多学校是由班主任或者是爱好音乐的教师承担音乐课的教学任务,由于他们大部分都要教授主课或其他科目的教学,这就使音乐课的教学时间和教学质量都不能得到有效的保证,因此加强中小学音乐教师的师资队伍建设迫在眉睫。

另外,在已经配备音乐教师的中小学里,还要不断地提高音乐教师的业务能力,提高其专业素养,并且还要求教师树立终身学习的理念,只有通过不断的学习和交流才能领悟先进的教学理念,掌握合理的教学方法,以便更好地运用到教学过程中去。具备稳定的中小学音乐教师队伍,提高音乐教师的综合素质,才能更好地推动中小学音乐教育快速、健康、稳定地向前发展。

(五)积极开展中小学音乐教育科学研究

衡量一位中小学教师是否称职的标准，除了看其是否具备良好的教学能力、教学素养之外，还要看其是否具备较高的科研能力和科研水平。换句话说，要发展高水平的中小学音乐教育，必须具备高水平的科学研究能力。

目前，中小学音乐教师科学研究的水平有待提高，主要有以下三种情况：第一，很多中小学音乐教师在评完职称之后，很少进行深入的科学研究，缺少科研成果；第二，许多教师为了评职称加分，发表了少量的科研论文，然而这些科研论文的质量比较差，就是为了应付加分而随意完成的，这些科研成果主要都是空谈理论，忽视了音乐教育实践；第三，教育行政主管部门虽然在口头上要求中小学音乐教师要提高科研水平，但实际上没有有效的措施来对其进行监督，实施效果较差。中小学音乐教师之所以不重视科研能力的提高，主要是因为他们未能清楚地认识到科研能力与教学水平的辩证统一关系。科研能力的提高，可以拓展中小学音乐教师的教学理念，丰富教学方法，对于提高教学水平有很大的帮助。作为教育行政主管部门要创造各种条件，有计划、有目的地鼓励不同职称、不同层次、不同地域的音乐教师积极探索教学规律，总结经验，为我国中小学音乐教育的发展做出最大的努力。

(六)中小学音乐教育要面向现代化，面向世界，面向未来

1983 年 10 月 1 日，改革开放的总设计师邓小平同志为景山学校题词，"教育要面向现代化，面向世界，面向未来"。这三个"面向"具有不同的含义，教育要面向现代化包含两个方面的内容：一是教育本身要现代化，即教育思想、教学手段、教育制度、教学方法、课程设置要进行改革、更新、

充实和发展;二是教育要为社会主义现代化建设服务。教育要面向世界包含三个方面的内容:一是培养学生具备面向世界所需的综合素质;二是学习、了解世界各国先进的科学技术和教育经验;三是使我国的教育达到世界先进水平。教育要面向未来包含三个方面的内容:一是教育应培养出适应未来社会发展需求的高素质人才;二是探索讨论教育自身的变革与发展趋势;三是教育应与科学技术发展的未来趋势相适应。总之,"教育要面向现代化,面向世界,面向未来"这三个方面是统一的整体,它们既相互联系,又各有侧重。"教育要面向现代化"是三方面中的基础、核心和出发点。

具体到中小学音乐教育上来说,主要有以下四个方面:一是要立足于当前的现实情况,以我国中小学音乐教育的实际需要为出发点,努力探索中小学音乐教育面向现代化、面向世界、面向未来的新途径;二是要以可预见的未来社会需要的条件为出发点、着眼点,不断及时地更新教育理念;三是要注重中小学音乐教育的根本性,提高中小学生的音乐审美能力,为我国培养出更多德、智、体、美、劳全面发展的人才,注重培养学生的创新思维和解决实际问题的能力;四是要坚持中小学音乐教育的长期性,中小学音乐教育要面向未来,要站在世界学科领域的前沿,探索发现具有引导性的科研课题,开拓学科的新领域。随着中小学音乐教育事业的快速发展,音乐教育工作者需要努力转变教育思想,从自身做起,更加深刻地认识到音乐教育在学生的全面发展和人格健全等方面所发挥的作用,同时还需要得到社会各方面的大力支持,共同为创造我国中小学音乐教育的新局面而努力奋斗。

(七)推进中小学职称改革,调动中小学音乐教师的积极性

中小学音乐教师平时关注的问题有很多,其中职称问题是其最关注

的问题之一,因为它关系着广大中小学音乐教师的切身利益。目前,我国中小学教师的职称评定采取的是评、聘分开的政策,有的地区评职称非常难,聘用很简单,但是音乐学科作为一门小副科,教师想评上中高级职称非常困难,有的教师到退休也没有评上中级职称,更谈不上高级职称,因此中高职称的聘用就是天方夜谭了;有的地区则是评职称比较简单,条件要求相对较低,但是聘用职称就非常困难。此外,中学职称的评定要比小学容易,并且中学的职称要比小学高一级,这都大大地挫伤了中小学音乐教师工作的积极性,因此中小学职称改革势在必行。

笔者通过了解得知,山东省潍坊市实行中小学职称改革试点,打破了以往职称评定的观念和标准,相信在国家教育行政主管部门的具体指导下,通过职称改革试点总结的经验,可以保证职称评聘的公平性、合理性、公开性,使教师逐步淡化职称观念,全身心地投入中小学音乐教育的教学中,大力推进中小学音乐教育的快速发展。

(八)重视音乐审美教育,培养全面发展的人才

当前,随着基础教育的快速推进,中小学音乐教育也随之进行改革,在这个过程中,我们需要做好以下两点。

1.重视音乐审美教育

学校的音乐审美教育和美育的总任务一样,根本目标是发挥并利用音乐艺术美的多方面社会功能,积极作用于人们的精神方面,以提高人们的精神境界和情操。中小学音乐教育是最基础的音乐教育,它的受教育对象是中小学生,因而将实施美育重要手段的音乐课视为审美教育的基础课。学校的音乐审美教育是国家教育工作的一个组成部分,所以中小学音乐教育工作者应该提高对审美教育的认识,并把美育摆在重要位置,这是

关系到我国音乐事业长久不衰的战略性问题，也是关系到国家千秋万代精神面貌的重要问题，必须予以高度重视。

2.培养全面发展的人才

温家宝曾指出，培养人才是教育的根本任务，特别是要培养适合未来社会发展需要的德、智、体、美、劳全面发展的高素质综合型人才。作为中小学的音乐教育，在培养中小学生德、智、体、美、劳全面发展的过程中，更应该充分发挥音乐教育各方面的优势。对此，中小学音乐教师应该鼓励学生更多地参与到音乐活动中来，充分发挥自己的音乐才能，培养出更多符合社会发展需要的全面发展的人才。

总之，我国中小学音乐教育事业已经有了很大的发展，取得了巨大的成绩。我们有理由相信，在广大中小学音乐教师的共同努力下，在国家的重视支持下，在良好的社会大环境下，我国的中小学音乐教育将稳扎稳打并快速、健康地向前发展，为提高我国的全民审美素质，为整个音乐教育事业的进步发挥其重要作用。

第二章　中小学音乐教育理念发展与改革

　　音乐教育理念在音乐教学中具有思想指导的作用,在本章中,笔者先对中小学音乐教育理念的发展沿革做了简要陈述, 之后就目前我国盛行的教育理念来阐释中小学音乐教育理念的改革,具体包括素质教育理念、审美教育理念以及后现代音乐教育理念。

第一节　音乐教育理念发展历程

　　不理解观念,就无法真正理解音乐,音乐观念是所有人群的音乐行为的根本所在,由此看出,观念是理解音乐和一切音乐实践行为的源头,其在音乐中的重要地位是不容忽视的。那什么是观念呢? 简单地说,观念就是人们在生活实践中形成的对事物的认识。从哲学上说,观念就是一种意识,是由客观现实决定的。观念来源于客观现实,来源于人们日常生活中的积累,同时观念又反映了客观现实, 而且根据客观现实创造出具体行为。例如,素质教育观念主要是针对应试教育的种种弊端提出的,如"填鸭式教学""灌输性和强制性学习""死记硬背""机械学习"等, 针对这些现象,素质教育提出注重以学生为主体,面向全体学生,关注学生身心健康发展等理念,由此开展各种课外活动等具体实践活动。

然而,观念并不只是形成于人的头脑中的认知,因为观念是从具体行为中提炼出来的,所以它还包含具体的实践行为和音乐形态。这主要通过两个方面加以体现,一是概念化。与观念抽象相对应,概念可以用具体文字叙述,然后成为一定的标准。概念本身并不能发挥作用,除去观念,实践音乐教育只是一个概念,即音乐通过实践的方式进行教育。而实践音乐教育观念这种意识通过实践音乐教育这个概念加以说明和呈现,将实践观念想要表达的意思通过概念叙述出来,以达到传递、延续观念的目的。二是这种概念引导下的具体教育实践行为,即解决具体怎么做的问题。具体到音乐,就是包括教育实践过程和音乐实践过程,即音乐创作、音乐制作、音乐表演等具体的实践过程。在这个过程中体现着实践观念的指导作用,不同的音乐教育观念带来不同的音乐教育方式和行为。以上的理论体系和理论主张,就是以观念的方式存在着,并且不同程度地影响着人们的思维和认知及实践行为。简言之,观念决定行为,一切行动来源于观念。例如,实践音乐教育观念,不仅是人对音乐教育的认知,也包含了音乐教育正在进行的具体实践行为,如创作、演唱、演奏等。实践观念在音乐教育中的渗透,使得人们从只关注学生课堂的学习到也关注学生课外音乐实践的活动;从只注重音乐本身审美因素的感受,到同时注重音乐所处的社会语境。如果没有实践观念,音乐教育将缺乏新元素,缺乏实践的视角,从而不利于音乐教育的发展。

观念形成于人的头脑中,具有很大的主观性。在音乐教育中,正确的观念促进音乐教育事业的发展,错误的音乐教育观念阻碍音乐教育的发展。音乐教育观念的正确与否完全取决于人。观念是人的意识,音乐教育观念并不是音乐教育中自然产生的观念,而是人对音乐教育的长期看法而形成的认识,最终人们将音乐教育的各种观念归结为以人为主从事音乐教育。无论哪种观念,都是在人这个主体的意识下赋予的观念。所以,在强调观念的同时,我们更应关注人的因素。

中国传统音乐教育是以儒家文化的伦理道德为价值取向的,近代音乐教育受西方传入的国民教育思潮、五四新文化运动、抗战时期的歌咏运动,以及特定环境所形成的思想等影响,到改革开放后,才确立了"以审美为核心"的音乐教育观念。这充分说明,从传统的"以德为美"的音乐教育观,到当代音乐教育观的更新,是中国社会文化变革的内在需求。这种当代音乐教育观既继承与弘扬了优秀文化传统,又吸收与融合了外来先进文化的精髓,并在两者间取得了一种健康平衡发展的理论基础。

中国近现代音乐基础教育虽源自西方国民教育思潮和义务教育实践,得益于西学东渐的"学堂乐歌",但却深刻地反映了中国社会文化变革的内在需求。社会文化变革的核心是价值观念的更新,必然对教育价值观念的更新产生巨大的影响,因为教育是文化得以传承的手段。本书将通过对中国近代以来几个重要时期社会文化变革思潮的分析,探索引起音乐教育观念更新的内外因素,认清当前音乐基础教育教学改革深入发展的客观规律性。

一、古代

中国传统文化的伦理道德观,奠定了"以德为美"的传统音乐教育价值观。在我国历史悠久的传统文化中,以孔子为代表的儒学影响最大,传承最盛。儒家文化传统是建筑在伦理道德的基础上,其价值取向以伦理道德为核心,表现了对人的重视和以人为中心的理念,被许多著名文化学家视为一种人文主义文化。不过,在儒家传统文化里,人的主体性是完全与伦理道德结合在一起的,"天人合一"的观念把伦理道德与宇宙自然、政治制度相互叠合,构成了自然—社会—人伦道德三位一体的稳固系统。受到这种文化传统的影响,中国音乐教育历来主张以"德"为美。早在春秋时期,孔夫子的"兴于诗,立于礼,成于乐"和"广博易良,乐教也"等音乐教育思想,就是利用音乐的触人心灵、移情美俗功能,达到提高个人修养、改变风俗而树立美德的重要目的。在审美评价上,孔子主张"尽善尽美",尽善即政治、道德标准,尽美即艺术表演形式标准。孔子推崇《韶》乐,《论语·八佾》中记载:"子谓《韶》,尽美矣,又尽善也。谓《武》,尽美矣,未尽善也。"这是因为《韶》乐既具有优美动人的音乐形式美,又具有符合道德规范的内容美;而《武》乐则只有优美动人的形式美,并不具有符合道德规范的内容,因而未尽善。《论语》中记载:"子在齐闻《韶》,三月不知肉味。"另外,孔子还把乐教视为安邦定国的重要手段。例如,《论语·阳货》中说:"昔者偃也闻诸夫子曰:'君子学道则爱人,小人学道易使也。'"意思是通过乐教使大家"学道",当官的学了道就懂得仁和爱民,老百姓学了道就懂得如何听从指挥。为了维护道德规范,孔子对那种淫乱低俗的《郑》声大加排斥。他认为"郑声淫",应"放郑声",因为"恶郑声乱雅乐也",在孔子看来,如果任其自由泛滥,将会造成不良的社会后果。

　　成书于西汉的儒家音乐代表著作《乐记》,其核心观念便是"德"。所谓"德者,性之端也;乐者,德之华也。"《乐象篇》曰:"天下大定,然后正六律,和五音,弦歌诗颂,此之谓德音,德音之谓乐。"即对于音乐表演而言,应该弘扬"德"的传统,有"德"之音才谓之乐,音乐教育的最终目的是树立正确的道德观念。《乐记》指出,音乐审美活动具有快乐的情感体验价值和提高道德修养价值,曰:"君子乐得其道,小人乐得其欲,以道制欲,则乐而不乱,以欲忘道,则惑而不乐。是故君子反情以和其志,广乐以成其教,乐行而民乡方,可以观德矣。"并进一步指出音乐审美活动中情感体验的功效和规范,即"情深而文明,气盛而化神,和顺积中而英华发外,唯乐不可以为伪"。这充分说明,中国传统音乐教育强调利用情感的力量对人的心灵产生深刻影响,将"乐"的情感视为具有道德价值的情感,而"乐"的教育,便具有审美情感教育的意义,从而使其乐教思想具有道德价值和情感价值的统一性。这种传统音乐教育的道德教育观和情感教育观,即使在21世纪的今天,仍然具有值得借鉴的理论意义。但另一方面,这种"以德代美"的观念延续了数千年,使得中国人对美育教育的自身规律长期认识模糊。此外,孔子的思想中虽然有"有教无类"的国民教育思想萌芽,但是他提倡的"学而优则仕"的教育,并未变成现实。所以,从严格意义上讲,中国数千年来并未将音乐基础教育实践纳入正常的轨道上来。

二、西学东渐

西学东渐催生了受西方国民教育思潮影响的中国音乐基础教育萌芽。1840年鸦片战争后,中国近代教育是在中西文化的碰撞与交融中向前推进的。作为异质音乐文化的"学堂乐歌",实际上充当了中国音乐基础教育的催生剂。据史料记载,1839年应"马礼逊教育会"之邀,美国耶鲁大学毕业生勃朗来华,同年11月4日,在澳门开办了马礼逊学堂。1842年学堂迁至香港,课程渐趋正规,音乐为该学堂的教学科目之一,这是外国教会最早在我国开办的学校，也是中国最早出现的学校音乐课程。西学东渐为封闭的中国打开了一扇了解世界的大门。为了富民强国，一些开明的官员开始有意识地将中西两种异质文化进行对比，以扩大视野。这时的文化主张主要是以洋务派的"中学为体，西学为用"为代表，即以不触动封建主义的精神支柱——伦理道德观为前提，有条件地学习西方的科学技术。尽管这种学习是被迫的、举步维艰的，但从客观上促使了中国早期教育现代化的启动。在这种思想的影响下，清朝政府在《学务纲要》及各级学堂的章程中，都提到在学校开设音乐课的问题，但由于没有找到符合传统"中学"要求的教学内容，又明文规定"暂从缓设"。

中国国民教育和国民义务教育，受到西方马丁·路德时代特别是工业化以来逐渐形成的新式教育的影响，认识逐渐深刻化。1898 年，维新派代表康有为在《请开学校折》中对近代西方国民教育制度"乡皆立小学，限举国之民，自七岁以上必入之，教以文史、算数、舆地、物理、歌乐，八年而卒业，其不入学者，罚其父母。县立中学，十四岁而入，增教诸科尤深，兼各国文，务为应用之学"给予高度赞扬，强调要造就具有现代意识的新国民，必须重视基础教育。梁启超的《新民说》则认为，"这种新国民就是要摒弃传统教育所造就的奴性人格，通过各种渠道培养国民的爱国心、公共心、独立心、自治心，做到自新而新人，以改善和提高中华民族的整体文化素质"。后来，由于维新派的政治地位动摇，他们的教育主张未能实现。尽管如此，由于维新派的教育思想符合历史发展的规律，深刻揭示了国民教育是中国教育的必由之路。特别是康有为在 1891 年完成的《大同书》中在普通学校设置音乐课的规定，为我国音乐基础教育的开展与发展奠定了政治基础。1901 年由上海地方政府创办的上海南洋附属小学，在课程中设置了音乐课,这是现在已知的我国最早正式设置音乐课程的学校。我国近现代官办及民办学校的音乐教育史,可以说由此开始。

三、五四新文化运动

五四新文化运动,推动了以"公民道德教育与美德教育"为价值取向的中国音乐基础教育的发展。辛亥革命的成功,推翻了封建帝制,建立了共和制度,孙中山就任中华民国临时大总统,并委任蔡元培为临时政府教育部教育总长,标志着中国的文化教育进入一个新的变革时期。蔡元培以近代资本主义的教育观为指导提出了军国主义教育、实利主义教育、公民道德教育、世界观教育和美育教育的五育教育方针。虽然他的这些富有创新精神的文化改革主张受到"尊孔""读经"复古思潮的阻挠并未得到全面贯彻,但是他所提出的在学校中实行美育教育的主张却得到教育界、文化界人士的普遍赞同,对中国音乐基础教育的发展产生了极为深远的影响。例如,1912年9月教育部公布的《小学校教则及课程表》、1912年12月公布的《中学校令实施规则》等就明文规定了"唱歌要旨,在使儿童唱平易歌曲,以涵养美德,陶冶德性"与"乐歌要旨在使谙习歌唱及音乐大要,以涵养德性及美感"等,都是我国教育史上具有重大意义的创举。1919年开始的五四运动提出了民主与科学的口号,使中国文化教育进入了一个历史性转折时期,一些具有共产主义思想的知识分子,开始用马克思主义观点对"五四"以前的新文化运动进行分析与总结,提出了彻底反对封建文化的主张。例如,李大钊著文指出:"孔子的学说所以能支配中国人心有二千余年的缘故,不是他的学说本身具有绝大的权威,久远不变的真理,配做中国人的'万世师表',因他是适应中国二千余年来未曾变动的农业经济组织反映出来的产物,因他是中国大家族制度上的表层构造,因为经济上有他的基础。"在"五四"新文化思想影响下,1922年教育部参照美国的学制进行了全面的学制改革,音乐教育开始作为"美育"的重要环节,从客观上将迅速发展我国专业音乐教育,大量培养师资作为一项紧迫的社会需要。同时,也促使萧友梅为代表的我国第一代音乐家,从一开始就把普通学校编写音乐教材视为极其重要的任务来对待。这个时期的音乐教育观念围绕着陶行知、陈鹤琴、雷沛鸿为代表的教育家提出的东西文化融合论而不断变化发展,他们致力于西方新教育的中国化实践探索,为中国基础教育改革做出了巨大的贡献。用于音乐教学的学堂乐歌,这时已逐步改变了早期的将日本歌曲填词的单一创作方法,而采用德国、法国、英国、美国等歌调与中国歌调并用的多元音乐创作形式。在歌唱的内容上也随社会与文化的变革而不断更新,有反对列强侵略、揭露封建腐败的《何日醒》《出征歌》;有歌颂中华民族英勇奋斗、祖国辉煌历史的《中国男儿》《祖国歌》;有提倡男女平等的《勉女权》《婚姻祝词》等。为满足中小学音乐课堂教学的发展需求,萧友梅、赵元任、黎锦辉等音乐家则一改运用曲谱填词的创作方法,采取词曲统一创作的新方法,创作了大量表现爱国主义精神和反映学生生活、自然景物等内容的作品。如萧友梅的音乐教材《今乐初集》、黎锦辉的儿童歌舞剧《小小画家》《可怜的秋香》等。1927年,陶行知根据南京蒋王庙的秧歌调创作了乐歌《锄头舞歌》,在第三段歌词中的"单靠锄头不中用,联合机器闹革命",体现了工农联合闹革命的思想,大大提高了学堂乐歌的思想境界, 把音乐教育与社会变革、文化变革紧密联系起来,使音乐教育成为整个民族文化血肉相连的有机组成部分。

四、抗战时期

抗日救亡歌咏运动,既激发了全民族的抗战热情,又推动了中国基础音乐教育的发展。广大中小学音乐教师通过音乐课让学生演唱大量优秀的抗日救亡歌曲,以传播爱国民主思想。例如,人民音乐家聂耳1935年创作的《义勇军进行曲》,号召人民挽救中华民族的危亡,音乐旋律昂扬、振奋人心,1949年9月被定为中华人民共和国国歌。另外,聂耳所写的《毕业歌》《大路歌》《开路先锋》等都体现了广大人民团结抗战的坚强意志。音乐家贺绿汀作曲的《嘉陵江上》、张寒晖作曲的《松花江上》、夏之秋作曲的《故乡》等以活生生的事实,控诉了日本侵略者的滔天罪行,表达了对祖国、对故乡的无限热爱之情。人民音乐家冼星海1939年创作的《黄河大合唱》,音乐雄壮而富有变化,"像暴风雨中的波涛一样,震撼人心"。这段时期,全国中小学音乐教科书中以抗日救亡、爱国民主为题材的群众歌曲日益增多,从广大乡村到喧嚣的城镇,从辽阔的平原到高峻的山岭,全民抗日的热情不断高涨,抗日歌曲从中小学音乐课堂飞向社会。这时的音乐教育,一方面在激发人民抗日热情上起到了强大的作用;另一方面,在这种全民抗战为主题的新音乐文化的推动下,音乐教育自身也得到了快速的发展。

五、中华人民共和国成立初期

中华人民共和国成立初期"以俄为师",形成了"以欧洲技术为中心"的中国音乐教育格局。1949年中华人民共和国成立,标志着新民主主义革命的胜利,中央政府制定了新时期的文教纲领,确定了"以俄为师"的价值取向,我国的音乐教育无论是专业音乐学院或普通学校,从教育教学体制到教学内容都效仿苏联。我国音乐学院是以苏联音乐学院的专业系科建制为模式而设立的,学习的几乎都是苏联音乐教育理论和实践方面的经验,基础音乐教育的情况也是如此。可以说这对促进我国学校音乐教育体系的建立起到了一定的积极意义。特别是为了配合课程建设,我国翻译了一大批苏联音乐教材及音乐理论著作和教学参考资料,同时学校音乐教育在教材建设、教学研究、教学管理、教学模式等方面均以苏联的教育理论为指导。这对于规范我国学校音乐教育教学行为,提高教学质量都起了积极的促进作用,有一些学术思想至今仍然在我国学校音乐教育中发挥着作用。

但是,"全盘欧化"给我国学校音乐教育带来的负面影响也是不能低估的。首先,早期的基础音乐教师大部分是来自音乐学院的毕业生,当时苏联的音乐教育是以培养音乐专门人才为目标,专业分科太细,知识呈纵向发展,因此我国音乐院校毕业生在从事以综合音乐审美教育为特点的音乐基础教育中,显得格格不入。其次,专业分科太细还带来了"重技轻艺"或"重技轻文"等偏向,致使音乐院校毕业生的文化素质整体水平不高。最后,由于音乐理论体系、教材教法甚至教学内容大都来自苏联,因而,我国优秀的民族传统音乐曾一度被忽视,在音乐审美的导向上出现偏差。这使很多中小学生并不知道中国的民族音乐有着几千年的辉煌历史。

尽管如此,这时期我国的音乐教育在党的德育、智育、体育、美育全面发展的教育方针指导下,仍然得到了健康而迅速的发展。教育部规定小学的美育目标为"使儿童具有爱美的观念和欣赏艺术的初步能力",规定小学的美育目标为"陶冶学生的审美观念,启发其艺术创造能力"。根据这些要求,各级各类学校的教学计划中都增加了美育教育的内容。此外,学校音乐教育比较注重音乐审美教育与思想品德教育的有机结合,注重积极引导学生开展思想内容健康的课外音乐活动,少年合唱等群众性歌咏活动也蓬勃展开。一方面,健康向上的音乐教育在引导学生确立正确的人生观、道德观方面起到了促进作用。另一方面,由于各级领导的重视,在音乐教学设备、音乐教室、琴房设备等硬件建设上增加了投入,音乐教学环境和教学条件有了较大改善,为日后音乐教育的大发展奠定了较好的基础。

六、改革开放

1978年我国实行改革开放政策以后,原国家教委为适应社会对人的全面发展的要求,首先在全国中小学逐步恢复了音乐课和美术课,其次在全国开展的"五讲四美"活动也收到了良好的社会效果。1986年3月在国家第七个五年计划中明确提出:"各级各类学校都要加强思想政治工作,贯彻德育、智育、体育、美育全面发展的方针,把学生培养成有理想、有道德、有文化、有纪律的社会主义建设人才。"紧接着,为了坚定地贯彻执行中央关于社会主义精神文明建设指导方针的决议和德、智、体、美全面发展的教育方针,国家教委决定成立艺术教育委员会,把它作为指导艺术教育的专家咨询机构,在学校艺术教育的方针政策、发展规划、规章制度等重大问题上为国家教委提供咨询,并协助教委指导、督促、检查艺术教育的实施。同时,国家出台了《1989—2000年全国学校艺术教育总体规划》,至此,我国的音乐教育又蓬勃发展起来。

进入20世纪80年代以后,由于科技与经济高速发展,我国的社会经济转型促使文化教育转型,使"以道德为中心"的传统文化观向"弘扬民族文化精髓,吸收世界多元文化因素"的现代文化观转型。20世纪90年代,学科知识增长迅猛,呈现出既高度分化又高度综合的新特点。这无疑对面向21世纪的中国教育提出了严峻的挑战,在未来世界中,只有培养出千千万万智能型、高素质、人格高尚的全面发展的人才,才能占领科技、经济与文化发展的制高点。而在培养全面发展的人才战略中,美育具有举足轻重的地位,要搞好学校美育,首先必须确立具有现代社会特点的音乐教育价值观,才能切入美育的本质。那么,什么是具有现代社会特点的音乐教育价值观呢?它与传统的"以德为美"的音乐文化教育观和近代"以欧洲音乐技术为中心"的专业音乐教育观有何不同呢?音乐教育作为人类社会的一种文化现象,其存在和发展一方面必然反映出社会文化变革的内在需求,但是无论教育的国际化趋势多么强劲,一个国家的教育总是要建立在本民族文化的厚土之中,中国的教育不管在近代化的过程中有了多么大的变化,在现代教育改革中有了多么大的变化,传统文化的积淀总是先天地规定了它的文化底蕴,它总是在弘扬民族文化传统,吸收世界先进文化精髓的过程中不断得以创新和发展。另一方面,其自身的特殊意义还在于它是实施美育的重要途径之一,其特殊功能在于,通过这种审美教育,不仅可以培养学生感受音乐、理解音乐、表现音乐、鉴赏音乐和创造音乐的能力,而且能促进人自身各种因素的平衡和协调,提高人的素质,实现人的个性全面、和谐地发展。彭珮云同志在国家教委艺术教育委员会成立大会上明确指出,美育不仅可以促进学生德智体的发展,还具有自己独特的功能,他还特别强调在各级各类学校中加强美育是时代的要求,是教育面向现代化、面向世界、面向未来,培养有理想、有道德、有文化、有纪律的社会主义新人的需要。由于普通学校音乐教育是面向全体学生的美育教育,是国民教育的重要组成部分，是以音乐为媒介，培养人的一种美育实践，所以它的价值观或哲学基础是"以审美为核心"。其实质上是指音乐教育是一种延续了几千年的社会文化现象，积淀着人类按照美的规律建造的历史文明，蕴含着丰富的内涵和功能，通过音乐的教育实践，揭示美的规律，探索美的本质，并以审美感受的特殊方式，实现人类的自身塑造，并最终推动整个社会进入趋于完美、和谐的理想境界。其内涵以弘扬民族文化传统为主旋律，结合吸收多元文化因素，以揭示艺术教育的审美本质为新起点，继承与发展了民族文化道德观，又独立于德育之外。

在教育转型的今天，对应传统应试教育而提倡的素质教育，近年来在中国大地上得到广泛的认同并有了空前深入的发展。素质教育的核心是培养德、智、体、美等全面发展的人，但必须指出的是，作为一个活生生的人，学生的德、智、体、美不是机械割裂的，也不是简单并列的，而是有机融合在一起的，融合的结果就是人格，人的素质高低直接决定了人格的高低与优劣。从教育改革实践看，音乐教育在提高人的能力素质，培养创新精神，净化人的灵魂，促进青少年人格建构方面有着其他教育学科所不可替代的作用，被看作实施素质教育的重要途径。这种认识使音乐教育功能在当代教育实践中得到了新的拓展。

素质教育的提出在很大程度上是由于我国基础教育长期处于"应试教育"的潮流中，为打破以考试、分数为重，片面追求升学率的现象，加强人与社会生活的联系，素质教育观念得到大力推行，强调人的全面素质的培养，反对一切以升学为前提的教育。然而，提出素质教育的愿望、出发点是好的，但如果不执行或者执行失当，都达不到预期的效果。为落实素质教育观念，我国中小学音乐课时数由 1912 年的一周 0 课时增加为 1990

年的平均一周 2 课时,使音乐课的上课次数多了,但这只是在形式上做出了改变,素质教育的观念并未深入中小学的具体音乐课堂教学中,并未带来音乐教育具体教育教学的变化和改善。

最初的"美育"是在 1912 年由蔡元培提出的,他主张"以美育代宗教",认为美育是自由的、进步的、普及的。由于对美育进行了过多的理论研究与宣传,所以忽视了美育的具体实施,一直到 20 世纪 80 年代音乐教育界又再次提出了美育,并指出我国的音乐教育应以审美为核心,将审美教育的观念运用于音乐教育的具体实践中。但是将音乐教育类似于审美教育的观念扩大了审美的效能,失去了审美应有的有效范围,审美的观念被扩大化和夸大化。

随着经济改革的全面推进,20 世纪 80 年代掀起了一股文化热潮,多元文化的观念涌现出来。大量教材、书本都是以西方音乐为主的教育,呈现出教育一体化的模式,忽视了本民族传统音乐的学习和发展。由此,多元文化的教育观念被推上了音乐教育领域的舞台,这直接影响了音乐教育者对音乐教育观念的思考。

中国的实践观念可以追溯到周代的采风制度,当时的音乐主要是为宫廷服务。在西方,以埃利奥特等为主的实践音乐教育家提出了以实践为主的音乐教育观念,这给审美观念带来了打击,将音乐教育从审美角度转向关注音乐实践的角度,为音乐具体的实践教育教学提供了理论支持。除此之外,20 世纪后半叶,人类学、社会学、民族学、世界文化等人学学科的引入,各种思想,如合作教育学的思想、终身教育思想、主体性教育思想等汇集起来,带来了 21 世纪思想的百花齐放。

在 20 世纪末思想变革之后,出现了许多重要的理论体系和理论主张，《中国教育改革和发展纲要》明确指出："中小学要由'应试教育'转向全面提高国民素质的轨道，面向全体学生，全面提高学生的思想道德、文化科学、劳动技能和身体心理素质，促进学生生动活泼地发展，办出各自的特色。"《关于深化教育改革全面推进素质教育的决定》指出："实施素质教育，就是全面贯彻党的教育方针，以提高国民素质为根本宗旨，以培养学生的创新精神和实践能力为重点。"这些政策的颁布指明了素质教育的方向，也为素质教育的实施奠定了坚实的基础和政策支撑。素质教育的提出，改变了我国传统的教育观念，从注重书本考试转化为注重学生的全面发展，而音乐教育是体现素质教育的重要途径，普通学校音乐教育的根本性质是素质教育，是面向所有学生的陶冶性情、滋养心灵的音乐艺术教育，是提高修养、完善人格，促进全面和谐发展的音乐文化教育。正因为音乐教育具有陶冶情操、开发智力等价值，所以素质教育被运用于音乐教育中。

雷默在《音乐教育哲学》中提倡审美教育，认为音乐教育是通过培养对音响的内在表现力的反应来进行的人的感觉教育，即音乐教育应注重培养人对音乐的感受和体验能力。音乐是听觉的艺术，不同的人对同一部作品有着不同的感受，音乐教育应以人为本，而音乐审美则应以乐为本。音乐教育以人、音乐为出发点，重视音乐的审美价值，改变了片面地以理论知识为主的音乐教育。然而，在音乐教育中，过于偏向审美而忽视基础知识的学习，同样不利于音乐教育的发展，因此我们应客观和合理地对待音乐的审美教育。

戴维·埃里奥特在《关注音乐实践——新音乐教育哲学》中提出了以音乐实践为主的音乐教育，认为音乐是一个多样化的人类实践。音乐作为一种人类活动，应当考虑所处的社会语境，在此基础上进行音乐聆听和音乐创作,音乐一旦脱离了所在的社会文化背景,就不能对其进行深刻的体验和理解。在声乐教学中,演唱一首民歌,有些教师会带着学生去这首民歌所表现的地方,通过了解该地区的风土人情、地方特色语言、传统文化等,对该歌曲进行深刻的分析和理解,从而能更准确地演绎出这首民歌的特色和表达的感情。这样的一种教学方式就是对实践观念的具体体现。

　　管建华在《后现代音乐教育学》中指出:"人类音乐文化是多元一体的,中国音乐文化也是多元一体的。以文化理解为目标的多元文化音乐教育是高度信息化的,而非高度音乐技能化的。"在信息技术快速发展的今天,将音乐教育置于世界的大范围内,提倡音乐的多元文化,无疑是迈了很大的一步。多元文化的音乐教育打破了音乐界长期以欧洲为中心的教育。中国有着数千年的优秀民族民间文化,我国的音乐教育应注重以本国音乐文化为主,同时兼顾多元文化音乐教育。

第二节　素质教育下的中小学音乐教育观念

一、中小学音乐教育观念转变

　　21世纪,以文化为主题的音乐教育观念在全球范围内广泛传播。音乐和文化都作为人的音乐和文化,在音乐教育中,必然具有以人为中心、以文化为主的具体实践特征。21世纪的观念也是20世纪观念的延伸,世界多元文化的引出,主要就是长期以西方体系为主,将西方音乐作为全球的主流音乐,而缺少世界不同文化的声音,没有对自己本民族音乐和文化的理解,如何理解他国的音乐和文化。此外,审美观念在 20 世纪末受到实践观念的质疑,审美观念体现的是人对音乐的主客体关系,主体对客体作品的审美深陷于主体对音乐关注的范式局限中,并不利于音乐及音乐教育的发展,而音乐又是人的音乐,在音乐教育中,人与人的交往和沟通便成为音乐教育发展的趋势。正因为 20 世纪观念的发展,所以 21 世纪乃至将来一段时间内,音乐教育必将以人以及文化为主作为音乐教育观念,并由此带来具体的实践教学和实践行为。音乐教育观念的转变,体现了在 21 世纪人的关注度逐渐提高,从物质层面向精神层面的转变,从满足生存的需要转向对自我要求的提高,说明音乐教育观念在全球范围内得到更新和提升。

(一)国际音乐教育学会观念的转变

国际音乐教育学会,即 ISME,是当今世界著名的音乐教育学术研究团体,它隶属于联合国教科文组织下的国际音乐理事会,成立于 1953 年,已由当年的 29 个会员国发展为今天拥有 120 多个会员国、近 79000 名会员的学会,学会基本上两年举行一次会议。国际音乐教育学会作为全世界音乐教育工作者的代言人,代表所有类型的学校、各个阶段、各种门类的音乐教育,它的目标是促进全世界音乐教育的发展。可见 ISME 在全球音乐教育领域的重要性和引导性,它的观念可以说代表着全球音乐教育的观念,对全球的音乐教育发展起着重要的作用,具有无法代替的地位。

2002 年,ISME 制定了多项政策,以促进学会的未来发展,并强调了世界范围内音乐教育的重要性。在这个阶段,学会将其目标转为帮助音乐教师、教授保存人类社会的多种音乐文化,培养有创新能力和有多重音乐能力的当代音乐家。同年,在颁布的国家艺术课程标准中也提到了多元文化音乐。由此，多元文化音乐教育的观念被清晰地阐释出来。从 2004 年起，学会开始扩大自己的影响力，2010 年 8 月，在中国北京召开了第 29 届世界音乐教育大会。此次大会的主题是"和谐与世界的未来"，而它正好体现了学会 57 年来所坚守的理念，即通过音乐教育来增进全世界各民族和文化间的交流和理解，从而形成一个更加和谐的全球社区。

综上所述，可以清楚地看到 21 世纪 ISME 观念上的共同点，即文化与理解。其实，从一开始 ISMF 所追求的多种文化，主要是以西方主流文化为中心，同时关注西方其他民族音乐文化，本位主义观念依然存在。随着世界大潮流的发展，学会本身也需进一步扩大自身在国际上的影响力，故而世界范围内的不同文化得到提倡和重视，然而如何公正而平等地对待世界范围内各个国家、地区的音乐文化以及音乐传统，是个现实且难以平衡的问题。ISME 是否依然保持着以主流文化为中心，兼顾其他各国各民族的音乐文化为观念，也是各国各民族应该担心的问题。当今音乐教育的概念仍然需要超越狭隘的种族界限去认识不同民族文化的音乐教育。

(二)中国音乐教育观念的转变

《中国教育改革和发展纲要》指出，中小学要由"应试教育"转向全面提高国民素质的轨道，这是我国教育改革与发展的历史性转变。由于长期受传统教育思想的影响，我国的音乐教学习惯以传授知识、训练技能为主要方式。在音乐课教学过程中，教师或者先讲一些音乐基本概念，然后再让学生听几首歌曲，或者唱几首歌曲，然后再讲授一些乐理知识就算完成教学任务，使学生的内心体验、情感世界总是被忽略。课程实施中过于强调接受式和灌输式学习，死记硬背，机械训练，这样的教学禁锢了学生的思维，另外，长期的应试教育观念在一定程度上影响着整体教育水平的提高,社会、家长、学校将学生的分数放在第一位,作为衡量学生水平的唯一标准,导致学生学习压力过大,心理不健康,容易成为学校、社会的不稳定因素,不利于社会的和谐发展,由此以提高全民素质为目标的教育改革应运而生。《中共中央国务院关于深化教育改革、全面推进素质教育的决定》《关于加强全国普通高等学校艺术教育的建议》等的实施,标志着中国21世纪的教育将进入全面推行素质教育新阶段。

近年来,我国一直强调"音乐教育是审美教育"的理念。《全日制义务教育音乐课程标准(实验稿)》把审美列为音乐教育的首要目标和核心,提出了"以音乐审美为核心"的基本理念,审美教育观在该课程标准的内容中也有清晰的体现。《全日制义务教育音乐课程标准(实验稿)》在前言中写道:"标准力求体现深化教育改革,全面推进素质教育的基本精神,体现以音乐审美体验为核心,使学习内容生动有趣、丰富多彩,有鲜明的时代感和民族性,引导学生主动参与音乐实践,尊重个体的不同音乐体验和学习方式,以提高学生的审美能力,发展学生的创造性思维,形成良好的人文素养,为学生终身喜爱音乐、学习音乐、享受音乐奠定良好的基础"。此外,整个课程标准始终围绕着"以审美为核心"的音乐教育观在制定各项条目,充分体现了"以审美为核心"的音乐教育观念在教育改革过程中的引导性作用。

由于科技与经济的高速发展,我国社会经济转型促使文化教育转型,使"以道德为中心"的传统文化观向"弘扬民族文化精髓,吸收世界多元文化因素"的现代文化观转型。在我国,文化上的多元更因为当前处于社会转型时期而日益彰显。新课标中的一条基本理念就是"理解多元文化",提倡学习、理解和尊重世界其他国家和民族的音乐文化,多元的音乐教育观在中国开始普及并得以运用。

二、素质教育观念

素质教育是教育界老生常谈的话题,也是我国长期贯彻的教育方针。21 世纪,音乐教育中的素质教育现状并不乐观,主要表现为流于形式、停留在口头上以及以技能技术为主。在这样的素质教育观念指导下,非但对音乐教育实践起不到积极的作用,反而会阻碍其发展。从音乐教育的素质观来看,并不是所有的素质都能通过音乐教育得以提高,音乐教育只针对人的审美素质和文化素质的提高,科学素质、劳动素质、道德素质等并不在音乐教育体现的素质范围内。正确而客观地看待音乐教育与人的整体素质之间的关系,才能明确素质教育观念在音乐教育中产生的作用和影响。

21 世纪以来,不少学者对素质做出了定义,主要观点包括三个方面。第一,"素质"的概念就是既是个体生存需要而又符合社会发展需要的人的身心条件。"素质教育"中的"素质"既指个体素质,又指公民的整体素质,强调人的身心发展的重要性,同时关注个体和社会的需求。这里面缺少对人的后天实践能力的要求, 只从生理和心理的角度, 显得过于简单化。第二,素质是以个人的先天天赋为基础,通过合适的环境或教育,使个人的知识和能力以及情感、态度、价值观获得更新或调整而形成的身心组织机构,即素质是可以得到培养和教育的,是人的结构组织的一部分,最终通过个人的行为得以体现。第三,音乐素质即是音乐的本质,是构成音乐的基本要素,可以具体概括为知、能、行三点,从音乐的角度,强调知识、能力、实践三方面的重要性。

将素质观念引入音乐教育中,使学生的音乐素质得到提高,这不仅包含人们常认为的会唱歌、会乐器等一两门技能和技艺,也包含着对音乐的心理感知能力、对音乐理论知识的掌握水平以及对音乐作品的合理诠释等内容。素质观念在音乐教育中不仅体现在音乐素质的提高上,同时也体现在以人为主上。教师在教授音乐的同时,应注重学生的身心发展以及社会的需求。如果音乐教育中只教授学生某种本领和技艺,缺乏对学生身心发展的关注和引导,无法全面提高人的整体素质。由此,笔者将"素质"归纳为立足于人和社会的发展,注重对人的身心发展、知识能力、实践行为三个方面的改造和提升。

(一)素质教育现状

1.流于形式的素质教育

有调查表明,中学生和小学生认为学校没有课外音乐活动的分别占到 28.1% 和 6.5%,其余的都认为学校有这些活动,然而参加学校合唱队、学校乐队、音乐兴趣小组等课外活动的人却很少,大概有 73.2% 和 61.4%的中学生和小学生没有参加课外音乐活动。这说明学校只是在形式上举办课外活动,并未让学生参与进来,办与不办并未产生实质区别。

《素质教育政策运行过程中的评估问题分析》提道:"基层学校疲于应付而导致的'形式主义'现象,其中当然也不乏基层学校为了在评估中取得好的成绩而弄虚作假的问题,于是学校的所有工作都成了素质教育工作,教育、教学中有价值的做法全部都成了'素质教育经验'。"素质教育的提出,本身就是由于应试教育的弊端,而目前音乐教学中仍然以书本知识为主,课外音乐活动形同虚设,素质教育流于形式,毫无意义。

2.停留在口头上的素质教育

在 20 世纪 80 年代教育改革时期,素质教育就被不断地提出,然而却更多地停留在口头上,并没有落到实处。学校音乐教育中缺乏音乐活动场所、缺乏音乐资料、缺乏音乐设备、缺乏教学用的乐器等,这些内容的缺乏,说明素质教育的提出并未付诸实施,没有这些教学设备,素质教育很难在音乐教育中得以实施。

《素质教育政策执行偏差的成因及对策研究》中提道,"在实施素质教育政策过程中,地方政府与教育主管部门只是做出一般性简单的号召而无实际措施,因而无法切实执行到位""在素质教育的宣传和执行过程中,教育部门的影响力,尤其是学校领导层对素质教育的看法直接影响着素质教育在中小学音乐教育中的实施程度"。研究表明,有 33.3%的教师认为学校并不太重视音乐课的教学。学校音乐教育的发展离不开学校领导的重视,没有切实的执行方案和执行力度,素质教育在音乐教育中的实施只是空架子。

3.以技术为主的素质教育

素质是整体性与综合性的统一,而技能则主要指的是专门性。人的素质除了包括技能以外,还包括道德、情感、价值观念等其他方面的心理因素。仅以技能技艺涵盖素质教育只是片面的理解,对人的素质也只是片面的提高。中小学音乐教育将音乐的技能技术放在第一位,教学过程中强调演唱、演奏的方法和技巧以及考试的方法,却很少告诉学生"为什么这样唱""为什么演奏时这样弹更合适"等。这样偏重于技能的训练,忽视了对学生创造力的培养,也忽视了音乐教育的目标是陶冶性情,完善人格。人生来就对优美的音乐有一种天然的兴趣,但在目标错位的"音乐教育"中往往忽略了保持和培育学习者对音乐的天然兴趣,在枯燥的技能练习中,使他们逐渐厌倦音乐,这样的错位不可能达到素质教育的目的。另外,对技能技艺过于偏重,往往造成中小学生理论知识的欠缺。在基础教育领域中实施的素质教育则主要指向学生的学习能力、交往能力、创造能力等综合能力的形成。因此,在基础教育阶段全面推进素质教育实施的过程中,积极地培养与提高学生的认知能力、动手能力、交往能力以及创造能力等是非常重要的。部分学校为了追求学生在艺术上的高、精、尖,常常利用自习时间让学生学习合唱、声乐、乐器等,长此以往,导致学生文化成绩下降,偏科严重,从而造成自身综合素质偏低,也造成个人音乐素质整体水平不高。学生将"家长认为学习音乐耽误文化课程学习"以及"不感兴趣"作为课外没有学习音乐的主要原因,这源于素质教育的不合理实施,导致学生容易失去学习音乐的兴趣。以技能技艺为主的素质教育只是片面地理解素质教育,认为素质教育就是技能技艺。这种片面的观念必然带来片面的行为,使得学生只注重技能的学习,忽视交往能力、创造能力、感受能力等多方面能力的培养,不利于人的整体素质的提高。在此观念下的音乐教育也只是培养少数人的音乐教育,并未做到面向全体学生,不符合中小学音乐教育的普遍性、全面性等特征,从而不利于音乐教育事业的发展。

(二)音乐教育与人的素质之间的关系

人的素质具有三个结构层次,即自然素质(先天遗传的生理素质)、心理素质(智力因素和非智力因素)、社会文化素质(科学、政治、道德、劳动、审美等方面的素质)。针对人的身心发展、知识能力、实践行为三个方面,笔者主要就人的自然素质、心理素质、文化素质、道德素质进行说明。要想了解素质教育观念在音乐教育中是否发挥作用,为音乐教育带来了怎样的影响,首先需要知道音乐教育与人的各种素质都存在着怎样的关系。

1.音乐教育与自然素质

自然素质也可以理解为遗传素质,主要是指人的先天性生理特点,带有与生俱来的性质。一个好的先天素质对音乐教育来说,是可遇不可求的素质,如天生的好嗓门、天生适合舞蹈的身材比例和柔软程度等。尽管在音乐教育中演奏乐器可以训练相应器官部位的功能,但是音乐教育无法改变人的先天条件。更何况音乐教育是面向全体学生的教育,新课标指出,义务教育阶段的音乐课,应当面向全体学生,使每一个学生的音乐潜能得到开发并从中受益。所以,人的先天自然素质尽管有好坏之分,但对于音乐教育,都应一视同仁。喜欢唱歌的人,尽管先天嗓门不好,但同样可以接受音乐教育,也同样可以学习声乐。可以说,音乐教育与自然素质之间并没有太大关系,自然素质的好坏对音乐教育并不产生影响,音乐教育也无法改变人的自然素质。

2.音乐教育与心理素质

音乐教育与心理素质有一定的关系,有数据表明,小学生中有 72.4% 的学生愿意表演,而其中有 71.1% 的人选择了"愿意,但是害羞";中学生中愿意表演的学生占到 50%,而其中 73% 选择了"愿意,但是害羞",还有 32.6% 的中学生不愿意当众表演。这一系列数字说明了中小学生的不自信、胆怯,这正是心理素质的重要表现。心理素质不佳会直接影响学生的音乐表现和教学参与。学生心理素质不高,不愿意参与音乐教学活动和实践活动,以学生为主体的教学观念必将无法实施。心理素质好的人并不是音乐教育能培养出来的,音乐教育本身不包含心理健康反应习惯的训练。但在音乐教育中, 音乐教师可以通过音乐作品去引导学生拥有好的心理状态,通过作品背后的知识、故事等引导学生的积极信念,或者通过乐器演奏的程度树立学生的自信心,激发学生的内在潜能。这并不是音乐教育专属的作用,但却是广泛运用的,是很有价值的,是音乐教育中需要强调和重视的。

同时,音乐有很好的情绪理疗作用。选择合适的音乐作品可以有效地调节人的情绪,在音乐中得以舒缓和发泄,将不良情绪转移并往好的情绪方面发展,这也是目前很多人面对压力时常用的缓解方式。因此,音乐教育虽然不直接培养人的健康心理和习惯,但却有一定的缓解情绪的能力。

3.音乐教育与道德素质

道德是衡量行为正当与否的观念标准,这种道德观念是受后天宣传教育及社会舆论的长期影响而逐渐形成的。它是一种社会公约,束缚着人在群体交往中的行为,没有道德的约束力,就会出现很多不道德的行为。因此,很多道德素质是和"自觉性""良心"一起谈及的,当一个人没有良心、没有自觉性和自控力时,就会出现不道德的行为。如此,一些行为,如"文明礼貌""禁止吸烟""尊老爱幼"等都是这种道德需要下的具体行为表现。在社会中,人是群居动物,人们的观念、行为不可避免地影响着他人并受他人的影响,在音乐教学中,主要凭借教师采用多种形式,潜移默化地灌输正确的思想、态度和观点,从而培养学生正确的价值观、道德观,然而音乐教育并不能直接地提高人的思想道德素质。

4.音乐教育与文化素质

简单地说,文化素质是指哲学、历史、文学、社会学等人文社科类知识,而这些知识通过个人的语言、文字或行为来反映综合气质或整体素质。知识只是文化素质的一个方面,音乐教育的课程也包含相关文化的内容,作为音乐教育,已经不单纯是一种艺术的表演或欣赏,而是一种与其他综合知识兼容的复合体。如音乐与科学、音乐与自然、音乐与文学、音乐与数学、音乐与美学等,这些都是音乐教育的丰富内容。掌握一定的文化知识,对感受和理解音乐起着基础作用。反过来,音乐教育的学习,可以直接培养人的感受能力,提高人的艺术气质。同时也可以使学生直接了解音乐知识,间接地接触到与音乐相联系的其他方面的文化。例如,通过对《卡门》《梁山伯与祝英台》等音乐作品的认识,对相应的文学作品也得到更进一步的理解;《十面埋伏》和《霸王别姬》虽然是两首不同的琵琶曲,但从不同的侧面表现了我国古代的楚汉战争,从历史的角度了解到当时的社会文化背景。通过音乐教育,可以帮助人们提高文化知识水平,提高人们对音乐的感性认识和对作品的深刻理解。这也提醒了音乐教育者,要在注重音乐本体学习的同时,更注重音乐的人文内涵。因此,音乐教育与文化素质之间是相互联系、相互作用的。

(三)音乐教育应该体现的素质范围

经过上面的分析,可以发现,音乐教育主要与心理素质、文化素质相关,而与自然素质、道德素质之间并没有太大的关系。在心理素质方面,通过对音乐的感知和心理情感变化培养学生的音乐审美意识;在文化素质方面,通过加强理论知识的学习,包含音乐基础知识和基础技能、社会文化背景、人文学科知识等,提高学生的音乐素养,深化对音乐及音乐作品的理解。音乐教育并不能体现人的所有素质,有些素质只是间接地反映出来。例如,在学琴的同时也可以促进数字、言语方面能力的发展;在学意大利歌曲的同时,也简单地学习了意大利语。这样触类旁通的效果,现在越来越多地被用于音乐教育方面,要充分利用与音乐教育相关的素质,发挥有效的素质观念在音乐教育的作用,使其合理地运用到音乐教育实践中。因此,音乐教育应该体现三种素质,即文化素质(音乐基础知识和基础技能的学习)、审美素质、道德素质。

1.文化素质

文化包含的内容、种类很多,音乐基础知识和技能只是文化知识中的一种。同样音乐教育也包含许多课程内容,如感受与欣赏、表现、创造、音乐与相关文化,文化知识也只是音乐课程的内容之一。文化素质的体现不仅包含着对文化知识的掌握,还需具备良好的言谈举止以及对事物的感性认识。音乐是感情的艺术,通过音乐教育可以培养人的感性认识,与此同时,也可以掌握相关的文化知识。反过来,具备文化方面的相关素质,可以提高学生欣赏、体验音乐的能力,即使是没有学过音乐的人,只要其具有一定的文化素质,就能获得音乐初步审美感受和体验。音乐知识的学习是中小学音乐教育的短处,中学生对待音乐知识的学习抱着无所谓的态度,这样的现象对于学生的文化素质的培养是不利的,同时不注重文化素质的提高,也使得音乐教育缺乏牢固的理论基础。目前教学中由于过度注重审美,而忽视文化知识的学习,这是不可取的。这里的文化知识不仅包含音乐理论知识,还包含了社会文化认知、音乐内在审美感受等多方面的知识。因此,文化素质应是音乐教育体现的范围。

2.审美素质

审美素质也可以说是感性素质,由于音乐教育本身所具体的独特性,如听觉艺术、审美功能,从而发展了某种素质。例如,通过音乐的学习,对音乐有了敏感的听觉,提高了对声音美的辨识能力,内心的感性认识变得更丰富。由于音乐不像语言或造型那么固定,它是多解的,因此演唱或欣赏也就成为发展想象力的重要环节。又由于音响材料的特殊性,即音响的流动与变化,使音乐呈现出非语义性、非直观性,所以对音乐的理解也呈现出非单一性、非确定性和多异性、丰富性。这就培养了学生的丰富的想象力、深刻的理解力等,为今后遇到或从事更高级的文化艺术和更新的科学技术奠定良好的心理基础。通过音乐教育,让学生经历审美体验,让学生感悟艺术,通过艺术反映某种思想,进而培养学生的心理特性。如学生的审美、表达能力、鉴赏力以及认识和感悟生活的能力,使学生拥有健全的人格和健康的个性。审美习惯的美感由直觉而得,主体在审美活动中不再需要复杂的思考,审美习惯所唤起的美感是无意识的,它不再受思想意志的支配,基本上只产生快感而不产生惊奇感。音乐作为听觉艺术,对音乐的审美感受是无意识的直觉反应,是音乐本身所特有的。

3.道德素质

在音乐教学中,通过教材中的歌曲向学生讲授一定音乐知识的同时,也引导学生产生一种积极向上的生活态度。通过歌曲的情感表达和传递,潜移默化地影响学生的道德素质。因此,歌曲的选择对于人的道德素质起着重要的作用。研究表明,有54.2%的学生不太喜欢或不喜欢课本中的歌曲,对此,在选择歌曲方面,要选择适合学生的,可以选择一些具有正能量的好听的流行歌曲,通过歌曲的情感和人物思想、社会文化等因素,让学生感受音乐内涵的意义,从而培养他们的正确选择取向和价值取向。在以教师为主导的教学过程中,音乐教育主要通过教师的教学手段和教学方法向学生灌输正确的思想、态度和观点,这其中涉及教师的个人能力水平、教学水平、个人的情感因素以及对作品的理解等,以教师作为媒介,并不能直接而正确地通过音乐教育提高人的思想道德素质。

第三节　审美视角下的音乐教育观念

"美育"的提出主要源于蔡元培,他提出"以美育代宗教"的观念,并阐释出美育与德育的紧密关系。如今的审美教育已不同于"美育"的功能,更多的是一种目的、一种观念。随着时间的推移,审美教育的观念不断更新和发展,在音乐教育领域作为核心理念被运用于新课标中。然而,在21世纪各种思想汇集的浪潮下,审美音乐教育观念引起了争论,主要分为两派,即主张派和异议派。主张派主要从音乐本身的功能、作用以及在音乐教育具体教学实践方面支持审美的核心地位,而异议派主要以哲学、人类学、美学等理论角度提出不一样的见解。在前文中,笔者从人的各种素质的角度分析,阐述了音乐的审美素质只是人的素质提升的一个方面,同时也是音乐所特有的素质。本节以审美观念为研究点,从两个方面的实例来分析,一是新课标中对审美教育的强调;二是通过具体课例简析审美教学过程,更实际地、直观地了解审美观念在中小学的实施情况。事实反映,"以审美为核心"的观念受到大部分学者、一线教师的认可,该观念仍在中小学教育中占据主导地位,然而审美音乐教育观念也有其自身存在的局限性,如过度追求审美,减少甚至忽视双基的教学,脱节双基、审美、文化的关系。

一、审美音乐教育观念在21世纪的发展

《全日制义务教育音乐课程标准(实验稿)》和《普通高中音乐课程标

准(实验)》将"以审美为核心"的理念作为新一轮基础音乐教育改革的重点,在《全日制义务教育音乐课程标准(实验稿)》中明确指出:"以音乐审美为核心的基本理念,应贯穿于音乐教学的全过程,在潜移默化中培育学生美好的情操和健全的人格。音乐基础知识和基本技能的学习,应有机地渗透在音乐艺术的审美体验之中。音乐教学应该是师生共同体验、发现、创造、表现和享受音乐美的过程。在教学中,要强调音乐的情感体验,根据音乐艺术的审美表现特征,引导学生对音乐表现形式和情感内涵的整体把握,领会音乐要素在音乐表现中的作用。"

21世纪,随着新课标的推行,审美观念作为热点话题被音乐教育界不停地讨论着,对"以审美为核心"观念的认同也是见仁见智。音乐教育界的很多专家、学者对审美观念做出了自己的解读,主要分为两派。

(一)对审美音乐教育观念的主张派

主张派认同音乐教育应以审美为核心,从审美自身的内涵、功能、意义以及音乐具体教学应用的层面说明审美观念在音乐教育中的重要性。

曹理说:"音乐教育是以音乐艺术为媒介,以审美为核心的一种教育方式⋯⋯概括地说,美育就是审美教育,也就是美感教育。"他提倡以审美为核心的观念在音乐教育中的运用。

廖乃雄说:"离开了或失去了音乐审美的教育,也就不存在有价值的音乐教育。音乐审美教育是音乐教育的生命与灵魂。"他提出了审美的重要性、特有价值以及审美观念在音乐教育中的重要地位。廖乃雄重视审美的内在独特性,可以说他是音乐审美观念的极力提倡者。

廖家骅说:"实施美育是我们的基本国策,音乐审美教育的哲学思想是我国的基本音乐教育观,这既体现了音乐和音乐教育两方面的本质,而且也是实现音乐教育功能,达到预期教育目标的根本保证。"他指出了我国的音乐教育观,即应立足于本国的美育观念,在多元文化的潮流下,客观而批判性地对待外国的音乐教育观,使我国的音乐教育观在原有基础上得以创新和发展。

代百生认为,21世纪初始,以音乐审美为核心的音乐教育观念的确立不仅体现了美育的内涵,还是一种具有陶冶情操、促进德育功能与文化理解功能的综合教育理念,成为国家教育方针中促进国民素质教育的一项重要内容。他从美育的内涵、实质、功能等角度阐述了我国的审美教育观,即其不仅具有自身审美特征,还具有非本体价值,与德育紧密相关。

王安国说:"音乐教育虽然具有多重复合功能,但就其本质和重要性而言,它与'美育'直接对应,是学校实施美育的主要途径之一。从这个角度说,'美育'作为中国学校音乐教育的指导思想,是在国家教育方针的规定和素质教育目标的要求下确立的。"他强调了美育在音乐教育中的独特性和直接相关性,从美育的功能、意义等指出我国的学校音乐教育应重视美育。

以上都是支持审美观念在中国学校音乐教育的实施和运用观点,认同立足于我国自己的审美观念,构建中国特色的审美音乐教育观念。与此同时,也有不少学者认同"以审美为核心"的理念,如宋瑾的《以审美为核心的音乐教育改革》;吴跃华、闫辉的《试论音乐教育要"以音乐审美为核心"》;高峡的《浅谈音乐教育必须以审美为核心》;刘安乐的《论普通学校音乐教育中的"审美体验"》;萃子冬、盛殿勇的《以审美为核心的音乐教学简析》等,都从审美的内涵、审美体验、教学方式等角度阐明了自己的审美观念。

绝大多数学生喜欢音乐并喜欢上音乐课，这是审美在中小学音乐中实施的依据。教师可以学生对音乐的热爱为动力激发他们对音乐审美的感受和体验，从音乐本身的审美去感受音乐带来的愉悦。学生以听音乐作为最喜欢的上课方式和最喜欢的音乐活动，表明了学校音乐教育不再以理论知识为主进行教学，而是以听赏音乐作为音乐审美的最基本方式。由此可见，审美观念在 21 世纪中小学音乐教育中得以实施和推行。然而"以审美为核心"的音乐教育，往往带来对审美的偏向，而忽略了对音乐实践、基础知识、文化等的学习。音乐的课外实践活动缺乏，绝大多数中小学生没有参加过学校组织的课外活动，只重视课堂教学，忽视课外教学的音乐教育，也无法贯彻审美教育观念。缺乏课外实践活动，学生无法从音乐中亲身感受，很难体会到音乐内在情绪的变化，无法感受作品创作和制作的过程，也就无法进行音乐的审美。绝大多数学生不愿学习理论知识，但是没有基础理论知识的学习，便缺乏审美的根基，无法让学生拥有深刻的审美感受和审美体验。出现音乐教育对审美观念的偏向，忽视实践、理论、文化等方面的学习，主要还是因为观念的偏差，一味地强调审美，就会产生极端的现象。因此，在音乐教育观念中，既要重视审美的观念，同时也应注重实践的观念、文化的观念等，将审美与理论知识学习、课外实践、文化理解等相结合的观念，才能全面地发展我国的中小学音乐教育。

(二)对审美音乐教育观念的异议派

随着 21 世纪各种思潮的出现和融合，审美观念已经不是音乐教育的唯一观念，许多专家、学者对审美观念提出了质疑，相关的文献也有很多。

杜亚雄在《国民音乐教育应以审美为核心吗》中强调以"演"为核心的音乐教育，他认为，音乐教育的审美观念不仅不符合音乐艺术的根本形式,不符合音乐教育多元化的要求,也不符合学生要求被审美的心理,且还有享乐主义和消费主义的倾向。他还认为听是人的本能,不需要教育。其实,他的观念与埃利奥特的实践观念类似,表演也是实践的一部分,以"表演"为核心也属于片面的观念,容易造成音乐教育以技能技艺为主,忽略音乐的主体人的内心世界。

王耀华的《音乐创造为核心的音乐教育哲学观》通过对"创造"的内涵进行解释,提出"以创造为核心"的音乐教育。将'创造'贯穿于音乐教育的音乐创作、音乐表演和音乐鉴赏的全部实践过程,使师生同为音乐的创造者、音乐教育的双主体,在观念、行为、能力方面得以健全发展。创造、表演、听赏作为音乐的三个过程,与杜亚雄的"以表演为核心"观念类似,也属于片面的观念。中小学生的创作能力一般,"以创造为核心"的音乐教育观念对中小学音乐教育来说是一种挑战,也是很难解决的现实问题。

尹爱青的《音乐审美教育的人学研究》在审美观念的基础上,进行了进一步的延伸和拓展,指出将音乐审美教育作为人的一种生存状态来审视,在活动过程中关注人的生存发展,关注个体生命活动,是体现音乐审美教育价值的出发点,将音乐教育立足于人的教育,通过音乐审美教育提升人的价值和本质。

在异议派中,有反对派也有推进派,都指出了审美观念本身的缺陷,并在此基础上进行了更新或更改,但都是为了音乐教育观念的合理化、时代化、世界化。

反对派从哲学、美学、人类学等角度,对审美音乐观念提出了质疑,认为审美的核心地位太过绝对,应注重以实践、文化、人的观念作为音乐教育的主导观念,将音乐教育放在更开放、更全面的角度加以认识。中小学生都喜欢表演,但是缺乏自信和有效的引导,因此"以表演为核心"的观念在中小学音乐教育中并不能作为核心观念。以表演、创造为核心的音乐教育观念只是具体实践的观念,都不能作为中小学音乐教育观念的核心观念。然而文化、人的观念在21世纪音乐教育观念中占据不可忽视的地位。因此,审美观念在21世纪音乐教育的发展,面临着强烈的挑战。

课程标准实验稿实行10年后,教育部又颁发了《义务教育音乐教育课程标准(2011年版)》,新课程标准中依旧推行"以审美为核心"的理念,经过10年时间和实践的检验,该观念已经得到了广大教师和部分专家、学者的广泛肯定和支持,音乐教学也慢慢地从单纯的理论知识的学习,转变为对"以人为本""以美育人"的重视和强调,而且75%的教师都是紧紧围绕新课标的观念实施教学的,可见,审美观念在21世纪中小学音乐教育中依然占据着主导地位。

二、审美音乐教育观念在中小学的实施情况

在国际大环境和时代发展下,为适应当前基础教育整体改革和音乐教育自身的发展,自2001年7月《全日制义务教育音乐课程标准(实验稿)》出版之后,课标进行了多次修改和完善,最终制定了《义务教育音乐课程标准(2011年版)》,这应该是目前最完善的一个版本,顺应着时代发展,继承了我国教育和文化的优秀传统,并借鉴国际音乐教育理论精华,是我国基础音乐教育改革和发展的新起点。

新课标在旧课标的基础上主要有以下五个方面的创新和改变:一是课程性质更加明确;二是课程基本理念更加综合;三是音乐特点更加突出;四是内容标准更加具体;五是设计思路更加清晰。这些变化可以说是

新课程标准的重心所在,也是音乐教育观念的重大转变,是对音乐的审美教育观念的重新阐释和升华。尽管新课标在整体格局上没有太大的变动,但从课程性质、课程基本理念、课程设计思路到教学建议等各个环节都有了全新的面貌。

(一)课程性质明确

旧课标中将课程性质与课程标准并在一起做了简单的说明,并未展开和深入挖掘,这使得我们对音乐这门课的理解仅仅局限于简单的学科认识,新课标将其单独列出,从人文性、审美性、实践性三个方面写明,也蕴含着多元文化、审美、实践三种音乐教育观念。基于课程的这三种特点,音乐课程的性质被明确,教师在具体教学中,应从更高的理论层面指导实践。

(二)课程基本理念精练统一

旧课标的十条基本理念在实验过程中收到不少反馈意见,因其理念过多、缺乏逻辑联系等原因,在新课标中精简为五条,即"提倡学科综合"为防止引发歧义改为"突出音乐特点、关注学科综合";"理解多元文化"改为便于理解的"理解音乐文化多样性";"完善评价机制"划到课程"评价建议"中,这些改动让五条基本理念更完整,逻辑关系更清晰,观点更突出,便于一线教师掌握和运用。

(三)课程设计思路具体详细

这个环节与旧课标相差很大,以往以图式的格式从层面、领域、学段三个方面简单呈现,新课标以文字的方式从五个方面详细解读了课程的设计思路,相较旧课标考虑得更多,更细化、更具体。这样使设计思路更清晰明了,既说明了课程标准整个框架的构建过程,也指明了教学中应正确处理的几层关系,使得新课标的思路得到更明确的落实。

(四)教学建议多要求

新课标中在教学应注意的方面新增了三项,即重视教学目标的设计与整合;正确处理教学中的各种关系;积极引导学生进行音乐实践活动,强调音乐课程目标三个维度的相互联系,分别做到正确导向、教学体现、目标达成。在教学活动过程中,不仅要正确处理师生之间的平等、民主关系,还应关注教学设计与教学过程、个性学习与合作学习、教案文本和课堂环境等关系的合理处理。

除以上提到的变动外,很多细节方面也有所变化,如"音乐与社会生活"中新增了"影视、网络",切实做到与时俱进;七至九年级的教学要求更加严格,将原本的"知道"提高为"说出""表述";在"创作实践"以及"即兴编创"等环节,特别添加了"在教师指导下"这个前提,充分考虑了学生在无帮助下自我创造的难度,真正做到以学生为本,进行人性化的教育。但在新课标中,针对部分地区,尤其是农村地区音乐教育滞后、师资水平不高、教学配套设备有限等实际情况缺乏考虑,未给出可行的理论方案指导。此外,新课标中虽然对"音乐审美"做出了明确的界定,但对审美相关抽象的概念,如"审美情趣""音乐素养"等未进行解说,依然存在着一定的模糊性。

新课标实施以来,我国无论在政治、经济、文化等各个方面都发生了巨大的变化,在音乐教育方面也取得了进步和发展。除了审美观念在课标中的运用,我们发现,在新课标中已经大量引用了实践、创造、多元文化等流派的观念,音乐教育领域观念的更新,也带来了我国学校音乐教育事业的长足发展。新课标不再被称为"实验版"或"试用版",从一定意义上来说，它是一个完整的、正规的文件，用以指导我国义务教育音乐课程的开展。

新课标一如既往地强调和重视音乐教育审美观念，并有着更加清晰的体现，主要表现在三个方面。

第一，进一步突出音乐课程的"美育"功能。"课程基本理念"在对"音乐审美"下定义之后，提到它彰显"以美育人"的功能，同时，在"课程设计思路"中第一点就写明"凸显音乐课程的美育功能"，并添加"培养学生对音乐的持久兴趣，涵养美感，和谐身心，陶冶情操，健全人格"作为"总目标"的重要内容，突出音乐课程"美育"的独特价值。

第二，详述"以音乐审美为核心"。新课标中重点阐明了课程核心理念——"音乐审美"的概念，即"音乐审美指的是音乐艺术美感的体验、感悟、沟通、交流以及对不同音乐文化语境和人文内涵的认知"，改变了以往教育工作者尤其是一线工作者对审美概念的狭义理解，只局限于审美主体对审美对象的单向体验，更为教育工作者指明了清晰的道路。新课标在前言中对音乐课程的价值做了简单的概括，第一部分用"课程性质"代替了原标准中的"课程性质与价值"，将四大价值浓缩为三大性质，分别为人文性、审美性、实践性。这次不同于以往，并未将审美性放在第一位，结合对音乐审美的定义，可以发现审美音乐教育并不只是对美的感受、体验，只是以审美为主线，同时应结合不同文化认知等。

第三，深入渗透审美，培养音乐审美能力。新课标中频繁出现"审美体验"，将审美贯穿于整个课程内容之中，体现了音乐教育的过程也是审美的过程。新课标在旧课标的基础上增设了"课程设计思路"，其中包含"凸显音乐课程的美育功能""设计丰富的音乐实践活动""正确处理音乐知识、技能的学习与审美体验和文化认知的关系"等。通过多样的音乐实践活动,获得音乐审美体验的基本途径;音乐基础知识和基本技能的学习,也应与音乐艺术的审美体验及不同文化认知有机结合;通过训练学生人文内涵的感受和理解,养成健康向上的审美情趣。可以看出,"以音乐审美为核心"的观念贯彻于音乐教学的全过程,通过教学手段,让音乐丰富学生的审美情感体验, 提高审美品位, 使学生的身心在音乐教学中得到全面、和谐、健康的发展,从而达到培养全面发展的人的教育目标。

三、审美教育观念存在的局限

《全日制义务教育音乐课程标准解读》中对美育观念做出解释,音乐教育的重要价值应该是审美教育, 未来的课程改革将确立以审美为核心的教育理念,丰富学生的审美情感体验,使其具有一定的审美能力,让生活变得丰富多彩, 人类变得文雅和充满爱心。这才是音乐教育的理想目标,因此无论是课程标准还是教材,乃至教学的全部过程都必须体现这种理念。但是通过调查得知,40%的教师的理解都是片面的,只是知道表面形式而已,这是个严肃并值得深思的问题。主要误区有以下四点。

(一)审美概念的界定

在新课标还未出版之前,旧课标关于"审美"的界定无任何参考文献,也无任何新的理论阐释,很多学者从理论角度对历史的观点加以沿用,如对席勒、康德美学理论中的"审美",蔡元培的"美育"等的引用。其中,也与雷默的观点"作为审美教育的音乐教育"有一定的关系。他们认为,审美教育就是将音乐美的一面呈现给学生,让学生感受美、欣赏美,这是很多教师最直观的理解,但这种理解过于狭隘和片面,针对审美概念的模糊性,新课标做了如下定义,"音乐审美指的是对音乐艺术美感的体验、感悟、沟通、交流以及对不同音乐文化语境和人文内涵的认知",并指出该观念与我国教育方针中的"美育"是相对应的。

(二)过于追求审美

追求审美,减少甚至忽视双基的教学,脱节双基、审美、文化的关系。对"以审美为核心"理念的提出,主要是针对以往以知识技能为中心的弊病,然而物极必反,在审美流行的今天,又要提出重视音乐的知识和技能学习。很多教师认为双基是审美教育的绊脚石,故而在音乐课中,尤其体现在小学的音乐教育中,更多地偏向于听赏、唱歌等调节气氛的行为,却往往忽视双基的教学。音乐基础知识和基础技能的学习相对比较枯燥,但却是加强音乐审美体验的辅助和必要条件。审美也是文化的一部分,在审美教育的同时也应重视双基、文化,将三者共同结合起来。

(三)审美的唯一性

正如汉斯立克所认为的那样,"审美是纯观照活动,它的对象是客观存在着的乐音系列,而不是听众心上的情感",强调审美观念对象的客观性,认为审美是主观对客体的体现,而并非是对人的情感的关注,认为审美是纯粹的,不包含音乐以外的文化等形式。他指出:"音乐是人类精神的表现,它跟人类其他活动一定有相互的关系,跟同时代的文学和造型艺术的创作,跟当时的文艺、社会和科学的动态,跟作者个人的经历和信念都有关系……这是属于艺术史而不属于纯粹审美范围的事情。"反映在审美教育中,就是关注主体对审美客体的认知。然而,如今是多元文化的世界,世界上的任何音乐都是人的音乐,是主体与主体之间的交流,而不是主客体之间的认识,只有人与主体进行交流,才能更好地理解音乐,而并非按照人们所认为的审美方式去理解音乐。理解音乐的方式有很多,审美只能说是其中的一种方式,不能完全地定为唯一。

(四)审美具有自律性

从新课标对音乐审美的定义可以发现,审美由原来的自律走向自律与他律的结合。审美的自律性具有两个层次,一种是快感,另一种是美感。绝大多数人将动物属性有的快感认为是美感,实际上快感不是美感,快感只是美感的基础,快感和美感是不一样的,这是两个层次。有些人把听到音乐的激动、兴趣误认为是美感,其实这只是人的生理快感,人的生理上的快感、愉悦只是一个初级层次。要想获得美感,首先要有快感,快感是第一位的,然后由快感上升为美感,美感实际上是快感的一种升华。审美的自律性主要指的是美感,而不是快感。

审美的自律性主要表现在形式美方面。我们说的审美,不仅包含形式美、自律性,还包含他律性,他律就是指内容美,他律是情感的东西,外在的东西。有些人把快感理解为美感,这样的感受是低俗的,真正的美感是要结合形式的自律和内容的他律。自律主要体现在音乐的形式美,它对人的影响主要是快感引起的,在谈及自律的同时,也应关注他律的内容,音乐的自律和他律是不可分割的。此外,快感是生成美感的基础,首先要有快感,然后加上他律的内容感,才能上升为审美的美感。因此,在提倡审美时,我们不应只关注审美的形式自律,同时应关注审美的内容他律,相互结合,从而形成真正意义上审美的美感。

第四节 后现代的中小学音乐教育理念

随着信息技术的高速发展,国际的交流日益频繁,学科的发展必然要符合时代的潮流,要想在自己的学科领域获得更大的进步和领先,就需要跟上国际的脚步。后现代音乐教育观念的出现,使得音乐教育领域出现了一种新视角,不再局限于审美音乐教育,而是放在世界文化的大背景中,与我国的音乐教育视角产生"视界融合",引发对音乐教育观念和实践行为的全新思考。本节主要阐释后现代音乐教育的两大观念,即实践音乐教育观念和多元文化音乐教育观念,分别对相关概念、代表人物做了介绍,对于外来的音乐教育观念是否适合我国的中小学音乐教育,主要通过在新课程标准中的体现以及在具体教学教材中的运用加以说明。此外,对于外来音乐教育观念,我们应以怀疑、批判的态度看待,不能人云亦云,一味地拿来,因此多元文化的观念在我国中小学音乐教育中面临着很多现实问题。

一、实践音乐教育观念

(一)背景

20世纪后半叶,尤其是20世纪90年代后,受后现代多元文化的影响以及音乐人类学的渗透,人们对音乐教育自身进行重新检视,审美观念受到质疑和动摇,而实践观念得以强调和重视。该观念的出现结束了只有审美音乐教育的单一局面,扩大了研究音乐教育的视野和空间,使音乐教育逐渐走向多元文化时期。持该观念的典型代表人物是纽约大学音乐表演艺术系主任、音乐教育教授和研究生导师埃利奥特。他于1996年出版了《关注音乐实践——新音乐教育哲学》一书，着重强调了"音乐是一个多样化的人类实践"，从音乐人类学的角度对"音乐"与"音乐作品"做了新的解读，从音乐制作、聆听、音乐创造力、文化意识、课程制作等多方面给出了详细阐述和反思。他反对音乐教育审美哲学，认为理解音乐不仅仅是理解作品的审美特征，音乐是一种人类活动，所以要和人的日常生活紧密联系起来。埃利奥特的实践音乐教育观念给传统的审美音乐教育观念带来了巨大的冲击，同时也使人们重新思考什么样的音乐教育观念适合音乐教育。鲍曼等西方学者提出了实践哲学的理念，他们认为，实践音乐教育观念在微观上鼓励每一个音乐教育工作者紧密地结合自身周围的社会文化环境，有目的地积极实践。该观念对传统的音乐审美观念做出了反思，让人们对音乐性质和价值有了更深的认识和理解。

与此同时，我国不少学者也提出了实践观念，如管建华教授提出文化哲学，批判审美哲学，实际上就是提倡实践哲学在音乐教育中的运用；尹爱青注重从实践的角度学习音乐，通过大量的实践行为来进行音乐教育；杜亚雄提倡以表演为主的音乐教育观念，反对以审美为主的音乐教育观念，将实践过程中的一环表演作为学生学习音乐的主要途径和核心，实质就是一种实践理念；王耀华提出的以创造为核心的音乐教育观，创造作为实践方式的一种，也是一种实践教育观念的体现；谢嘉幸翻译了埃利奥特的两篇文章——《对音乐教育哲学传统的反思》和《新音乐教育哲学的起步》，主要讲述了对音乐教育哲学的反思、批判和构建，强调了音乐作为人类活动的实践观念，他的《让每一个学生都会唱自己家乡的歌》就提出从实践的角度落实音乐教育,在文化大融合的背景下,通过交流和沟通更加了解和注重本民族文化。他们的研究对于实践音乐教育观念起到了推动作用,从一种新的视角看待音乐教育,强调通过以实践为主来反思音乐教育,通过自我感受、自我实现从而达到理解音乐的目的,实现人的自我价值,最终也是注重"以人为主体,以人为目的"的音乐教育观念。

(二)实践音乐教育观念在 21 世纪中小学音乐教育中的运用

相对众多的审美方面的书籍和文章、文献来说,关于音乐教育实践方面的理论观念研究却少了很多,更多的是在一些具体的教学书籍或文章中,运用了实践音乐教育的观念。

管建华的《"审美为核心的音乐教育"哲学批评与音乐教育的文化哲学建构》,主要从伽达默尔的哲学解释学角度对审美主客体、审美感知和审美体验进行了批判。他的实践哲学正是音乐教育文化哲学的重要思想来源。文章中写道:"实践哲学涉及的是人类生活最基本的方面,因而它也具有基础意义的普遍性。实践哲学并不处理某个特定地对象的领域,而是涉及人类自身对象化的全部领域,他们的所作所为与痛苦,他们持久的创造等。所以,它不只是一种手艺或技术,它参与一切自我关系,这对于实践哲学来说是根本性的。"管建华教授提出的文化哲学,实质上就是实践哲学,而实践哲学又是构成实践音乐教育观念的哲学基础。这种实践哲学包含着人类的一切行为活动,旨在通过人与自然、人与社会、人与文化等各种人类关系,达到理解他人、理解自我的目标。在目前的音乐教育理念中,强调以学生为主体,在教授学生基本技能和基础知识的同时,更加注重学生自我潜能的挖掘、个性的发展、理解音乐文化的多样性等,从中可以看到实践音乐教育观念在中小学音乐教育中得以推广和运用。

尹爱青在《学校音乐教育导论与教材教法》一书中指出："学以致用，永远是教育的直接目的。引导学生转变学习观念，将学习纳入一种以认知内化为基础的实践活动的轨道，给学生提供充分的动手机会，让学生参与大量的实践体验，是学生优化学习、有效学习和健康成长的必要条件。"传统的学习观注重基础理论知识的学习，以教师的知识传授为主，教师说，学生听，教师教，学生学，在音乐教育实践中，忽略了学生的自主学习能力。新课标中指出，音乐教师应积极引导学生参与各项音乐活动，这与埃利奥特的"有引导性的学习"观念很相似，即"音乐课程的核心：音乐教师通过活跃的音乐制作来引导学生进入音乐实践"。对于中小学的音乐创造实践，只要表现为非专业意义上的演唱、演奏、形体表演、旋律创编等，这个前提和过程都需要教师的有技巧的引导，并且在教学中，音乐教师需要教授学生如何通过聆听和创造音乐来理解不同的音乐文化，同时将音乐作品与所处的社会、历史联系起来，因为音乐聆听、音乐作品当中都充满了文化性并蕴含了各种信息。在具体教学中，通过演唱、演奏、指挥、即兴表演等方式，提高学生对音乐作品所处时代的文化的关注度，为学生创设一个音乐文化的氛围，然后，学生结合自己过去的经历、理解、印象等，在音乐实践中获得独立的、创造性的、批判性的思考。

杜亚雄的《国民音乐教育应以审美为核心吗？》倡导国民音乐教育应重新回到"以表演为核心"的轨道上，而实践音乐教育观念落实到具体教学中，也主要是以音乐表演为中心的亲身参与，但这里的表演与杜亚雄所说的表演不一样，前者是包含创造、欣赏、即兴等形式的音乐行为，而后者只是单纯的表演。但其实途径都是一样，让学生都能够亲身参与到实践过程中。

　　实践音乐教育观念除了从字面上理解的实践意义外，还重视文化的意义。近年来的很多音乐教材中都强调音乐与社会、大自然、人、民族等的关系，将音乐置于文化的大环境下，使学生接触和了解到世界各国各民族的优秀音乐，同时开阔学生的文化视野。音乐中蕴含着多种文化，如果说音乐本身是多文化的，那么音乐教育的本质也应该是多文化的。在音乐教学中，我们不可能向所有地区的所有学生教授所有的音乐文化，这是不现实的。通过教授几首作品了解不同的音乐文化，给学生创设音乐文化的氛围，也可以让学生领会到音乐是一种多样的人类活动。

　　那么，对于具体的音乐实践方式，我们该如何选择呢？在音乐教学中，有的教师偶尔在课堂上会进行语境化的音乐教育，但更多的还是通过语言的讲述和作品表层的审美来思考音乐。通过对中小学音乐教师的采访了解到，很多音乐教师最常用的实践方式是合唱，这种音乐实践方式过于单一，会使学生对音乐课产生懈怠，无法积极地进入音乐语境中。那么，音乐实践有哪些呢？哪些音乐实践是好的？我们又如何选择音乐实践？采用这种音乐实践，能给理解音乐带来怎样的帮助呢？这里涉及了价值标准的问题，没有哪一种音乐实践或音乐文化是最好的，对于音乐没有绝对和统一的标准。然而在特定环境、同一水平线上，有些音乐实践会比其他音乐实践更适合。这里，埃利奥特提供了选择音乐实践的方法，即根据学生所处的音乐环境选择，聆听和制作自己文化语境的音乐对个人的成长和发展都是有利的。在学习自己本土音乐的同时，教师应指导学生进入其他陌生的音乐实践中，以学生为主，将音乐教育的价值与人文教育的价值紧密地联系在一起。适合音乐教育发展，适合学生自身发展，适合社会进步的音乐实践，就是好的音乐实践。

(三)实践音乐教育观念在新课标中的体现

1.在课程性质中的体现

《义务教育音乐课程标准（2011版）》第一部分课程性质中就强调了"实践性"，这是之前课标中所没有的。音乐在很大程度上是"只能意会，不可言传"的艺术，光凭教师的口头传授、通过音响听赏音乐，并不能使学生真正地掌握和理解音乐，只有学生的亲身参与、自己动手，在实践活动的过程中，自己主动地去体验、领悟、探究，从而获得对作品情感的把握，对作者意图的把握，这样才能更接近也更深入地理解音乐。音乐课程各领域的教学只有通过聆听、演唱、探究、综合性艺术表演和音乐创编等多种实践形式才能得以实施。新课标中明确了实践的重要性和必要性，并给出了具体的实践形式予以参考。

2.在课程基本理念中的体现

新课标在课程基本理念上，由原来的十条理念浓缩为五条理念，并将"强调音乐实践"理念提升到了第二条，强调参与各项音乐实践活动是学生走进音乐的基本途径。因为音乐教学是音乐艺术在实践中的具体体现，那么在音乐教学所有领域和过程中，都应重视实践的作用，尤其是在音乐聆听、音乐表演、音乐创作这三个具有很强实践性的教学领域中。

3.在课程设计思路中的体现

新课标中的课程设计思路也与旧课标中的大不一样，涉及内容更多、更具体、更详细了。其中第二条就是"设计丰富的音乐实践活动，引导学生主动参与"，这一条特别体现了埃利奥特音乐教学的三个基本观念之一——"有引导性的学习"，强调教师设计生动活泼的音乐教学形式，激发学生的兴趣，引导学生主动参与音乐实践活动，创设音乐语境氛围，在学生不断参与实践的过程中,提高学生终身学习音乐的能力,培养学生的音乐素养。

4.在教学建议中的体现

在新课标第四部分的"教学建议"中,额外补充了第五点,即"积极引导学生进行音乐实践活动",一是引导学生参与各种音乐实践活动,多积累音乐实践经验;二是充分利用一切能利用的资源,如网络传媒等,培养学生在实践中的反思和意识。这与埃利奥特所阐明的"音乐经验"以及"行为中思维"相一致。

可以看到,新课标中大量引入了实践音乐教育的观念,切实将其运用于具体实践当中,相对以前的课标更加受到重视,提及的面大,内容更多、更详细。实践观念在我国中小学音乐教育中越来越受到重视,发展也越来越成熟。

二、多元文化音乐教育观念

(一)多元文化音乐教育的相关概念

1.音乐作为文化的特殊方式

音乐能产生共鸣,这由人的生物属性和文化一致性所决定的。无论是具有相同文化背景的人,还是处于不同文化背景的人,通过文化的交流、沟通可以达到文化理解,进而产生音乐的共鸣,理解音乐。音乐之中蕴含着丰富的人类文化知识,通过音响的形式进行表达。对于不同区域、不同民族的人们的文化身份认同,音乐也产生了至关重要的文化凝聚作用。此外,音乐作为一种口头传承的文化形式,特别能够作用于传统的延续和某种文化气质的形成。只有将音乐教育研究置于音乐所处的文化大背景中加以考察,同时对音乐人文内涵和文化意义方面给予更多的重视和关注,音乐教育才会富有生命力,音乐作为人类文化存在的意义和价值才能得以体现。

同时,不同的文化渗透在音乐中,使人们体会和感受不同时代不同文化的音乐,通过所处的文化背景,理解音乐,理解作品所渗透的情感和内涵。从文化理论的角度看,音乐被视为文化的现象,借助人们对文化的理解与反思,使传统的音乐得以继承和创新。国际音乐教育学会在2002年制定的多项政策中也表明,音乐是一种文化,是文化的一部分,对待、尊重不同的音乐就是对待、尊重不同的文化。只有在特定的社会基础和文化背景下,才能更好地理解一种音乐,理解一种文化需要理解它的音乐,而欣赏一种音乐也离不开它的文化和社会背景知识。

由此可以看出,音乐与文化是紧密联系的,是相辅相成、不可分割的整体。在文化这个大系统中,包含着许多子系统,如哲学、科学、道德、宗教、艺术等。艺术作为人类审美活动的感性方式,是表现人类真、善、美的方式之一, 也是人类物质与精神的高度统一体,艺术或音乐不仅仅是审美,它凝聚和物化了人对自然、对社会的一种特殊认知关系。

音乐作为文化传播和交流的一种途径, 尤其是传统的中国音乐蕴含着中国古老而优秀的文化,通过音乐的口口相传,将我国的优秀文化传承至今。如中国的民歌,作为一种音乐与语言结合的口传文化,在唱民歌的民众生活中,是人与人之间思想情感沟通的基本方式,是社会关系形成的重要条件,也是人们交流生产经验,积累生存智慧的主要途径。由此可见,民歌与人们的日常生活紧密联系,具有广泛的群众性,是人与人、人与自然、人与社会等各种关系协调的口传文化。民歌是中国特有的特色唱法,同时包含着当地的语言方言特色和当地的风俗文化背景。例如,《赶牲灵》是一首陕西民歌,它的语言具有当地方言特色,曲调悠远深长,儿化音、转折处的一带而过都极具特色,体现出当地人与自然、动物的和谐,人与人之间的朴实自然。如果用普通话唱,就没有地方特色的韵味,无法将陕西人民的生活状态、生活环境等灵活地描绘出来。对于地方特色音乐文化,我们应给予传承和保护,用原汁原味的语言唱出地方特色,不要去破坏它。学习一首民歌,首先要融入当地文化中,理解歌曲包含的地方方言、特色文化、民众的生活状态等,只有认同和理解当地的文化,才能把当地民歌的特有风味演唱出来。又如,古琴也是中国特有的民族乐器,蕴含着中国古老的文化内涵。古琴代表了中国文人对宇宙、人生超然境界的静思智慧,如果说中华文化中有以巨为美、以众为观的一面,那么,很显然古琴的存在就不只是一件乐器的意义了,它的虚实相生,一勾一弦,注重弦外之音,都体现了中国的古韵风采。

如今在我国的中小学音乐教育中,文化的内容涉及得并不多,学生根本不可能学习到原汁原味的民歌,更不可能唱出民歌的味道。这是由于地域环境、生活习惯、社会条件等多方面的因素造成,在中小学课本中,有很多中国的民歌,然而学生却并不能很好地掌握它、理解它、认识它。部分教师在声乐演唱上存在一定的缺陷,只有一半的教师能很熟练地进行声乐演唱的教学和示范,同时实际教学中有半数教师对中国传统民族民间音乐只是学过,基本了解,这样的现象和数据表明,教师在教授音乐文化中,自身能力有限,无法进行声乐教学,也无法很好地向学生教授传统音乐的文化。教师对我国传统文化的一知半解,无法让学生了解传统文化,无法传承和保护好我国的民族民间文化,不利于音乐文化的理解和交流。在中小学的音乐课堂上,一些戏曲、民歌等传统音乐的教学,只是简单的演唱,缺少对语言的研究,缺乏对中国博大精深的文化的传递,只做一些浅层次的讲解和介绍,对传统文化的历史、风俗习性缺少进一步的挖掘,也没有进一步的探讨和交流。在进行调研的学校中,笔者发现,有一所学校将传统文化引入了学校课堂中,该学校开办了古琴学习班,一周一两节课时,由外聘的著名古琴学家进行教授,有不少学生参与其中,他们切身地体会和感受着古琴的韵味, 这种通过学校教育将中国的民族文化传承下去的方法值得推广。在中小学音乐课堂上,尽管教师偏向文化教学的很少,但或多或少也会向学生简单地介绍一些作品的理论知识或文化背景。例如,在戏曲课堂教学中,教师除了让学生学唱戏曲段落外,还向学生讲授戏曲的种类、每个角色的特色等理论知识。像古琴、戏曲、民歌、民族乐器等,这些具有显著文化特征的音乐形态,在中小学音乐教育中,更应该从文化的角度对它们进行分析和理解,这离不开音乐教师、学生、学校等各个方面的协调和重视, 需要我们共同用实际行动来传承和保护我国的传统音乐和传统文化。

2.多元文化教育的理解

"多元文化教育"最早出现于20世纪20年代晚期,普遍接受是在20世纪70年代,作为当今国际音乐教育发展的总趋势,也是各个国家音乐教育的热门话题。那么该观念是如何产生的呢? 当然原因有很多,这里主要讲三个。一是教育的民主化。各种思想潮流的出现,异族风情主义、反思东方主义、反种族主义等批判性学术思想的兴起,使"多元文化教育"得以提倡。二是发达国家的"第三世界化"。20世纪初,由于移民运动,产生了人口问题、文化教育问题等,以及争取少数民族利益、对殖民主义的批判等问题。三是文化交流的信息化。包括互联网、大众媒体的干预以及世界公民及其教育需要、物质与精神产品以及人员的流通等,这使得多元文化教育成为一种社会需求,对国际社会产生着重要的影响。

目前,有关"多元文化"的主题,越来越多地在音乐教育文献、期刊中涉及,关于多元文化教育的定义和内涵也有很多种,几乎都是在不断地进行重复。这里引用《音乐教育与多元文化——基础与原理》中多元文化教育的定义,"教会学生在千姿百态的社会文化中自如生存。意指为了理解和宽容的目的而学习不同文化。它还可以指一个过程、策略或视角,如果完整地表述,指不管学生的背景或能力如何,教育体系完全改革,给所有学生整体和完整的教育"。具体到多元文化音乐教育,就是让学生在多种音乐文化中学会音乐、理解音乐,同时尊重和理解不同民族、不同国家和地区的文化。

中国很少有学者对"多元文化教育"的概念做出新的定义,很多学者都是借用外国学者的观点进行解释,还有一些学者片面地认为多元文化教育就是我国的民族文化教育,本土保护意识过于强烈。笔者将该概念分为多元文化和文化教育两个方面来理解。第一,多元文化。这里的多元文化,其实也就是多种文化,不仅包含本土的民族、民间文化,同时也包含本土外的世界范围的不同文化,涵盖面积非常广。第二,文化教育。强调运用教育的方式对待文化,让多元文化教育的对象学生,通过教育认识文化,理解文化,注重对象的主体化。同时,教育也是多元的,可以通过不同文化形式对学生进行教育,而不再仅仅局限于本土文化的形式,外来文化的加入可以增加色彩,增添不同的元素,更有利于学生的教育。那么,"多元文化教育"可以说是在民族化和世界化、本土化和全球化中,坚持两手抓,同时更加注重本土化、民族化的文化教育。通过文化之间的交流和理解,更好地发扬和壮大我国的文化和教育事业。由于西方多元文化教育的产生原因与我国国情和社会现状不一致,因此在看待多元文化教育方面,我们应立足于我国现实,选择适合的观点和理论。因世界的全球化发展和融合,文化成为世界的主题。通过对不同国家文化的认识和了解,体会和感受他国的音乐,利用全球的视野、不同的文化,提升我们的智慧,学习经验及先进理论和实践,从而更好地服务于我国的音乐教育,为我国的音乐教育事业添砖加瓦。

多元文化教育为多元文化音乐教育奠定了教育学的基础原理。将多元文化教育观念运用于音乐教育中,使音乐教育呈现多元文化的局面。在全球化快速发展的今天,多元文化音乐教育成为音乐教育发展的大趋势。音乐教育面向世界是要认识世界音乐文化,并要求我们到世界各地去学习各种文化的音乐,要更多地利用世界音乐文化的资源,而不只是欧洲音乐或西方音乐才值得学习。只有理解各民族的音乐文化才能与各国各民族进行音乐方面的交流,促进相互理解和睦邻友好关系。重视文化,通过文化的理解和沟通,深化不同国家、民族之间的情感交流,实现音乐资源的共享,促进音乐事业的共同进步和发展。

(二)多元文化相对论

世界万物都存在着差异,文化也存在差异,而这种个体的差异往往是文化所独具的价值特征,也正因为这些个体差异才使得世界万物、人类、文化变得丰富多彩,各有特色。任何事物都不是绝对的,也没有绝对的价值标准。

文化价值相对论认为,每种文化都有其发生发展的过程,没有一种文化可以作为判断另一种文化的尺度。而且文化差异是现阶段普遍存在的现实，正是这些差异赋予人类文化以多样性。文化是一个有机的整体，东西方音乐各自的符号体系、语法结构与艺术本体哲学宇宙观、文化类型的差异是相联系的，它们之间既存在差异性，也存在同一性。

文化人类学的发展证明，没有差异就没有发展，正是由于文化差异的存在，各个文化体系之间，才有可能相互吸收、借鉴，并在相互比较中进一步发现自己，甚至产生新生事物。例如，民歌风格在不断地改变，青海民歌、陕北民歌等因为各方面因素的融入，使得这些民歌随着时代的发展依然深受人民喜爱。在这里，比较不是一较高低，而是一种建立在平等基础之上的对话和交流。目前，比较诗学、比较文学、比较艺术学等人文学科已掀起了平等对话的热潮，这种平等对话是以消除落后为前提的，但在音乐方面却并不多。这一结论是从世界的角度来看的，而不是从一个民族、一个地区、一个国家，否则有可能视角会变狭隘，因为世界音乐文化的多样性、差异性和同一性都存在，也更全面、更准确。

以西方乐器和东方乐器对比来说，在中国的很多城市，学习西洋乐器如钢琴的儿童越来越多，而学习中国乐器的相对较少，一度出现"西乐高于中乐"的价值观念，这也可以称为"绝对价值论"。对于西乐和中乐的评价应用价值相对论就可以得出它们各自的长处和短处。在当今世界的文化格局背景下，文化价值相对论对于文化差异性的尊重和理解，对理解世界各国、各地区的音乐起着重要的作用，而文化价值绝对论对于文化的共存和发展起到破坏和排斥的作用。文化价值相对论与物理上的"相对论"之间存在一定的联系，即"文化世界是一个开放体系，其一是说它所包含的价值和意义永远处于不断的增量或减量的状态中……其二是说文化世界不是静止的,而是处于不断运动变化的状态。这种运动变化并不仅仅是二元的对立,而是多元的转化,它永远处于有序无序、线性非线性、平衡与不平衡、逆转的与不逆转的沸腾状态中"。这些也证明了文化价值相对论是一种动态的、开放的评价方式,它有助于我们客观地、整体地看待事物,是一种新的思维方式和新的世界观与价值观。

(三)多元一体的中小学音乐教育

"多元一体"的概念出自裔昭印博士主编的《世界文化史》一书,他指出:"一方面,世界文化是'多元的'……另一方面,世界文化又是'一体的'。所谓世界文化是'一体'的,是指人类文化发展的共性。"这是立足于世界文化的多元一体来说的,就音乐教育的多元一体来说,"多元"的意思是一样的,指世界的多种文化,如欧洲文化、非洲文化、亚洲文化等,而"一体"则不一样,这里是指一个教学体系,音乐教育的"多元一体"指将多种文化融合在一个教学体系中。在目前我国中小学音乐教育体系中,尤其是教材上,各个国家、民族的文化都体现在其中。

1.多元文化观念在新课标中的应用

所谓多元文化观念是指不同民族、不同国家和地区的文化所应该受到的尊重和理解,并使其得到发展。就音乐而言,指充分尊重世界各民族、各地区的音乐。世界民族的多样性决定了世界音乐、世界文化的多样性,各民族的音乐都是根据本民族的生活现象创造出来的, 是本民族文化的一种反映, 应得到充分尊重与理解。多元文化的观念在新课标中得以体现,主要表现在以下三个方面。

(1)音乐的人文性质

新课标新增了三大音乐课程性质,首先是"人文性",这是旧课标中没有独立标示的重要概念。从音乐人类学的角度提出了文化中的音乐,音乐中的文化,指出音乐是文化的重要组成部分,在音乐作品和实践活动中,都渗透着不同文化背景的人的思想变化和文化看法,从各方面的角度展现着不同国家、民族的文化脉络以及他们的性格、情感、精神,充分体现着音乐课程的人文价值和意义。

（2）基本理念的重新提出

2001年中华人民共和国教育部制定的《全日制义务教育音乐课程标准》就已经明确指出"理解多元文化"作为课程十大基本理念之一。在新课标中,尽管理念被浓缩为五点,但依旧提出了"理解音乐文化多样性",即"世界的和平与发展有赖于对不同民族文化的尊重和理解,应以开阔的视野学习世界其他国家和民族的音乐文化,理解音乐文化的多样性,共享人类文明的一切优秀成果",多元文化观念依旧受到重视。

（3）音乐与相关文化的概念

音乐与相关文化是2001年音乐教学领域中新增加的一个内容,新课标中指出:"音乐与相关文化是音乐课人文学科属性的集中体现,是直接增进学生文化素养的学习领域,有利于扩大学生音乐文化视野,促进学生对音乐的体验和感受,提高学生音乐欣赏、表现、创造以及艺术审美的能力。"在课程的四个教学领域中,除了音乐与相关文化,还有感受与鉴赏、表现、创造,尽管它们在某些方面都具有自己的相对独立性,但更多时候,它们之间都是相互联系、相互贯穿融合的。如感受和鉴赏需要音乐与相关文化的支撑;鉴赏能力的提高会带来表现能力的增强、创造能力的发展;音乐的表现也是对音乐的感受能力的一种体现,也会是一种新的创造。因此,音乐与相关文化这一教学领域的实现,需要在感受与鉴赏、表现、创造这些具体的实践活动中才能得以体现和理解。

2.多元文化观念在我国中小学音乐教育中面对的现实问题

如今,多元文化观念已经广为教育界接受,在新课标中也得以体现,但在全国的专著、学术论文、文章文献中,依然存在争议,在中小学音乐教育活动中也存在着具体的操作难题。

(1)音乐教材选择问题

在音乐的种类上,大到世界各个国家的音乐,小到各个民族、各地区的音乐,选择哪些或哪种音乐进入中国音乐的课程中,在学生的哪个阶段学习哪些音乐,都是目前尚未解决的实际问题。扩展学校课程以推进文化多样化仍然是国内外教育界面临的一个十分重要的问题。将多元音乐文化的内容引入中小学音乐课中,首先遇到的问题就是教材和歌曲的选择。虽然世界不同的音乐已经进入了中国中小学音乐课本中,但是所选的歌曲、乐曲过多,看上去过于繁复。

(2)教师自身能力问题

教师作为个体,自身能力之间存在着差异性,他们的文化知识能力、教学方式、教学手段、对音乐的理解都是不尽相同的,由此教授的学生对音乐的认识与理解也会产生偏差。由此在实行多元文化音乐教育下,对一线教师的要求越来越高,不仅要求其具备音乐上所要求的审美素质、基本知识和技能等,还要求具备与音乐相关的文学、历史、人类学、文化方面的知识。但在现行音乐教育中,很多音乐教师,尤其是农村以及偏远地区的音乐教师并不具备应有的能力,音乐教师队伍合格率不高。为此,可以定期对在岗音乐教师进行多元文化教育方面的培训,组织专家讲座、论文评选、观摩公开课等教研活动,使音乐教师自身能力不断提高,以满足音乐教育最前沿观念的需要。

(3)理解标准的评价问题

理解音乐的主体是人,而人具有主观性。就像雷默教授在评判艺术质量中提到的"在所有这些努力中,都需要运用主体意识,但是无知的主体意识和经过修炼的主体艺术之间,差别很大"。人具有自身的主观判断和理解能力,不同的人对音乐的理解不同,评判标准也必然不同。而文化属性决定了理解音乐的相对标准,处于同一种文化的人必然受到该文化的影响,对音乐的理解和多元文化的判断相对来说是类似的。而不同文化的人长期接受不同的文化熏陶,他们理解的标准也会不一样。因此,在评判标准的问题上,很难达到一个具体的标准,存在很大的现实难题。

第五节　中小学音乐教育观念发展与改革的反思

进入 21 世纪以来,中国音乐教育领域进入一个反思的时代,三种音乐教育观念集中于中国急剧变革的社会中,让我们思索着这个时代音乐教育观念到底是怎样,它们对具体的音乐教育实践又产生了怎样的影响和作用。正如哈佛大学教育研究生院埃尔金教授所说,我们所处的世界是一个急剧变革的世界,知识及对知识的评判都处于不断的变革之中,教育必须思考如何让学生成为一个批判性的反思者,成为一个开放的创新性思想者。

21 世纪是人才辈出的时代,随着人类学、社会学等人文学科的兴起,音乐教育也应突出重视人的主体性,素质教育观念下注重学生全面素质的培养以及个性的发展,充分重视人在教育中的重要性;审美教育观念注重人的内心世界,鼓励追寻个人的意义和个人的完善;实践音乐教育观念侧重于行动中的人,通过具体实践获得对事物的反思和感悟,促进自我成长;多元文化教育观念关注人所处环境的文化,尊重和理解不同的文化,同时做到理解自我、理解他人。这些观念始终围绕着一个主题,即人。梅利亚姆曾说过:"音乐是人的产物,它有自己的结构,但是它的结构不能脱离产生它的人类行为而独立存在。"然而人类行为是由人所处的社会和文化决定的,因此音乐最终是与文化相关的,那么音乐教育观念也应该是遵循文化的。

一、音乐教育观念改革下的问题

(一)音乐教育观念淡化

普通中小学音乐教育是普通中小学美育的重要组成部分,是全面发展教育中的有机构成内容,它的根本任务和目标就是培养全面发展的人,然而,加强普通中小学音乐教育的呼声不绝于耳,但又存在不重视普通中小学音乐教育的现实,这不仅是教育行为、教育形态的问题,更是教育观念的问题。加强中小学音乐教育的首要问题,就是改变音乐教育观念淡漠的现状,促成良好的教育环境。探讨普通中小学音乐教育观念淡漠的成因,将有助于我们对症下药,树立正确的音乐教育观。笔者认为,普通中小学音乐教育观念淡漠,是传统文化教育积淀和音乐理论建设薄弱,以及应试教育至上的综合产物。

1.传统思想

虽然远古时期就开始重视包括音乐在内的礼乐教育,如《尚书·尧典》

记载舜"命汝典乐教胄子";上古三代"凡三王教世子，必以礼乐"；商"以乐造士"。西周更是强调礼乐的教化作用，"移风易俗，莫善于乐""礼所以修外，乐所以修内""与政通""通伦理"，制礼作乐"非以极口腹耳目之欲也，将以教民平好恶，而反人道之正也"。夏、商、西周三代的乐师地位极高，"学在官府，以吏为师"这样政教合一、官师不分的文教政策，形成了良好的强调音乐在内的"礼乐以成其教"的教育制度和风尚。然而，上古三代孕育的乐教思想，没能在中国文化发展的长河中得到巩固，却因先秦时期的社会变革而逐渐淡漠和失落。这是因为随着西周的衰微，"礼乐征伐自天子出"向"礼乐征伐自诸侯出"转变，群雄争霸"乱世而学校不修"，官学衰落，文化下移。同时，乐师地位急剧下降，《左传·襄十一年》记载："郑人赂晋侯以师悝，师触，师蠲……歌钟二肆，及其镈磬，女乐二八。"音乐的娱乐观念冲击着乐教传统，育人的乐教逐渐让位于声色犬马的享受。在这样的情况下，西周的乐教育人制度逐渐淡漠，转变为满足享乐的技艺教育。

秦朝"焚书坑儒"，汉武帝"罢黜百家，独尊儒术"，使儒家思想的地位得以提高，但是乐教观念却依然难以拾起，虽有董仲舒的"明以教化，感之以礼乐"的主张，但汉武帝采纳的却是公孙弘"以文学礼义为官"的奏议，立《五经》博士而无音乐，这样，音乐教育的地位每况愈下。从汉朝倡立文官制度首开读书入仕的先河，并随着察举制向九品中正制和科举制的发展，排斥乐教的"学而优则仕"的普遍社会心理和风尚得到了强化和巩固。而乐人地位就更低了，《通典·乐六》中关于清乐的记载有，"汉魏以来，皆以国之贱隶为之，唯雅舞尚选用良家子"。可见，秦汉之后的整个封建社会，音乐教育因其特殊传统途径以及从艺人员的社会地位，一直被排除在官学之外，形成了千百年来中国古代传统文化淡漠音乐育人的文化意义。

近现代音乐育人意识的觉醒，是以 20 世纪初的学堂乐歌活动为标志的，废科举、办新学的社会需要促使国人以一种新观念看待教育内容和教育方式。康有为、梁启超强调了音乐教育的重要性，李叔同、曾志和沈心工等人投入到实际音乐教育中。到民国初期，蔡元培提出了"以美育代宗教"的思想，推进了中国近现代音乐教育的发展。然而，近现代中国在内忧外患、国无宁日的情况下，文教思想很难全面推行。中华人民共和国成立后，普通中小学音乐教育继承了学堂乐歌的传统，音乐课列为必修课，成为育人工程的一部分。但是，在随后的期间，音乐教育又遭到了空前的破坏，几近取缔。纵观历史，远古时期的乐教传统从先秦以后逐渐失落，长期积淀为一种文化意识，虽有近现代断断续续的提倡，但仍然没有得到很好的恢复，直到现在仍然影响着音乐教学。

2.音乐学科理论建设薄弱

音乐学科理论建设薄弱，致使音乐教育不能借助理论框架来研制有效的材料和手段，陷入既认为重要又无强大的理论支持的困境，如果说传统文化中形成的淡漠乐教观念还可以通过有力的理论得以矫正和拾起的话，那么，缺少理论支持的乐教宣传就显得不够有力了。音乐理论的建设首先就是对音乐功能的全面认识，而对音乐功能的认识必须思考音乐的内容与形式的关系问题。所谓音乐内容和形式的关系问题，就是音乐有没有内容，音乐的形式如何反映内容的问题，按照一般艺术概论的方法来分析音乐艺术，只能解释作曲家的情感内容与作品形式，即创作过程的关系，而对于作品形式与听众接受内容即欣赏过程的关系却不能做出很好的解释，特别是作曲家的社会生活和情感体验怎样物化为音响结构，与音响结构怎样转化为听众的情感体验关系，不能找到有说服力的理论依据，成为音乐关系学的理论难题。音乐艺术的内容与形式的哲学思辨是符合艺术发展的社会历史逻辑的。无疑,作为人类精神创造的音乐形式是蕴含着一定的内容的。

3.应试教育

普通中小学应试教育倾向,认同了片面追求及格率和升学率的观念,使包括音乐教育在内的非考试学科在学校教育中地位低下,难以有起色。众所周知,教学是学校实现教育目的的基本途径,教学评价则是检查教学质量和实现教学目的的一种重要手段,而考试又是教学评价的重要方式,这样,不管是对学校还是教师或是学生来说,考试是必须认真对待的重大事情,其不但是追求升学率、及格率的必经之途,而且也直接影响教师与学生的切身利益。现实更多地表现为,及格率和升学率是学校的"敲门砖""撞门锤",直接影响着学校的声誉,也是学校向上级申请经费、设备和师资的资本,更是领导和教师"绩""能"考核的"硬件",直接关系着职称、工资和福利待遇等方面的切身利益。而对于学生来说,好成绩和升学则意味着今后人生的顺利发展。当然,如果考试是紧扣"全面发展教育"的目标来进行的,那么,应试教育在客观上也会促进学校工作的全面展示,然而,遗憾的是,考试科目不足以体现全面发展教育的目标。这是因为,一方面考试内容不足以体现对学生德、能、智、体的全面评价;另一方面,考试科目局限于部分学科又不足以体现学校的全面教育,从而形成片面追求及格率、升学率的倾向,有悖于全面发展的教育目标。因此,不是考试科目的学科就不被重视,不作为升学、评估内容的普通音乐教育自然也不被重视。为了应付考试,学校与社会、教师与家长都担心非考试课程使学生分散精力、浪费时间、影响学习,这样,中小学音乐教育在社会偏见和应试教育的钳制下,举步维艰。

经过上面的分析,我们看到,中国传统文化在历史的发展过程中淡漠音乐教育,到近现代仍然没有得到很好的恢复;音乐理论建设的薄弱既不能给这种文化意识以有力的矫正,又不能给宣传和认识音乐教育以有力的支持,而学校应试教育倾向和社会音乐教育偏见,又强化了轻视音乐教育的观念,形成了恶性循环的结果,导致当前中小学音乐教育的淡漠观念,直接影响了中小学音乐教育的积极发展,使音乐教育的师资、设备的配置也得不到应有的重视,也自然形成了当前中小学不重视音乐教育的现状。笔者认为,要改变这种现状,首先要改变中小学音乐教育淡漠观念,才能重视音乐教育,才会重视师资、设备的配置,推动音乐教育的正常发展。一要学习先进的音乐教育思想和经验,以冲淡和改变传统教育对音乐淡漠的文化意识;二要加强音乐理论的研究和建设,从而推动音乐教育的具体宣传和实施;三要强化全面发展教育的思想,建立全面发展教育的评价体系,改变片面追求及格率和升学率的倾向,使音乐教育在学校工作中取得应有的地位。只有观念得以改变,才会促使教育形态的选择和教育行为的实施,从而开创中小学音乐教育的新局面。

(二)三种音乐教育观念存在的问题

素质教育是中国教育的大趋势,其主要是针对中国长期应试教育的弊端提出的。在推行素质教育过程中,音乐教育又衍生了审美观念,以音乐本身的特性为主,强调音乐的感知和体验能力。随着时代的发展,音乐之外的知识又被引入音乐教育的范围内,多元文化的观念引入了国内。多元文化教育强调对不同文化的尊重和理解,将音乐作为文化的一部分,采用多元文化的观念也能提高学生的文化素质。21世纪,这些音乐教育观念融合在一起,但也有着各自的不足之处。

作为教育本身,就已经充分地体现了素质的概念,既要使受教育者拥有获得幸福生活的素质,同时又要保证整个人类社会群体的协调发展。素质教育的观念本身就是一种理想的教育必须拥有的,所以素质教育本身的提出也存在一定的矛盾性。在素质教育的推行过程中,人们过多地关注学校的教育,忽略了基础性的家庭教育和具有导向性的社会教育,整个教育系统存在脱节性,无法发挥素质教育的最大效果。音乐教育作为实施素质教育的重要途径,常被误认为是唯一途径,认为音乐教育一定会提高人的素质,最常见的现象就是社会上出现的钢琴热,很多学生学乐器都是在家长的要求下学习的,在非自愿的情况下学习,只会让学生产生厌恶、烦躁的情绪,不利于学生的个人成长和心理健康。这些问题存在的主要原因是人们的意识和观念并未得到完全更新,应试教育观念依旧存在,形式化、口头化的素质教育现象明显。同时,我国的素质教育体制不够完善,监督机制不够到位,缺乏社会、学校、家庭的共同管理,导致素质教育在现实中面临着很大的困境。素质教育是国家性的大教育,直接影响着我国国民素质的整体情况。作为素质教育的一种体现,音乐教育的不当也会使得素质教育适得其反。但素质教育不能完全依靠音乐教育,需要各方面的协调和配合。

2011年11月5日,国际高层音乐教育论坛在南京艺术学院召开,音乐教育哲学家里基尔斯基在大会中阐明了自己对审美观念的批判看法,他主要讲了三点:一是音乐是随社会历史变化的,而不是人的固定体验和理解;二是人们会产生不言自明的审美等级层次,如对西洋乐器的自豪感,对民乐的不重视;三是对一些概念模糊不清,如对审美品质,写得抽象,不够明朗,让学者、教师、学生都无法评判。里基尔斯基是实践观念的哲学家,他提倡音乐教育必须要与社会实践联系起来。笔者认为,自2011版新课标出台以来,已经对审美的概念做出了明确的解释,但正如里基尔斯基提到的那样,对"审美品质"的相关概念并未做出说明;审美作为音乐教育的其中一种理解方式,并不具有唯一性,音乐是人的创造物,对音乐的理解更应是人与人之间的沟通和理解,而不只是纯粹审美关注的对审美对象(承载物、音符、形式关系)的理解;对审美的过度追求往往忽略对基础理论知识的掌握,主要原因来自世界大潮流的影响和审美本身的局限性。随着世界的大融合和大发展,文化作为世界的主题,审美已不能适应社会的发展,加上审美本身的自律性,容易只关注音乐的审美对象,而极少关注人和文化。在对我国部分中小学的音乐课旁听以及与音乐教师的采访中,笔者了解到这个问题的严重性,过于尊崇审美观念容易走形式主义的道路,没有理论知识的掌握和支撑,不能更深入地分析和理解音乐。

同样,对于实践观念的过多关注,也容易造成"重技轻艺",忽略艺术本身的特性。正如《审美哲学还是实践哲学?》一文中提到的那样,"其中任何一个经验都是不能照抄照搬或是简单类比的"。在西方国家丢弃审美观念,推行多元文化观念时,我国的音乐新课标中依然提倡"以审美为核心"的观念,尽管新课标中已经涉及多元文化的内容,但它的实施存在很多难度,其本身也存在一定的局限性,主要包括三个方面。一是音乐教材的选择问题。面对多元音乐、多元文化,如何选择是个很难解决的问题。二是教师自身能力问题。尽管目前教师在学历上有了很大的提高,但学历并不代表能力,在专业素质、实践行为、综合理解等教师需具备的能力方面,还存在欠缺,这对学生来说也是一种局限。三是理解标准的评价问题。每个人的理解水平存在着差异，因此对音乐或文化的理解和评判程度就会存在差异。不同文化背景的人对同一首音乐作品的评价标准在很多时候是不同的，即使是相同文化背景的人也存在不同的看法，因此在评价问题的标准上很难做到统一。产生这些问题的主要原因是其产生的背景，受到我国主流意识形态的阻碍。我国长期提倡的"以美育人"的观念深深地植根于人们的心里，素质教育观念、审美教育观念的盛行，严重影响着多元文化观念在我国的发展。这些问题的存在，在整体上阻碍着我国音乐教育事业的发展，影响了我国音乐教育与世界音乐教育的接轨。

二、三种音乐教育观念在现实教育中产生的实际影响

观念指导着行为，在音乐教育具体实践中，三种音乐教育观念都起着重要的作用。随着素质教育的实施，新一轮课程改革的推进，基础教育音乐课程的基本理念已基本深入人心，应试教育的弊端慢慢地正在得以改善。以教师为中心的教学模式在向以学生为主体的学习方式转变，我们可以明显看到，目前的教学不再是以教师的知识传授为主，让学生消极地、被动地接受，而改为以教师为引导，通过问答式、主动参与式等方法，让学生感兴趣地积极地学习。教师与学生之间的关系也变得更加融洽，苏联教育家苏霍姆林斯基说过："学校里的学习不是毫无热情地把一个知识从一个头脑装进另一个头脑，而是师生之间每时每刻都在进行的心灵接触。"师生之间贵在沟通和交流，只有建立在亲切、民主、和谐的朋友关系中，学生才会敢于说出自己的个人看法和见解，也才能培养独立能力、分析解决问题的能力以及创新能力等。

21世纪，以往枯燥、单一的教材内容，过于陈旧、单板的教材设计，曲

目毫无新意等问题,都得以改善。首先在教材的装帧和板式上,利用鲜艳的色彩、轻松的图片,吸引了学生的眼球,让学生对音乐产生兴趣。其次,在教材内容的设计上,利用额外的方框单独说明一些音乐的基本理论知识,让学生在欣赏的同时,掌握一些基本的理论常识,从而更有利于学生对歌曲的理解,如在欣赏的曲目旁边列出了曲艺音乐、苏州弹词、京韵大鼓的解释等。在对中国传统音乐基础理论知识理解上的欣赏,更能体会传统的韵味和内涵,这也是音乐理解观念上的转变。再次,在歌曲选择上,各个年级的歌曲都是不同国家、不同民族乐曲的综合。学生在学习音乐的同时,也能感受到各国风情、地理文化、历史常识等,欣赏不同的音乐,理解不同的文化,并学会尊重他国文化。

我国在21世纪初的基础教育课程改革,是推动学校素质教育的重要突破口,它直接影响着教育主管部门的实施情况,然而却缺乏教学第一线管理者(校领导)的大力支持,素质教育观念在中小学音乐教育中的运用,也影响着教师和学生整体素质的提高。如今,我国的中小学音乐教育主要运用审美观念进行教学,75%的教师都是依照新课标进行教学的,很多教师都认同审美的观念,切实让学生感受音乐、欣赏音乐。《义务教育音乐课程标准(2011年版)》是国内、国外各种音乐教育观念在实践中的展现和提升,在课程性质上主要体现了人文性、审美性、实践性,为音乐课程做了理论上的定位,"基础教育阶段的音乐课,是人文学科的一个重要领域,是实施美育的主要途径之一",切实地将审美观念、素质观念作为音乐教育实践的理论基础。在音乐课程的基本理念上,突出强调音乐学科的教育思想,把审美放在核心地位,重视音乐的实践和创造,尊重和理解多元文化等基本理念作为音乐教育实际教学的出发点,切实做到"以人为本"。在音乐课的教学内容上，一改以往固定的教学模式，即唱歌、识谱视唱、欣赏等单一的教学操作系统，细分为四大教学领域，即感受与鉴赏、表现、创造、音乐与相关文化，四者相互独立，又相互补充和完善。在音乐教育观念有所改变的同时，也使得教师的各方面素质、能力得以提高，通过新课程教师培训、各种教研活动等，促进教师队伍的与时俱进。83%的教师参加过音乐教育学术研讨会议，91.6%的教师参加过学校或上级有关部门组织的音乐教研活动，而且每学期有五次以上的居多，教师参加专家讲座、观摩公开课、进修性质的研讨等教学活动，说明对音乐教师的培训已经进入正轨，这有利于推进音乐课程的实施。尽管在新课标中早已加入多元文化音乐教育的观念，然而该观念在中小学具体实践教学中却很少涉及，不少教师对这个概念甚至都不了解，多元文化音乐教育观念还停留在理论研究者的文字表述中，需要让更多从事音乐教育的学者、教师、管理者能够理解，并合理地加以运用。

三、多元文化音乐教育观念转变的可行性

在全球一体化和文化多样性的世界格局下，多元文化音乐教育成为世界音乐教育发展的主流。我国音乐教育领域的发展要想跟上世界潮流，就需要引入多元文化的观念用于我国的音乐教育，自旧课程标准将多元文化的相关概念写入其中后，该观念就慢慢地引起了音乐教育界的关注，如"世界音乐与多元文化经典译丛"就囊括了《音乐教育的多元文化视野》《音乐教育与多元文化：基础与原理》等各种书籍。以管建华教授为代表的专家，大力推行在我国实行多元文化音乐教育，他指出："人类音乐文化是多元一体的，中国音乐文化也是多元一体的。以文化理解为目标的多元文

化音乐教育是高度信息化的,而非高度音乐技能化的。它应当成为我们当今国民音乐教育的基本观念,也应该得到所有音乐课程教师,甚至艺术课程教师的关注。"音乐作为文化的一种,要想理解音乐,首先要先理解音乐所处的文化,因为音乐的意义是由其文化来界定或解说的,因此学习任何一种音乐,如果没有充分理解其文化,就不可能掌握音乐的文化系统价值意义。所以,在音乐教育的过程中必须要涉及文化的教育。

音乐艺术是生命创造活动的形象体现,真正的音乐是融进生命本质的声音,其以人的生命意识为触动点,展示人的生命本质和心态,与人合为一体。人是音乐的创造者和文化的主体,所以在音乐教育中应坚持以人为本,应把人的音乐活动同人类的其他活动一起加以比较,把人的音乐行为放入人类的整体存在中加以认识,特别是把人的行为作为人的音乐行为的背景,从而不断发现其中潜在的价值。把音乐作为人的行为的一部分,同时理解音乐首先要学会理解人,在人与人相互理解的基础上,才能更好地理解音乐,理解音乐行为。即使处于不同文化背景的人,存在不同的社会文化心理,但仍能够通过文化的交流和沟通,得到文化理解,从而理解不同文化的音乐。

如今,多元文化音乐教育观念已纳入新课标,在新课程标准中,新增的人文性成为音乐课程性质的三个方面之一,"音乐是文化的重要组成部分……无论从文化中的音乐,还是从音乐中的文化视角出发,音乐课程中的艺术作品和音乐活动,皆注入了不同文化身份的创作者、表演者、传播者和参与者的思想情感和文化主张,是不同国家、不同民族、不同时代文化发展脉络以及民族性格、民族情感和民族精神的展现"。音乐中蕴含着不同的文化背景,欣赏音乐需要了解音乐所处的文化和人文内涵。另外,新课标最大、最新的突破就是对音乐审美概念的界定，不仅指明了对音乐艺术美的体验、感悟，还将"对不同音乐文化语境和人文内涵的认知"列为音乐审美的理解，这是以往审美概念中很少指明的。可见，音乐教育观念在慢慢地向文化和人文概念的方向转变。

调查发现，绝大多数中小学生都喜欢欣赏音乐，在他们喜欢的上课方式中，唱歌、观看录像、做音乐游戏或戏剧表演都是很受欢迎的，这比以往以唱歌、"你教我听"为主的上课方式丰富了很多，学生愿意去听、去看、去参与。在音乐教学过程中，教师可以充分利用学生的兴趣和好奇心，关注学生，以学生为主体，让他们从听觉上体验不同音乐带来的不同感受，从视觉上了解不同国家和民族的风土人情和社会习俗，并身体力行地参与不同音乐的演绎。在具体的教学实践过程中，将多元文化的观念运用于音乐教育，会更有利于学生理解歌曲，同时开阔视野，认识和理解各个国家、民族和地区的文化。例如，分析歌曲《梁山伯与祝英台》时，教师可以首先讲述一段背景知识，在让学生了解该歌曲的背景故事之后，才能使他们明白和体会歌曲所蕴含的忧伤、凄美的感情，对歌曲的情绪才能正确地把握和感受。另外，对于外国歌曲，很多时候，在不了解创作背景和相应的文化风情时，无法弄懂音乐所要表达的含义，例如，在讲非洲的民间音乐时，首先要了解非洲的社会生活处处都存在音乐，祭祀、节庆、礼拜、婚丧嫁娶等活动都离不开音乐，而且非洲人喜爱打击乐，鼓对于他们来说，是权力的象征，在敲打的同时，经常伴随有拍手、跺脚等身体的表演，具有原始、野性的味道，在了解了非洲的这些文化背景以后，再欣赏非洲音乐，就能使学生感受到非洲人的热情，以及歌曲所表达的具体社会活动意境。多元文化的观念在慢慢地渗透进我国中小学的音乐教育中，让学生不仅能欣赏到不同的音乐,也能了解到不同的文化,使学生的视野不断开阔。

　　在对待多元文化音乐教育观念,我们既要看到有利的一面,也应结合我国的社会文化背景,看到该观念在我国实施的困境。21世纪,我国中小学音乐教育面临着新的机遇和挑战,多元文化音乐教育观念势不可挡,我国应加快脚步,排除万难,努力营造一种全面的、文化层面的新视野,在世界文化的潮流中,创造属于我国特有的多元文化音乐教育观念。

第三章　中小学音乐教育教材发展与改革

中小学音乐教材是为实现课程价值和课程目标服务的，是音乐教育过程中的一种教学工具，具有传播音乐知识、培养学生音乐才能的作用。中小学音乐教材是由一种特殊的乐谱符号系统组织起来的，它与通常采用文字或图片为主的其他人文学科教材有着显著的区别。中小学音乐教材在教学要求上也具有独特的做法，实践性是它最主要的教学特征之一。

从教育部门制定的课程方案（教学计划）来看，教材分必修和选修两类。从课程管理的角度来看，中小学音乐课程可以分为国家、地方和学校三个级别，与之相对应的教材也可以分成国家教材、地方教材和校本教材三类。其中，国家教材仍然是中小学教材中的主体。教材又分为纸质教材、音像教材（音频教材、视频教材）、多媒体教材、网络教材等不同的介质，其中最常见的是纸质教材。

根据教材中的具体教学内容，中小学音乐教材可以分为唱歌教材、欣赏教材、器乐教材、音乐理论知识教材、音乐活动（唱游、音乐表演）教材等。从历史上看，唱歌教材是起步最早、历时最久、应用范围最广的教材。从目前来看，绝大多数中小学音乐教材都采用"混合编辑"的方式，将上述诸多因素加以综合编辑而成。

第一节　音乐教材的概念、属性及分类

一、中小学音乐教材的概念

"教材"是一个被广泛使用的概念,对于教材的定义有多种解释。《教材论》一书的作者曾天山先生将中外不同的教材概念总结为十六种,这十六种定义均是从教育学的角度提出的。其中有教育学工具书中的定义,有中外教育家的解释,也有西方课程理论不同流派的界定等。从目前最新的研究资料来看,教材的定义大致可以从以下四种不同的角度来认识。

(一)词条类定义

中国社会科学院语言研究所词典编辑室编写的第 7 版《现代汉语词典》对教材的解释是,有关讲授内容的材料,如书籍、讲义、图片、讲授提纲等。

《中国大百科全书》教育卷对教材的定义是,"根据一定学科的任务,编选和组织具有一定范围和深度的知识和技能体系。它一般以教科书的形式来具体反映。教师指导学生学习的一切教学材料,它包括教科书、讲义、讲授提纲、参考书刊、辅导材料以及教学辅助材料(如图表、教学影片、唱片、录音、录像磁带等)。教科书、讲义和讲授提纲是教材整体中的主体部分。"

(二)课程理论定义

第一,从层面上看,广义的课程有三层含义:一是总体的课程规划,或者说课程设计、课程设置;二是分学科的课程标准,或者说是教学大纲;三是课程内容,也就是各学科的教材。按照这一说法,教材就是课程的内容。

第二,教材是以一定育人目标、学习内容和学习活动方式为基本成分而分门别类组成的提供给学生认识世界的规范化、程序化、具体化的育人媒体。

第三,教材包括教学大纲(课程标准)、教科书、讲义、挂图和图册、实验手册、教学录音带、教学录像带、教学电影等。教材中最主要的、教学活动必不可少的、学生使用最多的是教科书,因此在大多数情况下,谈到的教材就是指教科书。

(三)著作权定义

教材仅指课本,与教材有关的,是教材系列作品,这可以从两个角度来分析:其一,从媒介的角度来看,除了以印刷出版物形式存在的课本之外,尚有以幻灯片、投影胶片、录音带、录像带、光盘、软件等形式存在的课本;其二,指以印刷出版物的形式存在的课本之外与课本有关的印刷出版物,如教参、教学手册、练习册、单元测验、复习资料、图表、习题集等。

(四)教学论定义

教材是教师进行教学的主要依据,是学生获取知识、发展能力的主要渠道,它对教学活动起着规定和制约的作用,既规定了教师教什么,也大体制约着教师怎么教;既规定了学生学什么,也大体制约着学生怎么学。

从以上定义可以看出,教材在概念界定上较为宽泛,从不同的角度可以有不同的解释,在表现形式方面所包含的范围也有较大差异,但其中最为核心的要素是教学材料、育人媒体。

根据上述观点,我们可以尝试着为中小学音乐教材下定义,即中小学音乐教材是为了实现学校审美教育目标,将音乐学科教学内容、教学方法加以序列化、规范化、具体化编排的教学材料。中小学音乐教材在概念上有广义和狭义之分,广义的中小学音乐教材包括所有有形的和无形的教学材料,有形的如教科书、教学录音带、录像带、讲义、歌篇、参考书、教师手册、多媒体教学软件等,无形的如师生的音乐体验、音乐技能方面的经验等。狭义的中小学音乐教材仅指中小学音乐教科书(包括纸质及其他媒介形式的学生用课本)。本书为研究方便,采取的是狭义的概念,即以中小学音乐教科书作为论述的对象。

二、中小学音乐教材的属性

哲学上将事物固有的特性称为属性,属性有本质属性和非本质属性之分,各种属性都要在与其他事物的相互关联中得到体现。

(一)人文科学属性

长期以来,我国中小学教育将音乐学科的性质定位在"对德、智、体全面发展具有不可替代作用"的副科范围,音乐学科自身的发展以及音乐学科同其他学科之间的关联都无法得到理论上的支持。2001年颁布的《全日制义务教育音乐课程标准(实验稿)》首次在同类文件中明确提出了音乐学科的性质,即"音乐是人文学科的一个重要领域,是实施美育的主要途径之一,是基础教育阶段的一门必修课"。

人文科学是以人类自身为学术研究的中心,以人自身的发展和完善作为精神探索活动的出发点和归属的科学,其主体是文、史、哲三大学科,还包括美学、艺术学、语言学、伦理学、文化学、宗教学等分支学科。音乐隶属于人文科学中的艺术学范畴,人文科学的共性,如民族性、时代性、文化传承性、阶级性等在音乐学中都有所体现。从教育的角度看,任何中小学音乐教材都具有一定的政治、社会、文化背景,这一点与同属人文科学的语文、政治、历史、地理、外语以及艺术(舞蹈、戏剧、美术等)等学科教材相同。因此,中小学音乐教材具有较强的人文学科属性。

(二)教育科学属性

教育科学基本属性在任何学科教育中都有体现。教材是教育过程中的主体材料,它的编制过程必须符合教育科学的一般规律,符合儿童的认知规律,遵循儿童身心发展的年龄特点。

中小学音乐教材是基础教育领域中美育的主要教学材料之一,它具有教育科学的一般属性,它将具有明确培养目标的音乐教学材料加以组织和编排,为音乐教学活动提供服务。中小学音乐教材中知识点的分布要按照教育科学一般规律,遵循由已知到未知、由感性到理性的原则,在技能的提高上要遵循由简单到复杂、由易到难的原则。内容编排最基本目的是让学生积累审美体验,并在此基础上使学生了解和掌握一定量的音乐知识和音乐表现方法。

在遵循教育科学总的规律与原则的基础上,音乐学科还有其独特之处。例如,音乐艺术有音响的艺术、时间的艺术、表现的艺术、情感的艺术等说法,在具体实施音乐教育的过程中还需要把握好学科的这些特点,在音乐教材的编排上应具有符合学科自身教学规律的方法和手段。

(三)音乐课程载体属性

从性质上看,音乐教材首先是音乐课程的形式和载体。音乐课程中的学科性质与价值、课程目标、教学要求等在音乐教材中都有所关联,教材集中展示音乐课程的内容。有什么样的科目的价值观与有什么样的教材相适应,有什么样的课程目标,也相应地产生与之配套的音乐教材。由于不同的国家、民族、地区对课程的认识和理解不同,各国的音乐教材也千差万别,各具特色。例如,我国香港地区有的音乐教材十分注重基础知识体系的完整性,音乐知识被当作课文来编写,其他音乐教材资源如歌曲、器乐曲等都是知识的"副产品"。又如,日本现行的中小学音乐教材十分注重器乐教学,从一年级学简单的节奏性乐器,如响板、三角铁、铃鼓等打击乐器,到三年级加强旋律性乐器,如竖笛、口风琴等的教学,再到五六年级的合奏训练,器乐教学的系统性非常突出。

同一国家在不同的历史发展阶段也会由于其教育观念上的不同而要求产生与之相匹配的教育载体,音乐教材也必然会有阶段性的差异。以我国中小学音乐教材为例,20世纪初期,我国在引进现代教育体制之初,音乐教材中大量的内容反映的是富国强兵的爱国主题,这与当时的历史状况、教育思想密切相关。

20世纪80年代,作曲家、音乐教育家姚思源教授在全国第三届音乐美学座谈会上做了题为《音乐审美教育应当是我国学校音乐教育的核心》的发言,呼吁音乐审美教育应当是我国学校音乐教育的核心,并提出必须精选艺术品作为学校音乐教育的演唱、演奏和欣赏的教材。

2001年出台的《全日制义务教育课程标准(实验稿)》将审美教育作为音乐教育的核心,并提出了十条理念:一是以音乐审美为核心;二是以兴趣爱好为动力;三是面向全体学生;四是注重个性发展;五是重视音乐实践;六是鼓励音乐创造;七是提倡学科综合;八是弘扬民族音乐;九是理解多元文化;十是完善评价机制。在这一指导思想影响下的教材所呈现的面貌又有着新的时代特点。

（四）音乐学科知识体系属性

教材都有独立的学科知识属性，音乐教材也承载着音乐学科的知识体系。从已有的各种形式的教材来看，由于音乐课程观的不同，对音乐学科知识的系统性的体现也有所不同。在以唱歌为主要内容的教材中，往往强调的是学生在歌唱方面的发展，并不总是把学科知识作为关注的对象，特殊情况下，有一些教材甚至不把歌唱技能的训练进行系统化处理，歌曲的选择只是从题材内容上加以简单分类和排序，这样自然很少关注学科知识体系的完整性和系统性。意义上相对成熟的教材大都不会忽视知识体系的完整性、科学性以及教学上的可操作性，音乐知识体系也因此成了中小学音乐教材中不可或缺的组成部分。

音乐学科知识体系包含的内容较为广泛，在中小学音乐教材中常见的有音乐基础理论知识、音乐史学知识、音乐文学知识、音乐体裁与结构知识、音乐表演知识、音乐创作知识、音乐风格与流派知识等。音乐学科知识体系所涵盖的内容十分丰富，而中小学阶段音乐课堂教学受到时间的限制，因此学科知识在中小学音乐教材中需要以一种合理的方式加以选择、编排与展现。在普通中小学阶段的音乐教学中对音乐知识体系的要求绝对不能简单地等同于专业音乐院校的做法，其有着自己的对象、目的和要求。教材的音乐知识体系属性要求博大精深的音乐知识体系在转化为具体教学材料之前需要经过"瘦身"，而教学时数、教学目标以及所选择的具体音乐作品是音乐知识体系"瘦身"的条件和通道。

（五）音乐符号系统属性

音乐教材是由一种特殊的符号系统组织起来的。音乐教材中通常提供了师生教学活动必要的歌曲、器乐曲等乐谱材料，这些谱面材料不同于一般的文字或图片，是一种特殊的记录音符的符号系统。乐谱作为系统，也不同于美术中的画面，它用来记录声音的高低、长短、轻重、快慢以及丰富的表情达意功能。视觉上的可观赏性仅仅是它的表层特征，更重要还在于它具有音乐上的暗示作用。与其他学科的教材相比，这种对声音的暗示与关联是音乐教材最显著的特点。

在教材的音乐符号系统属性中，最引人瞩目的就是谱式问题。在我国的中小学音乐教材中，采用简谱和五线谱两种谱式，这两种谱式都有其独特的地方。20 世纪 50 年代汪培元先生曾说过："简谱比较大众化，容易推行。五线谱是比较完善的记谱法，也是提高音乐水平所必需的。"这两种谱式同时也都具有不完美之处，简谱直观上看不出音高变化，遇到较宽音域时，代表音符的阿拉伯数字上下加点过多容易导致视觉上的混乱，此外，简谱记录多声部音乐有一定限度，如记录带钢琴伴奏的歌曲谱时简谱就不如五线谱醒目。五线谱的知识系统相对烦琐，在教学中若处理不当，容易使教师和学生产生畏难情绪。

在中小学音乐教材中，简谱和五线谱都有一定的使用面和适用面。我国自 20 世纪 20 年代以来，对使用何种记谱法一直存在争议。争论中主要有三种意见，第一种意见是力主弃用简谱。1940 年《修正初级中学音乐课程标准》中规定："曲谱必须完全用五线谱，绝对不许用简谱。"20 世纪 80 年代初，著名音乐家贺绿汀先生多次呼吁在中小学音乐教育中推广五线谱，认为"现在全世界都用五线谱，唯独我们用简谱，这在国际文化交流方面也是有严重障碍的"。第二种意见是力主弃用五线谱，全部改用简谱。这种观点在 1950 年之后逐步发展，此后时有反复。有人片面地提出依据中国的国情，中小学音乐教育只能教简谱，认为从普及音乐教育的角度出发,使用简谱有明显的优越性。第三种是两种谱式混用,但在以何者为主上情况较为复杂。例如,1982年颁布的《全日制五年制小学音乐教学大纲(试行草案)》中规定:"小学以学习简谱为主,有条件的学校也可以学习五线谱。"1988年制定的《九年制义务教育全日制小学音乐教学大纲(初审稿)》规定:"学习五线谱和简谱。凡有条件的学校应教学生学习五线谱,条件不足的也可学简谱,但要努力创造条件学习五线谱。"

2000年试用修订版九年义务教育中小学音乐教学大纲与2001年《全日制义务教育音乐课程标准(实验稿)》中的表述较为中性,均认为各地可以根据实际情况自行选用。

乐谱是记载音乐的符号,是学习音乐的基本工具,关于谱式问题,笔者认为,从教学规范性上看,应当提倡以学习五线谱为主,这是目前国际上比较通用的一种记谱法,也是学生能够系统、深入学习、理解音乐必不可少的途径。另外,由于许多音乐出版物以简谱形式刊行,简谱为我国使用范围比较广泛的一种记谱法,所以简谱也应当在初中阶段的教材中集中加以介绍,并安排一定量的读谱练习以及学习提示,以便让学生能够结合已学知识,通过一年左右的时间学习、了解和掌握简谱知识,并能够进一步学习以简谱记谱的音乐作品。

(六)音乐教学工具属性

音乐教材与一般图书的不同点在于它的独特目的性。音乐教材具有传播音乐知识、培养学生音乐才能的作用,它常常被视为音乐教育过程中的一种教学工具。正如苏联教育专家祖耶夫所说的那样,"一方面,教科书是绝大多数学生获得知识的最重要的源泉,是教育内容的体现者。……另一方面,教科书又是一种最重要的教学手段"。此外,前文提到的对教材的教学论定义也道出了教材的教学工具属性。

对新的课程标准音乐教材加以考察可以发现，许多教材都在内容编写上加入了教学方法一项。这些教学方法有的采用科达伊、奥尔夫等系统化教学法理论的理念并加以具体化，有的是某个单项教学内容的操作提示。例如，在人教版、人音版小学音乐教材中经常见到要求学生根据不同的音点或乐谱片段"画旋律线""画图形谱"等练习，这实际上是一种帮助学生掌握旋律线条以及蕴含其中的音符高低、节奏疏密、情绪起伏等知识点的有效途径。又如，在人教版七年级上册第一单元《新世纪的新一代》歌曲教唱环节，设计了随标记在乐谱中的拍手、三角铁等小图标做节奏伴奏的练习。这样的练习有三个目的：一是为了帮助学生掌握休止时值，做节奏填空；二是帮助学生掌握乐曲结构，因为拍手和三角铁的图标分别代表歌曲的两个段落；三是让学生理解不同的节奏变化与段落划分之间的关联，由此产生乐曲分析的基本概念，为随后几册中的段落划分做好理论上的铺垫。由此可见，教材不仅具有呈现知识内容的载体属性，还同时具有提示教学方法的工具属性。

音乐教材的教学工具属性还体现在通过用教学内容由浅入深、由易到难、由已知到未知的编排，给教师和学生提供一种教学顺序。例如，西方音乐基础理论在教材中的一般编排顺序是，从认识音符与休止符开始，再到认识谱号、变音记号、调号，再认识调式、音阶、调的各种关系，认识节奏、节拍，了解横向的旋律与纵向的音程、和弦，了解速度、力度、表情等各种记号，了解和声的一般常识，了解乐句、乐段以及曲式结构的一般常识等。这样的编排对师生的教学具有很强的指导作用，其本身不仅是教学内容，同时也是教学工具。

（七）音乐实践活动属性

与其他人文学科相比,音乐学科的突出特点在于课堂实践操作层面上具有相对系统化的训练方法与手段。音乐知识的学习、技能的形成都要通过大量的音乐实践活动来完成。音乐教材中应当配合教学内容安排一定量的活动用以巩固知识技能的学习,同时也通过安排一定数量的活动使得学生在交往、合作意识上,在审美体验的积累上获得足够的练习机会。

受音乐课堂实践性特征的影响,人们用"术科"这样的称谓来错误地看待音乐学科。事实上,音乐学科的任何一项教学活动都有自己明确的目标和知识基础。以唱歌教学为例,发声训练的环节是为了让学生掌握一定的唱歌方法,为歌曲演唱做好技术上的准备。歌曲演唱中的反复训练,并不是简单的机械重复,而是为了使演唱过程中音高、节奏等表现要素以及不同乐句的情绪处理能够得到巩固,达到"动力定型"。此外,通过演唱不同风格的歌曲可以积累相关的理论知识、审美体验和表演经验。

实施新的课程教材改革以来,我国出版的中小学音乐教材注意了实践活动的编排,在实践方法上给予了比以往更多的提示。许多教师在课堂教学操作过程中能够按照教材的要求,有目的地完成教学任务,但也存在一定的问题,即课堂活动"热热闹闹",教学实效却"越来越糟"。一些教材在实践性活动编排提示上过分强调"愉快教学"、强调"活动过程本身就是目的"。许多教师受不正确观念的影响,全面摒弃传统的教学手段,害怕讲知识、技能,担心有目标的实践活动不利于"发散思维"的培养,从而导致实践活动漫无目的,造成教学质量下降。

音乐教材的实践活动属性应当能够使师生教与学的活动操作过程始终处在提高学生审美感知能力、提高学生音乐表现技能中,使技能—知识—技能的转化能够呈现螺旋式上升的态势。

（八）音乐民族风格属性

民族性是人文学科共有的特点之一，民族风格属性也是中小学教材的重要一环。音乐教材作为人文学科的组成部分，同样有着鲜明的民族风格属性。

民族风格属性关乎教材的基本构成，也自然而然地会影响教材的教育导向。如果一个国家的音乐教材中都以外国的音乐为主，缺乏本国优秀的民族音乐，将会产生严重的文化错位问题。王光祈先生曾经指出，缺乏对中华文明的了解，完全接受西方教育的中国留学生将成为"黑发黄皮肤的外国音乐家"。世界上许多国家都十分重视音乐教育中的民族文化传承问题。1879 年，在德国埃尔福特召开的音乐工作者会议曾做出决议，德国的唱歌教育必须教授德国民歌。在匈牙利，1930 年前后，科达依和巴托克开始推行民族的音乐教育运动，他们走遍全国各地搜集民歌，以此作为匈牙利民族音乐教育的基础，编辑以匈牙利民歌为中心的音乐教材。卡巴列夫斯基说过："音乐教育中的材料，必须从民族音乐、古典音乐及现代音乐三个方面来选择，但首先必须立足于本国自己民族的音乐文化。"

中小学音乐教材的民族风格属性主要通过以下四种方式加以展现：第一，作品的选择在作品选择数量上的比例、作品的民族风格等方面加以体现；第二，主题的编排以民族风格浓郁的人文主题作为组织材料的基本依据；第三，背景知识介绍结合具体作品，在介绍作品的背景知识时加强对民族文化的发掘；第四，教科书的设计以富有民族风格的图示、乐谱等方式从教材的视觉效果上加以展现。

(九)音乐多元文化属性

中小学音乐教材的多元文化属性可以从两方面来认识,一是从课程观念发展的角度来认识,二是从音乐教材内容安排的角度来认识。

当今社会,全球化的交流愈加频繁,先进的(或富有成效的)教育观念或课程观念一经产生,会在很短的时间内影响世界的各个角落。人们在对教育本质方面的研究上有了更多的共识,包括音乐教育在内的未来教育研究逐渐成为不同地区、种族人们的共同事业。各国在教育方面的做法通常由过去的"总统建议""长官意志""政治需要"转为通过立法来确立课程方案(教学计划)、课程标准(教学大纲),在不同学科的课程标准中阐述各自的课程价值理念,并对课程内容做出较为明确的规定,最终以教材作为载体加以组织和传播。从这个意义上来说,不同国家、不同民族间的音乐教材会逐步朝着在相互尊重、相互理解的基础上的多元融合发展,各具特色的教材将成为人们共同的音乐教育资源。

中小学音乐教材是展示不同音乐文化的窗口,透过这个窗口可以进一步展示不同的社会、文化、政治等深层背景。在教材中选编一定数量的不同地区、民族、国家的音乐作品,并介绍一些与之相关的音乐活动、乐器、表演、礼仪等背景知识,对于提高学生全面理解音乐文化、养成尊重世界不同文化的心态有着重要的作用。目前,世界上许多国家和地区的中小学音乐教材对多元音乐文化十分重视,这在某种程度上反映了教材发展的趋势。音乐教材多元文化属性的侧重点在于挖掘出不同地区、不同风格、不同种类音乐的特色,这些特色包括音乐创作技法和表达方式上的特色,也包括不同民族特有的音乐要素。

三、中小学音乐教材的分类

由于认识问题的角度不同,中小学音乐教材有多种分类方法,每种具体方法都有各自的侧重面。了解这些方法对于我们研究和把握教材的基本内涵、展现方式、结构特征等有较大的帮助作用。

根据课程方案的不同要求,中小学音乐教材可以分为必修课教材和选修课教材,其中,必修课教材是特别依据国家制定的教学计划中规定的必修课而编制的教材。20世纪初出现的学堂乐歌教材是我国教育历史上第一次正式出版并在一定范围内使用的中小学音乐教材。但以国家或政府名义在法规上对中小学音乐以必修课的形式予以确定是在1912年。目前,我国大陆地区中小学音乐必修教材多达数十种,包括修订教材和课程标准版新编教材。正式选修课教材是根据国家制定的教学计划中规定的选修课而编制的教材,我国大陆地区中小学音乐选修教材主要有两种方式:一种是附在必修教材上作为"选听选唱""补充歌曲"或"课外活动"等内容;另一种是现行高中音乐教材。现行高中音乐"大纲版"教材将艺术欣赏曲目做了必听与选听的界定,而2003年出台的《普通高中音乐课程标准(实验)》规定,学生应当在音乐鉴赏、唱歌、演奏、创作、音乐与舞蹈、音乐与戏剧表演六门选修课中至少选两门课,上述六门课程的教材就属于必学的选修课,即正式选修课。

从课程管理的角度来看,中小学音乐课程可以区分为国家、地方和学校三个级别,与之相对应的教材也可以分成三类,即国家教材、地方教材和校本教材。首先,国家教材是指根据教育部颁布的课程标准(或教学大纲)编写,经教育行政部门审定并推荐在全国范围内使用的教材。长期以来，几乎所有的国家和地区在颁布各科课程标准或学习指导方案的同时，对教材的编写与出版也提出了明确要求。这些要求不仅规定了教材编写人员与出版者的资质，也对具体编写内容做了某种程度的限定。在教育问题上采用集权管理方式的国家或地区，对国家（或地区）主要教材的确立有一套完整的制度规范，国家教材也是学生学习的首选材料，如中国、日本、德国等，在教材问题上极为慎重，对各种教材的编写机构、出版机构、从业人员都做了一定的规定，对教材的审查制度也有比较严格的规程。其次，地方教材是指由各地根据地方教育法规和音乐资源而编写和使用的教材。美国、英国等国由于政治上的分权制，各州、郡有相对独立的立法制度，反映到教育管理上，地方自主权较大，教材制度因地而异，因而教材的地方化、区域性特点比较显著。一般来说，国家教材更多代表着国家的教育政策导向，教育行政部门在教材选择上也会提出必须选用的要求。近年来，随着我国教育改革的不断深入，一些地方学校以科研为先导，组织教师和地方课程专家编写适应本地区或本校的校本教材，也取得了一定的进展。例如，福建省厦门市第二小学编写的校本教材将闽南音乐资源编入课本，供部分学校教师选用，具有鲜明的地方特色。

根据课程标准的规定与建议，教材又可以分成基本教材和补充教材。从形式上看，这两种教材通常统一编入学生用教科书中，但以不同的教学要求加以区分。例如，我国许多版本的义务教育教材中常设有"选听选唱"等补充教材栏目。1997年出版的全国通用高中音乐欣赏教材，为使教师更充分和有效地采用各种适宜的教学形式和手段，留给教师灵活掌握及选择欣赏曲目的弹性空间，将重点欣赏曲目与非重点曲目区分开来，目录上加星号的曲目可作浏览或选用处理，这是将基本教材与补充教材做通盘处理、穿插编排的一种方式。在96个学时里总共要求欣赏或浏览54首(部)声乐作品(包括歌曲、戏曲唱段、歌剧唱段、合唱等形式)、56首(部)器乐作品(包括多种形式的独奏、交响乐、民乐合奏、歌剧音乐、舞剧音乐等)。其中,基本教材有79首,占71.8%,补充教材31首(部),占28.2%。

　　根据教材展现媒介的不同,可以将教材分为纸质教材、音像教材(音频教材、视频教材)、多媒体教材、网络教材等,其中最常见、历时最悠久的当属纸质教材。人们平时所说的教科书如果不对其特别加以界定,就是单指纸质教科书。随着计算机和网络技术的飞速发展,在20世纪90年代,有人预测人们将告别纸介质时代,这一预测还得到了环境保护组织的支持。但许多证据表明,不管人们在多大程度上使用屏幕、投影、音响、网络等设备,在相当长的时间内,纸张仍然具有不可替代的独特作用,教科书仍然是学校教师、学生最基本的教学工具,其他形式的教材大都是随着科技的不断发展而产生和发展起来的,历时较短,但以其快捷、实效而得以较快普及和推广。例如,1879年,留声机的发明改变了人们沿袭了上千年的音乐生活习惯,收音机、录音设备、唱片的不断涌现,更加彻底地将音乐创作、表演、传播以及教育活动推入了新的运转轨道。从音乐教育的角度来说,中小学音乐教材也从单一品种的教科书向包括音响教材、音像教材、多媒体教学课件等在内的"资源包"或"资料袋"方向演变。但是,音乐教育不能靠"纸上谈兵",起始阶段的中小学音乐教学不可能仅仅通过观察乐谱让学生学会视唱和练耳,更不可能准确了解和声、调性等音乐要素,而音频教材、音像教材等可以帮助学生建立良好的内心听觉,可以使学生在进一步接受音乐教育的道路上走得更远。

　　根据教材中的具体教学内容,中小学音乐教材可以分为唱歌教材、欣赏教材、器乐教材、音乐理论知识教材、音乐活动（唱游、音乐表演）教材等。从历史上看，唱歌教材是起步最早、历时最久、应用范围最广的教材；欣赏教材往往结合音乐史线索或音乐体裁进行，近年来我国的中小学音乐教材中也有以音乐或文学题材为组织方式的欣赏教材；器乐教材受到教学条件的严重制约，早期器乐教材较少涉及，即便写在教材中，往往也是作为教师"相机行事"的教学内容，近几十年来，口风琴、电子琴、竖笛、口琴等课堂乐器以及简易打击乐器走入课堂，多数教材都相应编写了可供旋律乐器独奏或结合打击乐合奏的教学内容；音乐理论知识基本遵循由浅入深、由易到难、由简单到复杂、由具体到抽象、由已知到未知的音乐学科逻辑顺序、认知顺序进行；音乐活动在教材中的体现方式通常有唱游、音乐游戏、音乐表演、创作等。音乐活动往往融在教材整体框架之中，根据具体教学内容有针对性地加以说明或提示，起到探究知识、巩固技能、体验音乐等作用。

四、音乐教材的地位和作用

教材作为教学内容的物化形态是教学系统中的重要组成部分，并在教学系统中占据重要的地位，其表现为，在社会需求、知识经验积累、教学规律的综合作用下，形成一定的教学目标，在教学目标的指导下，形成相应的课程计划。而课程计划则决定课程的组合，每门课程的地位决定教材的内容、形式以及相应的教学模式，这些都要通过教师和学生的教学实践活动实现，而教师与学生教学实践活动的中心是教材，教材凝结了教学目标、教学内容、教学模式等，因此教材既是教学活动的中心，也是教师教授、学生学习活动的对象和客体，这样，教材作为教学目标的物化形态并通过师生的教学活动求得教学目标的实现。

此外，教学活动是围绕社会要求的教学目标展开的，这个教学目标的来源是设计者的主观愿望，并没有在实践中得到验证，而且这个教学目标并非每一个学习者都能达到和实现，因此这个教学目标是理想性的，但设立一定的教学目标参数是必要的。目标的实施必须借助课程教材来进行。而每个学生的掌握水平则要借助测试、观察等反馈信息来判断，从而调整教学目标、教材内容甚至教学策略。

教材作为一种教学要素和其他要素共处于一个教学系统中，势必要对系统中的其他教学要素产生重要的影响。例如，教材是对教学目标的最直接体现，教学目标的达成需要一定的教材来实现；教材是课程得以实施的具体保证，是课程的物化形态；教材是教师教学工作的主要依据，可以减轻教师的工作量，缩短讲述时间，为教师采用创造性教学策略提供有利条件，有利于统一规范教师的教学，有利于提高教师的教学质量。教材作为"无言的教师"，是学生系统、高效、有序地获取知识的主要工具，也是培养思维能力和形成社会道德的重要途径，亦为自学提供了便利条件。教材还对教学环境、教学策略、教学评价、教学观等具有重要的作用。

教材不仅在教学内部起着重要作用，而且还具有广泛的社会功能，如传递人类文化遗产和科研成果；促进学生个性的全面发展；提高学校教育教学质量；促进学校教育的改革；是进行社会教化和思想道德教育的重要工具；促进科学技术的发展；促进学科建设和课程建设；促进国际文化教育交流和合作等。此外，教材对于学习者而言，还具有内在的价值，如实用价值、文化价值、训练价值、兴趣价值、内容价值、方法价值等。

总之，以上对教材在社会和学校教育教学中的地位与作用的论述充分反映了教材具有的广泛性和综合性功能。可见,对教材进行研究具有重要的价值和意义。

对学生来说,音乐教材提供了具体的学习材料,其质量的优劣、水平的高低,直接影响着音乐的学习效果。对教师来说,音乐教材是完成教学任务、实现教学目标的具体依托,在很大程度上影响着教学质量。可见,中小学音乐教材在音乐教育中所处的地位十分重要,它不仅关系到美育在中小学中的具体落实,而且也关系到中小学音乐教学质量的提高。其作用体现在三个方面,第一,中小学音乐教材是音乐教学的主要依据。无论是教师传授知识、训练技能,还是学生获取知识、掌握技能,都必须以比较完善的音乐教材为依据。教师在备课时,应根据教材的编排体系来确定教学内容和教学进程。第二,中小学音乐教材是《中小学音乐教学大纲》的直接体现。中小学音乐教材为达到大纲规定的教学目的和要求而编写,它直接体现大纲所阐明的音乐学科的性质、音乐教学曲目及训练方法等,把大纲的原则性意见具体落实到教学之中。第三,中小学音乐教材是评估中小学音乐教学质量的标准之一。中小学音乐教学质量的评估往往是多方面的,但中小学音乐教材被学生掌握了解的情况,是一个相当重要的参考指标,尤其是大纲规定的一些音乐基础知识和基本技能以及规定、推荐的基本曲目更是考核命题的取材对象。有了统一的中小学音乐教材,同一学段、学年、学期的班级,校际、区际的中小学音乐教学质量评估,才会具有较大的可能性,评估结果也才更加科学可靠。

作为中小学音乐教材中的主体部分,音乐教科书起着举足轻重的作用。音乐教科书又叫音乐课本,是根据音乐教学大纲的要求而编定的系统地反映音乐教学内容的教学用书,是音乐教学大纲的具体化,是教学内容的主要依据,是实现音乐教育目的的重要工具。它不仅是音乐教学的主要材料,而且也是考核教学成绩的主要标准。它一般由目录、课文(包括歌曲、欣赏曲目、音乐常识、音乐基础知识与基本获能训练等)、插图、图表、练习、作业、附录等几个部分构成。其中,课文部分是音乐教科书的基本部分,它根据教学大纲的要求,并以每章的侧重点来安排各部分教学内容,并在教学中具体实施,是教学的主要依据。音乐教科书的每章、每节、每个课题都是一个相对独立的学习单元,且各章、节、课题之间有严密的、自然的、合乎逻辑的联系。它还配备一套与其相应的音响资料、教师用书和教学挂图,还配有学生的作业、练习、实践指导和报告表等。

在普通学校音乐教育中,学生音乐知识和技能的获得主要是通过学习音乐教科书来实现。音乐教科书是帮助学生掌握音乐知识和进行美育的专门用书。在音乐教师的指导和帮助下,掌握音乐教科书的内容,是学校音乐教育的主要形式和学生学习音乐的主要形式。因此,熟练地掌握音乐教科书的内容, 不仅有助于学生更好地理解和消化教师讲授的内容,便于预习、复习、练习和进行各项作业,而且也有助于学生在掌握教科书中所学的知识和技能的基础上,进一步扩大音乐知识视野,全面提高音乐素养。由此可见,音乐教科书对于学生的音乐学习具有十分重要的意义和作用。

音乐教科书对于音乐教师来说,也是十分重要的。它是音乐教师进行教学和顺利完成教学任务的基本依据。音乐教科书为音乐教师备课、上课、布置作业和检查学生所掌握知识与技能的程度提供了基本的材料。熟练地掌握和"吃透"教科书的全部内容,是音乐教师完成音乐教学任务的重要前提条件。因此,音乐教师能否正确地利用和发挥出音乐教科书的作用,对音乐教学工作的成败起到关键作用。

第二节　我国中小学音乐教材的发展概况

音乐作为一门独立的课程由来已久,因此音乐教材的历史也相当悠久。音乐是人类最古老、最具普遍性和感染力的艺术形式之一,人类社会很早就开始关注音乐的教育功能。在东西方的古代文明中,音乐曾经是特定历史发展阶段最重要的教育科目之一,希腊、印度、中国等文明古国都有证据表明这一点。中国西周时期的教育家孔子提出了"君子六艺",即《礼》《乐》《诗》《书》《易》《春秋》(至明代演变出"礼、乐、射、御、书、数"六艺),分别涉及了伦理、音乐、文学、历史、哲学、典章、数学、政治等内容。荀子在《劝学篇》里提出了《诗》《书》《礼》《乐》《春秋》五经。《乐记》可以被看作中国古代最早的音乐教材之一。中国古代把少儿教育称作"蒙养",所用教材称为"蒙养书"或"小儿书"。在中国古代,一些蒙养书也常涉及音乐方面的内容。例如,汉代黄门令史游所著的自汉至唐最主要的识字教材《急就篇》中有"竽瑟箜篌琴筑筝,钟磬鞀箫鼗鼓鸣"这样介绍乐器的句子。唐代的《开蒙要训》中有"□琶鼓角,琴瑟箫筝"(□为古籍残片中的遗字,有学者认为是"琵")等。此后的《千字文》《百家姓》《李氏蒙求》等均没有涉及音乐类知识,但古代蒙养课程中吟诗占有重要地位。虽然它被看作增进记忆的辅助手段,但客观上有着音乐与诗歌相结合的意义。

虽然从上述提及的史料、章典中可以找出一些关于音乐教育及教学材料的例证,但真正意义上的教材,即教科书的产生要晚得多,它是随班级教学形式的出现而产生的。班级教学的形式大约出现在 16 世纪的西欧,法国的居耶纳中学、德国斯特拉斯堡文科中学以及欧洲天主教设立的耶稣会学院是班级教学的萌芽。17 世纪的捷克教育家夸美纽斯总结前人和自己的实践经验著述了《大教育论》一书,奠定了班级教学的理论基础。我国采用班级教学的雏形,始于同治元年(1862)清朝政府在北京所设的京师同文馆。1902 年,清政府颁布了我国历史上第一个中小学"课程计划"——《钦定小学堂章程》《钦定中学堂章程》,推动了新式"学堂"的发展。到 20 世纪初,现代学校(集体)教育形式逐步在世界上的许多国家普及并最终作为一种体制得以建立。

一、近代中小学音乐教材的历史沿革

中国近现代学校音乐教育萌芽于鸦片战争前后。早期学校音乐教育以外国传教士结合教会活动开展"学堂"课程教学为基本样式。这种音乐教育的具体教学目标有三个方面:一是以传播基督教或天主教文化为宗旨,音乐教学活动从内容上可以辅助体会教义的精神实质,从形式上可以营造一种西方宗教文化的氛围,培养教徒的人格品行;二是以音乐技能传授为主,使学生有机会得到唱歌、键盘乐器演奏等方面的教育;三是通过编译教材,教授西洋音乐乐理知识。

中国人最早在新式学校中接受音乐教育的学堂是由基督教传教士创建的马礼逊学堂。1842 年 11 月 1 日,建于澳门、后迁至香港的马礼逊学堂开设音乐课。1872 年,山东登州(今烟台)文会馆开设"乐法"课,编印了《乐法启蒙》,教导学生歌唱、识谱,以至编写歌曲,并搜集中国民间曲调,配以新词传唱。由于年代久远,现在并没有直接的史料作为佐证,但不可否认,登州文会馆在教学活动中所编的教材无疑具有重要的历史价值。

史料上记载的另一重要事件是 1877 年 5 月上海举办的基督教在华传教士会议。会议期间成立了"学校教科书委员会",编辑出版了多种学科教科书。截至 1890 年,共编辑出版教科书 98 种,但其中音乐课本编辑情况还有待进一步查证。

1881 年,中西书院在上海创立,设有琴科,书院修习期限共计八年,每年均设"习学琴韵"课。当时的器乐教学仅仅包括钢琴等少数乐器。1892 年,"中西女塾"在上海正式成立,十分重视传授西洋音乐,学制两年,招收 8 岁以上女童入学,课程设置除必修课外,选修课有音乐、表情法及舞蹈。其中,音乐类以钢琴为主,也有选修声乐或弦乐者,教材使用美国出版的西方经典音乐作品。此外,还有音乐史、乐理和音乐创作等音乐理论修养课。1900 年烟台毓璜顶幼稚园设立,设有"听钢琴""依节奏动作"等课。1902 年,务本女塾在上海创立,开设唱歌课。1902 年,上海文明书局编辑出版《蒙学科学全书》一套,是中国近代最早一部为蒙童所编的系列教科书,全书共二十四种,包括《唱歌》一种。1903 年 5 月,爱国女校开设唱歌课,该校是 1902 年由蔡元培等发起创办于上海。

从上述历史中我们可以了解到,我国近现代早期的音乐教育活动相对局限于东南沿海地区,上海是音乐教育比较集中的地方。这一时期有不少证据间接表明,曾经有过音乐教材的引进、编写和使用记录,但没有确切的资料作为直接证据流传后世,另外使用的范围很局限。

(一)我国早期中小学音乐教科书的奠基石——学堂乐歌(1902—1919 年)

1904 年,"癸卯学制"确立,我国开始有了正式出版并使用的中小学音乐教科书。同年 4 月,曾志态编著的《教育唱歌集》一书由东京教科书辑译出版社出版,书中共收录乐歌 26 首,其中署名"志态"者 16 首,该歌集是中国近代最早出版的音乐教科书之一。同年 5 月,沈心工编写的《学校唱歌集》第一集出版,与随后的李叔同等一批音乐教育家共同开创了著名的"学堂乐歌时代"。

1904 年 1 月 13 日,《奏定初等小学堂章程》《奏定高等小学堂章程》颁布施行,史称"癸卯学制"。该章程包括一系列有关清朝各级各类学校的目标、学制、课程设置及章程规则计 17 种。学科有中国文字、修身、算术、读经讲经、历史、地理、格致、图画、体操等。

《教育唱歌集》和《学校唱歌集》的出版及其在上海等地的教学实践,对后来我国中小学音乐教科书的影响非常深远。最早的一首学堂乐歌《体操》(沈心工根据日本歌曲填词,后改为《男儿第一志气高》),最早由沈心工作曲的《黄河》以及第一首中国人创作的合唱歌曲《春游》(李叔同词曲)等作为我国中小学音乐教育开创之初的作品,对后来的音乐教科书资源建设产生了较大影响。此后,我国陆续出版和使用的众多音乐教科书大都以唱歌作为主要内容。这时期音乐教科书的出版集中在上海,中华书局、商务印书馆、开明书局、文明书局等,都是我国最早的一批音乐教科书出版机构。这一时期出版的教科书有《小学唱歌教科书初级》《国学唱歌集》《小学唱歌集》《唱歌教科书》《女学唱歌集》《中学唱歌集》《唱歌游戏》《学校唱歌集》《怡情唱歌集》等。

以学堂乐歌为研究对象论述其在我国近现代音乐史上重要地位的著述颇丰。钱仁康先生在《学堂乐歌考源》一书中将其历史意义和价值总结为八个方面:第一,许多爱国、励志和培养高尚情操的乐歌,使一代代青少年受到深刻教育,令人终生难忘;第二,学堂乐歌是一种举足轻重的文化遗产;第三,学堂乐歌是中外文化交流的见证;第四,学堂乐歌是新诗的萌芽,许多乐歌的歌词作者苦心突破旧体诗词的格律,试图开创新的诗歌语言和形式;第五,学堂乐歌为许多革命歌曲提供了音乐素材;第六,学堂乐歌与民间音乐有着密切联系,两者相互影响;第七,学堂乐歌与基督教赞美诗有着密切关联;第八,学堂乐歌影响了美术、文学、电影以及后期的音乐创作。

在我国近现代音乐教育史上,学堂乐歌具有重要的地位。学堂乐歌引进了欧洲近现代音乐教育体系,使中国音乐教育走上了系统化、规范化的道路,推动了我国出现近现代意义上的普通音乐教育和歌曲创作。可以说,从学堂乐歌开始,我国才第一次有了正式出版的学校音乐课教材。

当时音乐教科书的内容主要是歌曲,教科书大多是自编的,大部分都是利用外国歌曲的曲调,填上配合当时民主革命思想的歌词进行教学。以乐歌课的集体演唱,既向学生传播了西方的音乐知识,还对学生进行了富国强民的爱国主义思想教育。

(二)我国中小学音乐教科书的初创期(1911—1949 年)

1.民国初期的中小学音乐教科书

1912 年 1 月 9 日,中央教育部成立,19 日发布了《普通教育暂行办法通令》,规定"从前各项学堂,均改称学校""凡各种教科书,务合乎共和民国宗旨,清学部颁行之教科书,一律禁用"。同年 9 月,教育部颁布"小学校令"和"中学校令"。为了与新的教育形势相适应,沿承学堂乐歌风格的教科书也相继推出,《重编学校唱歌集》《共和国民唱歌集》《民国唱歌集》等较有代表性。

2.五四运动以后的中小学音乐教科书

1919 年,五四运动新文化思潮兴起,在蔡元培以"美育代宗教"的倡导下,美育在学校教育中受到空前的重视,我国音乐家开始学习欧洲作曲技术理论并进行创作,其中大部分是为中小学生的演唱而创作。

1920 年,从德国留学归来的萧友梅针对学堂乐歌中采用外国曲调以及一些诸如词曲结合、旋律音调等方面的问题,亲自创作歌曲,为学校编写教科书,至 1925 年,他先后编写了《今乐初集》《新歌初集》《新学制唱歌教科书》,其中的《问》《围炉舞蹈》《南飞之燕语》《晨歌》《春郊》等广为传唱。萧友梅编写的教科书多达六七种、十余册,涉及了唱歌、乐理、钢琴、风琴等内容,其中部分教科书全部由他本人根据易韦斋的词作曲(如《新学制唱歌教科书》)编写。《新学制乐理教科书》分为 6 册,是初中音乐教科书,重版达 9 次之多,成为当时较为通用的教科书。

为了给中、低年级小学生提供学习国语和唱歌的教科书,从 1920 年起,黎锦晖开始谱写《三个小宝贝》《老虎叫门》等歌舞表演曲及儿童歌舞剧《麻雀与小孩》等。由于他有长期从事学校教育工作和编写教科书的经验,对儿童的心理特点、接受能力、演唱水平及审美情趣都有实际的了解,因此他创编的教科书及教科书曲目在 20 世纪 30 年代的儿童音乐教育中占有重要地位。他的《麻雀与小孩》《葡萄仙子》《小小画家》《好朋友来了》《神仙妹妹》《寒衣曲》《可怜的秋香》等作品以"爱的教育"为题材,以民间歌谣式的创作手法为音乐风格基础,以贴近儿童认知心理的故事情节为线索,受到了当时人们的普遍欢迎,并且为后来的儿童歌舞剧创作树立了典范。

1923 年 5 月,刘质平在《音乐界》上发表文章,对新学制课程标准起草委员会审查《中小学音乐科课程纲要》时应注意的问题提出建议，如"中小学音乐科课程应该衔接""初中乐歌科应改称音乐科""审核中小学音乐科课程纲要宜兼审查中小学音乐科教材"等。他的主张对后来教科书审查制度的确立起到了巨大的推动作用。他本人先后在上海筹办了几所学校，并编写了《开明音乐教程》《开明唱歌教程》等教科书。

1925年12月，丰子恺著《音乐的常识》出版发行，该书标明为"高级中学适用教材"，这是我国历史上最早使用的高中音乐教科书。

3.南京国民政府时期的中小学音乐教科书

1932年11月，教育部公布了包括《小学音乐课程标准》《初中音乐课程标准》及《高级中学音乐课程标准》的中小学各门课程标准。1933年6月，商务印书馆委托黄自、韦瀚章、应尚能、张玉珍编撰《复兴初级中学教科书》一套，1933年9月第一册正式出版，至1935年10月全部出版。教科书内容包括歌曲、欣赏、乐理三部分，是我国自学堂乐歌以来较为系统完善的一部中学音乐教科书。

《复兴初级中学教科书》采用五线谱版，各册教科书分四个部分，一是音乐欣赏，音乐欣赏部分由黄自编写，包括中外乐曲，编写顺序依照音乐史为材料组织线索，附有中国乐器图及欧洲著名作曲家图片，书中还特意附录了所选作品的唱片号、唱片公司等信息。二是普通乐理，主要介绍识谱法知识与和声学，也涉及曲式结构方面的知识。三是基本练习曲，即视唱曲，每课都安排了一定数量的视唱练习，以帮助学生将乐理中所学的识谱知识转化为读谱和唱谱技能，在编排上采取由易到难的顺序。四是歌曲，由黄自、陈田鹤、江定仙、刘雪庵、应尚能等根据刘雪庵、韦瀚章、依令眉、张玉珍等人以及部分古诗词专门创作了40多首歌曲，这些歌曲大都艺术性强、曲调清新自然,成为大量新创作的艺术歌曲集中进入我国中小学音乐教科书比较特殊的例子。从歌曲所表达的内容来看,有表现学生生活的校园歌曲,如《前途》《本事》《送毕业同学》等;有反映抗战题材的爱国歌曲,如《杀敌》《睡狮》《九一八》等;也有反映当时知识分子情怀的忧思曲,如《花非花》《南乡子》《点绛唇》等;也有反映大自然、怡情的抒情歌曲,如《春光好》《踏雪寻梅》等。

这套教科书的编排既注重教科书的系统性、科学性,又注重其艺术性。为了使歌曲更适合学生演唱,编写者特意邀请了国内的一些词、曲作家专门为该套教科书作曲、作词,并为教科书中的每一首歌曲都配上正规的钢琴伴奏谱。

1933年6月,教育部成立"中小学音乐教材编订委员会",1934年2月为教科书歌曲"征集期";1934年3月至1935年5月为教科书的"审选期";1935年6月至9月为"校订出版期"。编订工作经委员会的委员甄选、黄自配置和声、赵元任校订、吴研因修改歌词,如期完成了《小学音乐教材初集》(3册)及《中学音乐教材初集》,并于1935年、1936年分别由中华书局、商务印书馆、正中书局等各大书局出版或再版。这一时期,随着新颁布的音乐课程标准的实行,中小学音乐教科书的建设有了进一步的发展,为我国中小学音乐教育走上正规化道路奠定了重要的基础,中小学音乐教科书建设更向科学性、系统性方向迈了坚实的一步。根据现存资料,从20世纪初至1949年中华人民共和国成立,一共出版了360余种中小学音乐教科书。

在音乐理论教科书建设方面,早期的一些音乐理论教科书主要是编译或翻译外国教科书,而这一时期主要由我国音乐家、音乐教育家自己编写。

（三）我国中小学音乐教科书的转型期(1949—1966 年)

中华人民共和国成立初期,国家正处在经济恢复时期,在全国范围内还没有统一的音乐教科书,而是仍以教师自编为主,如北京、上海等地根据 1950 年 8 月颁布的《小学音乐课程暂行标准(草案)》编写了新时期第一批音乐教科书。

1950 年的《小学音乐课程暂行标准(草案)》通篇分为三个部分:一是目标;二是教学大纲;三是教学要点。《小学音乐课程暂行标准(草案)》在教科书编写方面,提出了八点具体要求:第一,歌词内容应生动、具体、积极、真实,在歌词艺术化处理上应押韵、流利、不勉强堆砌,应富于儿童文学价值;第二,教科书应以歌曲为主,以欣赏、基本练习和器乐为辅;第三,教科书的形式和内容要丰富多变,以增加儿童的学习兴趣;第四,可以适当地选用世界各国的革命儿童歌曲;第五,按儿童身心发展的特点,有计划、有步骤地将教学材料由浅入深、由简到繁地进行组织;第六,适当地配合各科教学,特别是国语教学以及学校的中心活动和社会活动;第七,提倡用五线谱教学,而且已经使用的,不得与简谱并用;第八,应以中国的人民音乐家为主来介绍音乐家故事。在学校的四年级以后,可适当增加世界著名音乐家的故事,但要注意内容要有教育价值。可以说,此课程标准具有承前启后的重要历史作用,它既是对我国之前几十年中小学音乐课程标准的继承和完善,又在内容表述等方面达到了一个崭新的高度,是自"癸卯学制"以来最全面的音乐课程文件,同时,它对之后的教学大纲的制定起到很好的铺垫作用。

1956 年,我国近现代第一部内容较为翔实的中小学音乐教学大纲产生,即1956年的教学大纲草案,含《小学唱歌教学大纲》《初级中学音乐教学大纲》两份文件。这部教学大纲是在1950年的《小学音乐课程暂行标准(草案)》的基础上吸收苏联先进经验而制定的,分说明和教学大纲两个部分。教学大纲中第一次明确了"美育"的概念,它是美育和全面发展教育的一个有机组成部分。尽管"美育"这个词早在蔡元培、梁启超等人的著述中不断被提及,但一直以来并没有在音乐"课程标准"或其他相关文件中使用。从这一点来看,这部大纲具有重要的历史意义。

1955年7月,北京市中小学教学参考资料编辑委员会编写了《初中音乐试用教材》《小学音乐试用教材》《初中音乐试用教材钢琴伴奏谱》《初中音乐教学参考资料》等。其中,《初中音乐试用教材》是依据"北京市初中音乐教学参考提纲"编写而成的,共分三册,供北京市初中三个年级试用。这套教科书每课包括歌曲和欣赏两部分,以唱歌为主,通过唱歌和欣赏活动,培养学生"唱"和"听"的技能与技巧,以此来达到音乐教育的目的。

在1956年教学大纲试行之后,由胡腾骥主编,姚思源、张乐克、艾碧咖、李晋缓、米黎明、陈家壁编写的《初级中学歌曲集》,盛茹茵、杨守纲、郭婉莹编写的《初级小学歌曲集》,乔淑敬、胡汉娟编写的《高级小学歌曲集》相继出版。

从20世纪50年代末,许多地区又开始编写中小学音乐教科书,在品种数量上都比较多,形成了教科书多样化的一个高峰。尽管在此之前的中小学音乐教科书的印制出版及使用多达四百多个品种,但大多数教科书的使用面较窄,使用地区相对集中在一些大城市的部分学校,并没有形成全国性的大格局。

从1958年开始,北京市教师进修学院音乐教研室编写了《北京市初中音乐试用课本》，主要内容包括歌曲、音乐知识、欣赏曲目、视唱曲以及聂耳、冼星海等音乐家介绍。1959年，《北京市初中音乐试用课本》改名为《北京市中学课本音乐（试用本）》。

1959到1960年，北京市教育局中小学教科书编审处、北京教师进修学院音乐教研室编写了一套简谱版《北京市初级小学试用课本唱歌》和《北京市高级小学试用课本唱歌》，每册选编一定数量的歌曲（11~19首），三年级之后还适当增加了"音乐乐理知识"和"基本练习曲"。除极个别革命传统歌曲（如《共产儿童团歌》）和民歌（如《沂蒙山小调》）外，大多数歌曲都带有鲜明的政治色彩，反映了当时的社会现实，具有较强的教育意义。

从1959年起，北京市分年级编写了《北京市小学歌选》和《北京市中学歌选》，为小学音乐课堂教学提供了唱歌素材，这些歌曲选集收集的歌曲包括少儿歌曲（如刘炽的《让我们荡起双桨》、马可的《少年种树歌》等）、时政歌曲（如《社会主义好》《大海航行靠舵手》等）、军旅歌曲（如《打靶归来》《海岸炮兵歌》等）、革命民歌（如《边区十唱》等）以及苏联、东欧社会主义国家的歌曲等。

1963年4月，由山东省教育厅教材编审室组织编写了一套小学音乐教科书《歌选》，共分6册，每学年一册。此套教科书的编写意图包括两个方面。首先，在曲调方面，力求生动、优美、活泼、雄壮，节拍简单易唱，唱歌技巧为儿童所能学习和接受。其次，在歌词内容方面，歌曲题材广泛多样，力求结合当前政治斗争、生产斗争，对儿童进行思想政治教育，培养他们的共产主义道德品质和爱美情感。每册入选的歌曲有歌颂毛主席、歌颂党、歌颂三面红旗和发扬革命传统的，有保卫革命、保卫世界和平、反对帝国主义的,有反映儿童学习、生活、劳动和理想等精神面貌的,也有配合季节赞美祖国大自然的等。

这一时期是我国中小学音乐教科书发展的起步和探索阶段,中小学音乐教科书按当时教育部有关教科书建设的精神,各地可自行根据当地实际情况自编教科书;许多地区编写了富有当地民族民间音乐特色的中小学音乐教科书,对在学校音乐课中如何进行民族民间音乐教育做了很好的探讨。虽然当时的音乐教科书编写水平不高,但这期间颁布的中小学音乐课程标准、音乐教学大纲等一系列文件,对我国中小学音乐教科书走上健康发展的道路具有重要的意义。

(四)我国中小学音乐教科书的恢复期(1976—1985 年)

1976 年,我国进入了社会主义建设新时期,重新制定了全国统一要求的"三教",即教学计划、教学大纲、教科书,恢复了之前的某些课程法规,并开始酝酿对课程和教学进行新的改革。经过了几年的努力,全国基础教育工作在边恢复边发展中取得了较大的进步。

此外,中小学音乐教科书建设也得到了加强。自 1979 年以后,相继有北京、上海、天津、江苏、广东、福建、黑龙江、四川、湖南、陕西、湖北等十多个省、市、自治区编写了中小学音乐教科书,是继 20 世纪 50 年代末之后又一次教科书"高峰",教科书的品种、数量都比较多。其中既有教育部门直接指导和参与的部编教科书,如人民教育出版社、人民音乐出版社编写的教科书;有面向某个行政区划的区域教科书,如广东教育出版社的沿海版教科书、上海文艺出版社的发达地区试用教科书;也有数量较多的省编地方教科书。形成了教科书内容比较宽泛、教学形式比较丰富的编写思路,为随后而来的教科书改革和发展奠定了基础。

(五)我国中小学音乐教科书的繁荣期(1985—2000年)

随着改革开放和社会主义建设事业的迅速发展，教育事业也取得了较快的发展。1986年我国颁布了《义务教育法》，国家教育委员会为配合实施《义务教育法》，于1986年起草了《义务教育全日制小学初级中学教学计划(初稿)》，并决定从1986年7月开始开辟卫星电视教育专用频道，着重培训中小学教师，以此作为推进九年义务教育的突破口，指定人民教育出版社编辑、出版小学教师进修中等师范学校的教科书和中学教师进修高等师范专科学校的《教育学》《心理学》，初中各学科《教材分析与研究》等教科书，以及卫星电视教育小学教师培训系列教科书。

1983年，人民教育出版社将编辑部门组成课程教材研究所，集中研究基础教育课程与教科书，邓小平专门为之题写了"课程教材研究所"所名。由此形成了我国第一个配套完善的致力于研究、编写、出版、发行中小学全学科、全学段教科书的专门机构，为我国中小学教科书研制的规范化、制度化提供了保证。

1988年5月，原国家教委颁布了《全日制小学音乐教学大纲(初审稿)》和《全日制初级中学音乐教学大纲(初审稿)》。为了使中小学教科书能适应各地的实际情况，取消了自1981年以后全国使用统编音乐教科书的办法，主张"一纲多本"的教科书编写原则，由各省根据自己的实际情况，依据教学大纲，自行编写中小学音乐教科书。这一时期，音乐教科书建设有了新的发展，许多省市都组织了教科书编写组，出版了一批有本地特色的中小学音乐教科书。

20世纪90年代，随着我国改革开放的进一步发展，学校音乐教育迎来了前所未有的繁荣局面，我国中小学音乐教科书建设取得了较大的发

展。依据新音乐教学大纲,全国许多出版社组织编写或修订了多套中小学
音乐教科书。其中人民音乐出版社对 1986 年出版的《九年义务教育初级
中学音乐课本》和《九年义务教育小学音乐课本》都进行了较大范围的修
订。修订后的中小学音乐教科书根据新大纲的要求,使歌曲、音乐基本知
识、欣赏、视唱练耳等教学内容有了相对统一的内在联系,将启发学生的
学习兴趣,引导学生积极参与,同时也吸收和借鉴了国外先进的音乐教育
理论和教学经验。

　　1988 年 5 月颁布的《九年制义务教育全日制小学音乐教学大纲(初审
稿)》和《九年制义务教育全日制初级中学音乐教学大纲(初审稿)》中不再
提"唱歌是音乐教学的主要内容",而将其改为"唱歌是音乐教学的重要内
容",以使小学音乐课同时重视唱游、器乐、欣赏、读谱知识和视唱听音的
教学,中学音乐课同时重视器乐、欣赏、基本乐理和视唱练耳的教学。1988
年颁发的大纲中还明确规定课外音乐活动是学校音乐教育的重要组成部
分,强调为培养学生的民族自豪感,选编教材时应体现民族性,以及在教
学内容中增加器乐教学,五线谱教学采用首调唱名法等。由此可见,1988
年颁发的大纲较 1982 年颁发的大纲有了较多的改进和修订。根据新颁布
的中小学音乐教学大纲的要求,人民教育出版社将 1988 年出版的《全日
制小学音乐试用课本》和《全日制初级中学音乐试用课本》进行了全面修
订,经过修订的这两套中小学音乐教科书,在编排的科学性、系统性、教育
性、艺术性等方面都有了较大改进。此外,在美术设计和印刷装帧的质量
方面也有了较大的提高。1990 年,人民教育出版社和人民音乐出版社出版
的这两套中小学音乐教科书通过国家中小学教材审定委员会的审查,作
为九年义务教育的实验教科书在全国试用。

1992年6月颁发的《九年义务教育全日制小学音乐教学大纲(试用)》和《九年义务教育全日制初级中学音乐教学大纲(试用)》在前言中除了强调音乐教育是实施美育的重要途径外，还强调了音乐教育对提高全民族的素质和建设社会主义精神文明有着重要的作用，将音乐教育的重要意义提高到前所未有的高度，这说明进入90年代后，国家对中小学音乐教育更加重视。大纲还强调突出音乐学科的特点，提高审美意识，将德育渗透到音乐教育之中，大纲中还列出"必唱歌曲""推荐歌曲""推荐欣赏曲目"等内容，以方便教学。1992年颁发的大纲较1988年颁发的大纲又增添了新的内容，使音乐教学大纲的修订更趋完善。

教育部自1981年开始提倡"一纲多本"的教科书编写制度，鼓励出版社、个人和教育部门编写中小学音乐教科书，且编写的音乐教科书必须通过国家中小学教材编审委员会审查通过后，才能在全国或本地区内使用。国家还提倡各省、直辖市、自治区根据本地区的实际情况，编写具有地方特色和民族特色的乡土音乐教科书。为适应经济较为发达的沿海地区和经济相对不发达的农村地区、内陆山区的音乐教学需要，广东专门编写了一套适合经济较为发达、沿海地区的"沿海版"音乐教科书，四川专门编写了一套适合内地农村山区使用的"内地版"音乐教科书。自20世纪90年代以来，根据国家教委"一纲多本"的教科书编写精神和1992年颁布的中小学音乐教学大纲规定的乡土音乐教材比例可占教学内容总量的20%的规定，全国各省、直辖市、自治区的教委组织人员编写适合本地区中小学音乐教学使用的音乐教科书，上海、天津、湖南、黑龙江、广东、江苏、浙江、福建、广西、河北、河南、吉林等省市都相继出版了适合本地区的中小学音乐教科书。可以说，这一时期是中小学音乐教科书建设的繁荣时期。

这一时期多种版本的中小学音乐教科书几经改革和修订，无论在教科书编写观念上，还是在教科书本身的质量上都较之前有所提高，但还存在一些问题，主要表现在四个方面。第一，从整体上讲，存在着深受专业音乐教育影响以及忽视音乐教育美育功能的问题，因此无论是教科书的结构体例，还是教科书所选择的内容等，严格来说还没有真正突破专业音乐教育教科书整体框架体系，往往自觉不自觉地以乐理知识体系或教师音乐知识体系作为教科书编写的主要依据，忽视了中小学生的基础音乐教育和身心特点，使中小学音乐教科书显得封闭、呆板、专业化、成人化。第二，小学、中学和大学之间未能从音乐的教学大纲、教科书、教学内容、教学形式等方面建立一种相互衔接的关系，即未能在这三者之间建立起既体现不同教学阶段特点，又保持教育连贯性特点的音乐教育体系。其他文化科目（如语文、数学、英语等）长期以来就已形成了小学、中学、大学之间密切衔接的教育体系，中学不重复小学的教学内容，大学不重复中学的教学内容。而音乐学科在绝大多数版本的音乐教科书上可以发现小学与中学、中学与大学的教学内容有多次重复的现象，教学大纲亦如此。这既造成了不必要的教学资源浪费，又使音乐教育体系失去了系统性、科学性和规范性。第三，教科书忽视了对音乐教学活动、评价与考核等方面的指导设计。第四，教科书版面设计与呈现方式较单一，不符合中小学生情趣化心理需求。总之，从多方面表明，我国当时的基础教育课程教科书体系已经不能适应全面推进素质教育的要求，不能适应时代发展的需要，课程改革及教科书修订势在必行。

二、21世纪以来实验版义务教育音乐教材发展（2001—2010年）

进入21世纪后，我国中小学音乐教科书建设有了较大的发展，主要体现在新音乐课程标准（《全日制义务教育音乐课程标准（实验稿）》）的颁布与实施上。依据新音乐课程标准的要求编写的教科书，符合基础教育课程、教科书改革的需要。新的中小学音乐教科书在很大程度上体现了新的音乐课程标准的进步，反映了我国音乐教育制度和音乐教育理念的进一步发展。

1999年6月，中共中央国务院召开的第三次全国教育工作会议，颁布了《关于深化教育改革全面推进素质教育的决定》。这一具有历史意义的决定对今后教育发展的方向做了法律上的规定，深刻阐明了深化教育改革、全面推进素质教育的指导思想和实施内涵。决定指出："实施素质教育，就是全面贯彻党的教育方针，以提高国民素质为根本宗旨，以培养学生的创新精神和实践能力为重。"为适应新一轮的国家基础教育改革，依据《基础教育课程改革纲要（试行）》的精神，在2001年7月，正式颁布了由教育部制定的《全日制义务教育音乐课程标准（实验稿）》。

(一)《全日制义务教育音乐课程标准(实验稿)》

《全日制义务教育音乐课程标准（实验稿）》作为中华人民共和国成立以来第一个中小学音乐课程的国家标准，是教育部组织学科专家，依据《基础教育课程改革纲要（试行）》精神，借鉴发达国家音乐教育的最新成果，总结20世纪90年代以来全国音乐教学的实际状况，经过充分考量、精心设计而成，于2001年正式颁布。它是21世纪第一个中小学音乐教育纲领性文本文件。

1.课标基本内容框架

课标的基本内容分为四个部分,第一个部分是前言,主要阐述了音乐课程的性质、价值、课程的基本理念及课程标准的设计思路;第二个部分是课程目标,主要从情感态度与价值观、过程与方法、知识与技能三个层面来阐述音乐课程的总目标,以及一至二年级、三至六年级、七至九年级三个学段目标的具体内容;第三个部分是内容标准,是音乐课程标准的主体,从感受与鉴赏、表现、创造、音乐与相关文化四个领域详细表述了各学段、各个教学板块的具体内容和要求;第四个部分是实施建议,主要从教学、评价课程资源开发与利用、教材编写四方面提出建议和要求。

课标是教科书编写的依据,其对音乐教科书的编写指出了具体的建议,这些建议的提出为音乐教科书的编写指明了方向。教材编写的基本原则包括六个方面:一是教育性原则。教材应将思想性与艺术性进行有机结合,体现音乐教育的规律,渗透思想品德教育。二是学生为本原则。从学生的兴趣、能力和需要出发,结合学生的生活经验,遵循学生的生理、心理及审美认知规律,提供感受音乐、表现音乐、创造音乐及学习音乐文化知识的机会,为学生的终身学习和音乐审美素质的可持续发展奠定基础。三是科学性原则。注意音乐知识技能的准确性、严谨性;符合学生音乐审美认知规律,建立基础音乐教育的科学体系。四是实践性原则。音乐知识技能学习应在音乐实践活动中进行,教材应重视实践活动的设计。教材的难度、分量要适应多数地区的水平,以便于全体学生参与实践活动。五是综合性原则。教材要注意发掘音乐文化的内涵,加强音乐文化与其他相关文化的联系。六是开放性原则。正确处理传统与现代、经典与一般、中华音乐文化与世界多元文化的关系,注意吸收具有时代感、富有现代气息的优秀作品,密切联系社会生活,丰富教材内容,开阔学生的音乐视野。

课标对教科书内容的编写提出了三点建议:第一,在教材所选曲目中,民族传统音乐、专业创作的经典作品、优秀的新作品等均应占有一定的比例;中外作品的比例要适当;选择教材要有利于欣赏、歌唱、演奏、创造性活动等内容的综合运用,使音乐与相关文化相互渗透。第二,音乐基础知识和基本技能的教学内容要有机地渗透在音乐活动之中。音响教材应包括歌曲示范演唱、歌曲伴奏、欣赏曲、实践范例及供教师选用的一定数量的备用乐曲。第三,所选教材的难度、分量要适度。

此外,课标还对教科书的呈现形式提出了建议,即学生用教科书要图文并茂、生动活泼;文字要简明、富有趣味性和可读性。

2.课标的基本特点

《全日制义务教育音乐课程标准(实验稿)》研制组将其特点总结为六点,即理念清晰、目标明确、领域扩展、转换主体、难度降低、易于普及。与该课程标准之前的教学大纲相比,结合20世纪末普通学校音乐教育的有关理论研究成果,《全日制义务教育音乐课程标准(实验稿)》的基本特点可以归纳为以下三个方面。

第一,明确了音乐学科的性质,强调音乐学科的人文属性与审美特征。长期以来,音乐被排斥在人文学科与数理学科之外,以艺术学科的身份独立出现。强调音乐对人的发展的独特作用,忽略音乐审美价值以外的其他价值,即便是在审美价值方面,也仅限于表面化、概念化的"陶冶情操,培养情趣"等虚幻的字眼。在中小学阶段,音乐课很自然地"沦为"小三门",造成了音乐学科回避对文化价值的认同。

该音乐课程标准最突出的意义是,明确指出了音乐学科是人文学科的一个重要领域,是实施美育的主要途径之一,是基础教育阶段的一门必修课。音乐学科首先被定位在人文学科范畴;其次它是人文学科分支下的艺术学科,是艺术学科分支下通过特定的音响结构实现思想和感情表现与交流的听觉艺术、时间艺术。《全日制义务教育音乐课程标准(实验稿)》提出的音乐课程四条价值以及十条课程理念既包含人文学科的共性,也体现了音乐学科的特征。

第二,明确了基础教育阶段音乐课程的基本内涵,各学段要求全面而具体。与传统音乐教学内容相比,此次课程标准对原有教学内容进行了重新整合,将唱歌、唱游、器乐、识谱、视唱练耳等整合为音乐表现;将原先的音乐欣赏拓宽为感受与鉴赏,增加了体验音乐的层次和参与的态度;新扩展了音乐创造和音乐与相关文化的内容,这是对基础教育阶段音乐课程基本内涵的重大突破,是符合音乐课程性质与价值取向的有效做法。这改变了我国中小学音乐课长期沿袭以唱、奏、欣赏和乐理知识为主体的教学模式,打破了旧学科体系的壁垒,为全面发展学生的音乐能力,发展学生的创造性思维能力,提高学生的人文素养做出了贡献。

在音乐感受与鉴赏方面,由探索自然界和生活中的声音、人的声音、乐器的声音,由音乐情绪、音乐表现要素、音乐体裁与形式、音乐的文化内涵等顺序展开,其过程符合儿童认知规律。音乐表现活动方面包含唱歌、掌握一种乐器的基本演奏方法,综合表演与舞蹈、戏剧、美术、诗歌相结合,音乐基本知识融入音乐活动中。上述特点非常符合学生的兴趣、爱好特点,贴近学生的生活。

第三,贯彻以学生为本的教育理念,倡导新型的教与学方式。课标中论及的十条课程理念中,强调以学生为本的有五条,即以兴趣爱好为动力、面向全体学生、注重个性发展、重视音乐实践、鼓励音乐创造。从中可以看出,课标十分强调以学生为教学主体,将学生对音乐的兴趣爱好和音乐活动的主动参与放在重要位置。这必然改变过去以教师为中心,单纯灌输知识和传授技能的模式。在鼓励学生积极开展音乐创造方面,课标在具体操作的方式方法上由难到易——做了明示,为学生的探究活动提供了参考依据。

(二)课标中的小学音乐教科书

教育改革的核心是课程改革,教科书是课程改革的重要载体,是全部教学活动的重要组成部分,是衡量一个国家或地区教育水平的重要标志。义务教育阶段的教科书,集中反映了国家的意识形态和教育理念,由国家教育机关管理和控制把关。

国家在 2000 年春开始启动各科课程标准研制工作的同时,提出了与之相配套的实验教科书的编写议题。随着各科课程标准文本的逐步成型,实验教科书的编写也提上了工作日程。国家实行教科书多样化的政策,鼓励有关机构、出版部门依据国家课程标准组织编写中小学教科书。根据《中小学教材编写审定管理暂行办法》,教科书编写实行核准制度。鉴于课程标准公布的时间(2001 年 7 月)距新课程实验的时间(2001 年 9 月)太近, 首批实验教科书是由教育部教材主管部门提前根据所掌握的各编写单位和出版社的资质,先期择优确定编写单位,集中优势力量,奋力攻关编写而成并通过审定。

第一批中小学音乐实验教科书的编写单位是人民教育出版社、人民音乐出版社、湖南文艺出版社,为确保教科书编写和选用的有序进行,实现教科书的多样化和优质化, 教育部进一步完善了基础教育教材管理制度和选用办法。到 2004 年秋季，通过教育部立项核准和教材审查的音乐教科书，除第一批编写单位外，还有第二批，包括江苏少儿出版社、花城出版社、广东教育出版社(沿海版)；第三批，包括辽海出版社、西南师范大学出版社、武汉科技出版社、广西教育出版社、接力出版社；第四批，包括河北教育出版社、上海教育出版社(农村版)，前后共核准 11 套九年义务教育音乐课程标准实验教科书，满足了逐年扩大的实验区的教学需要。

与过去的"大纲教科书"相比较，实验版音乐教科书在教学内容和呈现方式上展现出新的面貌，最突出的是留有让学生探究的空间，预设了供学生主动学习、合作学习的活动条件；在体例中超越了知识体系的结构方式，以人文主题为统领，将不同教学领域进行了有机整合，突出了以音乐审美为核心的课程理念。实验版音乐教科书中所呈现的可喜变化，既与 20 世纪 90 年代以来提倡的素质教育理念一脉相承，又鲜明地体现了音乐新课程的特点。

三、2011 年以后的音乐教材发展

21 世纪初，在国家基础教育课程改革进程中产生的《全日制义务教育音乐课程标准(实验稿)》音乐教科书，自 2001 年秋开始在部分实验区学校投入教学实践以来，经历了十余个寒暑。这套教科书在科学的教育观念的引领下，体现了"以学生发展为本"的课改方向，为全面推进素质教育、提升我国中小学音乐教育水准做出了历史性贡献，受到绝大多数教师和学生的肯定和欢迎。但随着时代发展进步，国家新的教育改革发展战略主题的确立，原实验版教科书的部分内容显然需要调整更新，原教科书在教学实验中发现的不足和问题，也有待完善和改进。这些不足和问题主要表

现在教科书体例、选材、容量、知识点呈现、活动设计、学习评价、插图美编等方面。在教育部统一部署下,义务教育音乐教科书修订提上日程,并于2012年春,审查通过了小学、初中起始年级使用的音乐修订教科书。全国通过教育部审订的编写教科书单位共12个,分别是人民教育出版社、人民音乐出版社、湖南文艺出版社、花城出版社、广东教育出版社、江苏少儿出版社、广西教育出版社、接力出版社、西南师范大学出版社、河北教育出版社、辽海出版社、上海教育出版社。

(一)新课标音乐教科书修订的主要依据

1.《义务教育音乐课程标准(2011年版)》的正式颁布

《义务教育音乐课程标准(2011年版)》在课程性质、基本理念、课程目标、课程设计思路、课程内容(原"内容标准")以及课程实施建议等方面所阐明的新观念与新内容,集中体现了《国家中长期教育改革和发展规划纲要(2010—2020年)》中确立的重要教育思想和战略主题,也是时代的发展对教育提出的要求。如德育为先、育人为本、能力为重、优质教育、促进公平、均衡发展、渗透社会主义核心价值观等,均结合音乐学科的特点,化解在2011年版音乐课标中,是音乐教科书修订的重要依据。

2.21世纪初开始的基础音乐教育课程改革实践的经验总结

例如,音乐课教学中关注学生的成长进步,关注学生良好品性的养成;关注学生对音乐的兴趣爱好和生活经验,尊重学生对音乐的独立感受与见解,细心保护和培养学生的创新思维和学习的主动性;建立平等互动交流的师生关系;促进学生学习方式的转变,使学生学会学习、学会生活;倡导合作式学习和探究式学习;确立"三维融合"的课程目标,将情感态度价值观、过程与方法、知识与技能有机结合等。这些教育观念和课改内容,已经被十年课改实验证明是科学的,也为广大教师所认同。音乐教科书的修订,一如既往坚持正确的课改方向,贯彻科学教育观念,同时对教学实践中在教科书使用方面发现的问题和不足——加以归理,为音乐教科书的修订提供依据。

3.国内外音乐艺术创作新成果以及音乐学科发展的新趋势

学校音乐教育以音乐艺术作品和多种多样的音乐艺术活动为载体,具有鲜明的人文性、民族性及时代性。国内外音乐艺术创作的优秀新成果,为教科书曲目的调整和更新提供了丰富的选择性。例如,2008年北京奥运会主题歌《我和你》、2009年国庆60周年推荐的歌曲《走向复兴》、2011年为中国共产党成立90周年创作的《在灿烂阳光下》、作曲家谷建芬为唐诗谱曲的系列儿童歌曲等,皆入选到修订教科书中。国际音乐教育界所倡导的创造力开发,实践生成音乐素养,认识理解不同国家、不同民族的音乐文化,奥尔夫、柯达伊、达尔克罗兹音乐教育体系的中国化实践等,为音乐教科书的修订提供了参照、借鉴的思路、方法和具体的教学材料。上述三个方面,是音乐教科书修订的主要依据。

以教学经验丰富的中小学音乐教师和部分专业人员为主体的音乐教科书编写、修订队伍,通过亲身参与基础教育课程改革实践,接受科学教育观念不断深化的洗礼,在日益频繁、便捷的国际交流中学习、吸收国外音乐教育精华,丰富了实践经验积累,开阔了学术视野,加深了对教科书编写规律的认识,是提升音乐教科书品质、顺利进行教科书修订工作的基本保证。

(二)新课标音乐教科书修订后的主要变化

1."以美育人"的音乐教育理念和课程宗旨进一步彰显

中小学音乐教育不是单纯地传授知识技能、培养音乐专才的教育,相应地在教科书修订中,从选材到活动设计,着力体现"涵养美感、和谐身心、陶冶情操、健全人格"的课程目标。其呈现方式既有正面倡导以当代社会公民荣辱观为重要内容的社会主义核心价值体系的教育,选用爱祖国、爱家乡、爱中华文化、崇尚科学、追求真理、讲诚信等题材的优秀音乐作品,如《蓓蕾之歌》《光荣少年》等。也有在集体活动中为培养热爱劳动、团结互助、谦虚礼让、朴实勤俭的提示要求,如《洗手绢》《三个和尚》《两只小山羊》等。而更多是通过对音乐的情感体验,使青少年幼小的精神世界受到潜移默化的感染和熏陶,培养学生对人类、对自然、对一切美好事物的关爱之情,逐步养成对生活的积极乐观态度和对美好未来的向往与追求,真正体现作为美育范畴的音乐课程的教育价值。

2.突破以人文主题整合教学单元内容的单一编写体例模式

实验稿教科书往往以人文主题(如"金色的秋天""祖国妈妈")为各教学单元(或课)的标题,围绕特定主题组织教学材料,在一定程度上限定了选材范围,使教科书难于按照音乐学习的认知规律形成循序渐进的教学主线。修订后的音乐教科书突破了这一限定,除了部分保留以人文主题为教学单元名称外,还以音乐体裁或表演形式,如"美妙的人声""泥土的歌""歌剧览胜"组织单元教学,或灵活选用重点学习曲目的标题为单元名称,如"光荣少年""彼得与狼""北京喜讯",也有以中外音乐史上占有重要地位的音乐家如聂耳、冼星海、莫扎特、贝多芬等或划时代的经典作品如《黄河大合唱》等组成教学单元,增加了教学材料编选、组织的科学性与灵活性。

3.针对2011年版音乐课标的教学内容新要求做出的相应修订

2011年版音乐课标在教学内容方面,共计有60多处较重要的文本变化。其中,许多新提出的具体要求直接涉及教科书内容安排,如将学生需学习掌握的音乐基本要素界定为力度、速度、音色、节奏、节拍、旋律、调式、和声。3~6年级需"具有识谱的初步能力",7~9年级"具备识谱能力"。规定1~9年级每学年背唱中国民歌1~2首。3~6年级每学年学唱京剧或地方戏曲唱腔片段;7~9年级每学年学唱京剧或地方戏曲唱腔1段;降低音乐创作难度等,要求具体、指向明确,教科书据此做了相应修订。例如,河北版从三年级开始至八年级,在每个年级的下册均设计了一个"梨园乐"单元,共计六个单元,使之成为一个系列。在这个系列中,将欣赏、学唱、活动等板块分别设计为"听一听""演一演""做一做"等栏目,使学生有一种亲切感,也更符合学生的心理特征。

4.较大幅度地更新教科书曲目

淘汰课改实验中教学效果欠佳,表现题材过时、缺乏艺术感染力,难以引起学生的共鸣,偏大、偏难、偏长的歌曲和乐曲,精选具有生动活泼的表现形式和艺术美感、贴近学生的生活、能激发学生的学习兴趣并富有时代感的优秀新作,如《吉祥三宝》《天路》《我和你》《爱我中华》《童年》《中国人》等。

5.依据螺旋式上升的认知原则,构建音乐知识与技能学习体系

教科书修订突出音乐基本要素对形成学生音乐素养的重要作用,将中小学生应该和能够认知、掌握的音乐要素(如力度、速度、音色、节奏、节拍、音高、结构等),从原先的隐性知识"暗线",修改为"明线",并按螺旋式

上升的原则,做出由浅入深、循序渐进、有机交叉、不断在新高度上循环反复的结构安排,有效地引领学生步入音乐世界。例如,沿海版教科书在框架上,学习、借鉴了美国曼哈顿维尔音乐课程的螺旋式上升的编排理念。

6.合理控制学习曲目数量,减少教学单元的内容容量

音乐修订教科书严格遵照教育部规定的每册教科书印张数,在整体篇幅统一限定的前提下,调控入选曲目的学习总量。根据常规教学课时,确保单元教学内容在有限的课时内完成。精选课堂学习曲目,设计相应的教学活动过程,以选唱、选奏、选听形式,灵活安排学生喜爱的曲目,拓展艺术视野,满足师生需求。

7.根据教科书适用对象,突出教科书地域性和民族性特色

不同版本的音乐教科书,从教科书选用的实际出发,在修订中注意根据自身教科书定位,突出教科书的地域性和民族特色,努力与教科书使用对象相适应。例如,人音版音乐教科书与地方出版社(如河南文艺出版社)联合编排出版、发行,每一册的最后一个单元为具有区域特点的地方音乐;沪版教科书在云南省使用时,在教科书中插入了"《音乐》云南乡土读本"页。其中,有的教科书全面兼顾不同地区、不同民族的需要,有的侧重突出东南、东北、华南、华北、西南等不同区域的文化特色,有的着力突出边疆少数民族音乐的特点,有的版本侧重在城市学校使用,有的偏重为农村乡镇学校服务。这些特色主要通过新入选作品的题材、风格及教学活动、图标、场景等进一步体现出来。例如,沪版音乐教科书是面向全国的农村音乐教育用书,背景绘画主要采用中国传统国画白描的手法,图标采用农作物卡通形象和中国传统剪纸形象,这些特点及选材共同突出了面向农村音乐教育的编写特色。

8.每节课教学目标的设计更符合新课标中的"三维目标设计"要求

新课标的课程目标,与原来教学大纲的目的有一个重要的区别,就是它由"单项转向多维"。所谓的"多维"就是情感态度价值观、过程方法、知识技能。过去大纲时代的教学目的主要是关注知识技能,或是一些比较宽泛的、能与其他学科共用的目标。而新课标要求教师在设计每一个课时教学的时候,就要注意到三维目标这样一个设计,要有整个教学是由多维的、多元的目标构成的思维方式。例如,情感态度价值观目标,过去大纲中没有,而现在在音乐课程中则是非常重要的,放在首位的目标。在所有学科中,唯独音乐学科将情感态度价值观目标作为三维目标的第一类。可见,情感态度价值观目标在音乐课程里起着一个引领学习的作用。

新课标中的"三维目标"要求在教学目标的设计上更加具体、操作性更强,更利于教学评价,而且在一定程度上加深了音乐学习的学习程度。较之实验版教学目标的提示更符合新课标对于知识与技能、过程与方法、情感态度价值观"三维目标"的要求。

9.教学栏目丰富多样,装帧设计更加美观

为了培养学生对音乐的兴趣爱好,引导学生对音乐实践活动的参与,音乐教科书栏目设置比过去更丰富、多样,也更生动、活泼。例如,"我们的音乐天地""开心一刻""来这里享受音乐""音乐湖""音乐家档案""乐器家族""我的小音库""快乐音乐岛""音乐大本营""音乐万花筒""音乐百花园""才艺大舞台""回音壁"等,对不同教学活动领域设计了特色鲜明、充满童趣的栏目图标。教科书中的手绘图画生动传神,所选图片优美精良,装帧质量明显提高。教科书配套音响以现代化的音频载体和良好的品质,替代以往相对老旧的录音磁带,使用起来更加便捷。

版面设计修改较大,比如沿海版教科书,音乐实验教科书的版面设计上以满幅的照片为背景,上面附乐谱、文字和卡通图画。但字数过多,字号较大,版面设计显得拥挤,不够美观,色彩也偏暗,不够生动。新课标音乐教科书在修订时,削减了一些底色过重的背景照片和卡通图画,整个版面显得更加清晰,也使教科书结构更加紧凑。例如,《青蛙合唱》在新课标音乐教科书上削减了原实验稿教科书上 3 幅占版面面积较大、实际教育启发意义不大的卡通图画,使版面更加清晰整洁,让学生对本课的学习内容和重点一目了然,不会分散学生的学习注意力。

10.为学生提供可以作为基本练习、测评检验学习内容的"活页习题"

为应对音乐教科书因循环使用带来的新问题,弥补学生不可能在教科书上做相关练习的缺失,部分版本的修订教科书配有可灵活拆下的三份"活页习题",供教科书循环使用期间三个不同学年的学生使用。"活页习题"最大限度地将课本中学习的知识技能精要地提炼出来,使学生可以进行多种形式的练习(包括听辨记录),辅助学生顺利完成音乐课程所规定的基本教学目标。

第三节　中小学音乐教材的反思及改革

一、对以往中小学音乐教材建设的反思

在依据新课程标准所编写的实验教材未出版使用之前,我国有多种版本的中小学音乐教材,这些教材几经改革和修订,无论是在教材编写观

念上还是教材本身的质量上,都较以前有不断地更新和提高,但从整体上讲,仍然存在着忽视音乐教育美育功能以及深受专业音乐教育影响等问题,因此无论是教材的结构体例,还是教材所选择的内容等,严格来说还没有真正突破专业音乐教育教材体系的框架,往往自觉不自觉地以乐理知识体系和教师作为教材编写的主要依据,而忽视中小学生的身心特点和中小学基础音乐教育的特点,使中小学音乐教材显得封闭、呆板、成人化、专业化、理性化,其具体表现有以下四个方面。

(一)教材注重按音乐学科的本位与知识体系编写教材内容结构

音乐教育应该以审美为核心,传统教材的内容框架是在应试教育理念的影响下以音乐基础知识和基本技能为核心构建的,突出的是音乐学的学科体系,强调的是音乐的专业性技能,因为教学领域的狭窄,实际上走的是专业音乐教育、选拔专业音乐人才的道路,忽视了中小学生的审美认知规律。在体例安排上,教材以课时为结构,一课时一首歌或一首乐曲,音乐知识、视唱过于具体、详细,往往是从教师教的角度考虑得多,从学生学的角度考虑得少,这样似乎教师好教、便于操作,实际在客观上对教学限制得很死。这样的编排方式束缚了教师的手脚,教师没有一点灵活性,没有选择组合的余地,影响了教师积极性和主动性的发挥,教师不可能有创造性的教学。这种体例结构对学生的音乐学习也有较大的限制,学生只能跟着教师走,学习死板而被动。同时,这种单一的结构,学科的体系相对封闭,难以反映现代科技、社会发展的新内容,脱离学生经验和社会实际。

在歌曲的选择上,往往是从歌曲本身的角度考虑得多,而从中小学生身心特点的角度考虑得少,教材中的歌曲多考虑政治思想性或为配合乐理知识的讲解而选用,无法引起学生的共鸣。以至于可能歌是好歌,但学生就是不爱唱。唱歌本应是抒发情感、带给学生快乐的最好途径,如果却让学生产生畏惧或排斥的情绪,那这样的选材就应该重新检讨了。

在教学内容与要求方面,存在着专业化的倾向。内容与要求过于全面、系统,难度偏大,既超出了中小学生的实际水平和接受能力,也超出了中小学生音乐发展方面的需要,许多音乐知识和技能是一个非专业音乐工作者无须掌握和运用的。往往是从追求知识的全面系统的角度考虑得多,而从学生的现有水平和发展需要的角度考虑得少,以至于乐理知识可能是全面而系统了,但学生学习音乐的兴趣却被扼杀了。

(二)教材重技术轻人文,忽视音乐课程的审美功能和人文性

教材内容由唱歌、器乐、欣赏、视唱练耳和基本乐理组成,从严格意义上说,是不完整、不严密的,它忽视了音乐的审美体验、音乐本身所蕴含的丰富的文化和历史内涵、音乐与其他艺术门类及其他学科的关系,从而使音乐课程的内容仅仅限于音乐本身,仅仅限于单纯的音乐知识和技能。

(三)教材忽视对音乐教学活动、评价与考核的指导设计

音乐是实践性和操作性很强的学科。演唱、演奏、综合性艺术表演和识读乐谱,哪一项也离不开实践活动。而教材中缺少一些教与学的活动的设计,教师沿用讲、学、考模式,致使音乐课堂死气沉沉。课程评价过于强调学业成绩和甄别、选拔的功能。

(四)教材版面设计与呈现方式单一,不符合中小学生情趣化的心理需求

以往教材是从学科出发,按照学科体系构建和编写,其着眼点是"教",没有体现学生用书的特点。教材版面设计的整体印象是颜色单一、字体单一、情趣化、形象化的插图极少,内容与版面常是音乐知识和歌谱

的简单呈现;专业术语过多,表达不够通俗易懂,成人化问题比较突出。在版面设计上忽视人文关怀、不考虑学生兴趣的教材呈现方式,带来的直接后果就是学生只能在被动的状态中学习,并对教材产生一种难以认同的逆反心理,从而影响学生的兴趣。

二、新课程改革之后的教材改革

(一)基础教育课程改革对教材编写提出新的要求

教材是教育思想和教学理论的具体体现,是教学实践的行动蓝本。教材建设是课程改革和教育改革的基础工作之一,因此课程改革对教材的编写提出了新的要求与理念。

教育部于2001年印发的《基础教育课程改革纲要(试行)》,对教材改革提出了如下要求:"教材改革应有利于引导学生利用已有的知识与经验,主动探索知识的发生与发展,同时也应有利于教师创造性地进行教学。教材内容的选择应符合课程标准的要求,体现学生身心发展的特点,反映社会、政治、经济、科技的发展要求;教材内容的组织应多样、生动,有利于学生探究,并提出观察、实验、操作、调查、讨论的建设","积极开发并合理利用校内外各种课程资源。学校应充分发挥图书馆、实验室、专用教室及各类教学设施和实践基地的作用;广泛利用校外的图书馆、博物馆、展览馆、工厂、农村、部队和科研院所等各种社会资源及丰富的自然资源;积极利用并开发信息化课程资源"。

教育部基础教育司原副司长朱慕菊为此提出了编制实验教材的基本标准,主要包括三个方面:第一,教材应具有开放性,应有利于学生改变呆板的学习方式,引导学生的观察、实践、资源收集、合作交流以及体验、感悟和反思活动，从而实现其学习方式的多样化，拓展其学习的时间和空间。第二，教材应关注并充分利用学生的生活经验，及时恰当地反映科学技术发展的新成果，增强书本知识与现实生活的联系，努力克服学科中心主义的倾向。第三，教材的编写体例和呈现方式应充分考虑学生的年龄特征、兴趣特长和认知水平，有利于激发学生的求知欲。

上述三个方面的要求强调了教材要有利于激发学生主动参与学习的内驱力，并获得满足感；强调教材应与学生的现有成就、能力倾向及其他条件相吻合，并注重教材、方法、时间和情境的适切性；强调教材提供的练习不仅是连续的，而且还应该是实际有用的；强调教材应借助模仿认同、教师示范、把握学习的关键等因素，使学生的学习成为一个持续不断地提升的过程，其目的不在于获得既定的标准答案，而是在于持续不断地探求问题。而上述理念在教材编写过程中能否得以具体落实，最主要还是体现在教材所选择的内容与内容的呈现形式上。

(二)课程标准对音乐教材的编写建议

课程标准是教材编写的依据。教育部 2001 年制定颁布的《全日制义务教育音乐课程标准(实验稿)》(以下简称《标准》)对音乐教材的编写指出了具体的建议，这些建议的提出以音乐课程标准为主要依据，为音乐教材的编写指明了方向。

《标准》首先指出，音乐教材应包括学生用教科书、教师用参考书以及与之相匹配的音响教材，这就纠正了长期以来人们一直将教科书等同于教材的错误认识与做法。

《标准》提出了音乐教材编写的六条基本原则:第一，教育性原则。教材应将思想性与艺术性有机结合，体现音乐教育的规律，渗透思想品德教育。第二,学生为本原则。从学生的兴趣、能力和需要出发,结合学生的生活经验,遵循学生的生理、心理及审美认知规律,提供感受音乐、表现音乐、创造音乐及学习音乐文化知识的机会,为学生终身学习和音乐审美素质的可持续发展奠定基础。第三,科学性原则。注意音乐知识技能的准确性、严谨性;符合学生的音乐审美认知规律,建立基础音乐教育的科学体系。第四,实践性原则。音乐知识技能学习应在音乐实践活动中进行,教材应重视实践活动的设计。教材的难度、分量要适应多数地区的水平,以便于全体学生参与实践活动。第五,综合性原则。教材要注意发掘音乐文化的内涵,加强音乐文化与姊妹艺术、其他相关文化的联系。第六,开放性原则。正确处理传统与现代、经典与一般、中华音乐文化与世界多元文化的关系,注意吸收具有时代感、富有现代气息的优秀作品,密切联系社会生活,丰富教材内容,开阔学生的音乐视野。根据《标准》编写的教材占教材总量的 80%~85%,其余 15%~20%留给地方教材及学校教材。

《标准》对教材的内容也提出四点建议:首先,在教材所选曲目中,民族传统音乐、专业创作的经典作品、优秀的新作品等均应占有一定比例。中外作品的比例要适当,选择教材要有利于欣赏、歌唱、演奏、创造性活动等内容的综合运用,使音乐与相关文化相互渗透。其次,音乐基础知识和基本技能的教学内容要有机地渗透在音乐活动中。音响教材应包括歌曲示范演唱、歌曲伴奏、欣赏曲、实践范例以及供教师选用的一定数量的备用乐曲。其次,所选教材的难度、分量要适度。最后,教师用参考书应包括教学目标、教材分析、教学建议及有关参考书目等。编写内容既要有利于教学的规范性,也要有利于发挥教师的主动性和创造性。

《标准》还对教材呈现形式提出了建议。包括学生用教科书要图文并茂、生动活泼;文字要简明,富有趣味性和可读性。教师用参考资料除了用文字表述的教师用书外,要大力提倡开发多媒体教学辅助软件。音响教材要紧密配合教科书的选曲,并采用多种方式呈现(如录音带、录像带、VCD等),演唱、演奏与录音效果要具有规范性。

三、新的教材设计改革

纵观国外教材的发展特征,结合我国基础教育课程改革的要求,在当前基础教育课程改革的背景下,教材的内容与形式应具备以下七点特征。

第一,在内容上,要从儿童的生活经验出发,激发儿童学习的积极性。国外的教材大多数都反映了当代教学论流派几乎都强调的教学要从儿童的经验出发这一思想。例如,建构主义教学论原则明确指出,复杂的学习领域应针对学习者先前的经验和学习者的兴趣,只有这样,才能激发学习者的学习积极性,学习才可能是主动的。

第二,要让学生通过自己的经验来建构认识。教材要注意充分调动学生的学习主动性,让学生通过自己的经验来学习,使学生从自己的经验中学会认识并建构自己的认识。正如建构主义教学论所标榜的那样:"人的认识不是被动接受的,而是通过自己的经验主动建构的。"在这个基础上,建构主义教学论总结了当代各种教学论流派的思想,指出教学应当力求使学生自己进行知识的建构,而不是要求他们复制知识。而国外的教材的编写充分注意到了这一教学论原则,不管是文科还是理科教材,都要求学生开展探究活动。

第三,要引发学生产生问题,促进学生思考和探索。现代心理学认为,一切思维都是从问题开始的,教学要促进学生思维,应当培养学生的问题意识,教材编写应当引发学生产生问题。成功地使学生产生问题的教学才能真正调动学生的积极性。一般而言,问题往往产生于具体的情景、不平常的现象、奇异的事物、引起矛盾的说法、在理论上和实际中解决不了的事情中。因此,教材编写应当注意创设造成问题的情景、说法、事例和布置要解决的、有疑惑的任务。

第四,要把知识学习、能力培养与情感体验有机结合起来。当前世界各国课程标准中普遍提出了知识、能力与情感的三维目标,这三个方面的目标是融合在一起的,而不是割裂分离的。因此,教材的编写必须注意将知识学习、能力培养与情感体验三个目标有机结合在一起,反映在主题和内容的编排中,使学生从一个主题出发,既能获得知识,又能在能力方面得到提高,情感方面得到体验。

第五,要有利于师生互动。建构主义教学论认为,合作学习是必要的,因为学习者需要同其他人联系,以便对客观世界如何建构的方式方法取得共识。同时,在学习过程中集体学习具有重要意义,因为只有通过集体对复杂的学习情境、个人提出的假设或学习者自己关于问题解决的可能性的个人设想进行讨论,才能有助于学习者更好地对自己的思考进行建构。学习者在这种意义上才能更好地调节自己的学习,并把学习持续进行下去。因此,应当把学习活动置于一个社会环境中,使学生自主地从情境中和互动中形成知识。在教学中,教师应当多将谈话交流作为教学的重要形式,以利于教师与学生及学生之间更好地互动。而要实现这种互动,就要求教材中必须编入可供师生交流的主题和共同讨论的内容,否则师生互动将无所依托。

第六,要体现范例性课题原则。当代各种教学论流派都批判了旧课程片面强调学科的系统性,导致课程体系庞杂、加重学生负担的弊病,强调要让学生学到学科的系统思想,而不是系统材料。要求用基础性、基本性和范例性原则来编写教材,组织范例性的课题,让学生在每一个课题上停留较长时间,以使他们能够学得透彻、领会深入、掌握牢固、学以致用。

第七,要留有较大余地。建构主义教学论强调,在万不得已的情况下,一门课程的核心内容允许被固定,这样才真正有利于师生从不同角度去探讨客观世界,更能给教师提供一个机会,使教师能够将其个人对于教学内容构想的经验知识投入教学中。基于这种思想,国外教材往往是开放式的,为教师将自己的知识经验融入教材和为学生自己提出学习课题留有较大余地。

教材的形式即教材内容的呈现方式。在这方面,一般应考虑三个方面的因素:首先,要从学生的理解程度、语言规律出发,考虑教材的文体要求。这就要求教材的语言结构简单明了,不加过分雕琢,容易为学生所理解。其次,教材内容结构要从多因素出发进行协调和配合。最后,要图文并茂,能全面和充分调动学生的各种感觉器官,使学生全身心地投入学习。

四、教材内容的编写改革

教材是学生学习内容的载体,是学生学习的材料,它在学生身心发展的过程中发挥着至关重要的作用,正因为如此,中外历次课程改革都把教材改革作为核心。究竟应为学生提供包含哪些内容的教材,提供给学生哪些类型和形式的教材,始终是改革关注的重点。

传统音乐教材的缺失,概括起来具体表现在五个方面:第一,选材片面强调音乐所具有的政治思想内涵,忽视了音乐本身的艺术性;第二,片面强调孤立的音乐知识技能,忽视了整体的音乐作品;第三,片面强调理性化的音乐教学内容,忽视了感性化的音乐生活;第四,片面强调音乐内容体系的完整性,忽视了音乐的创造空间;第五,片面强调单一文本教材的开发,忽视了音乐教材的产品结构。如此种种问题,势必导致音乐教材特质与作用的丧失,也导致了师生对音乐教材的失望。

要使音乐教材体现先进的教育思想、符合课程改革的要求,从而实现审美教育目标,应该遵循以下四个方面的教材编写思路。

(一)多元化的教材内容

1.整合音乐教学内容

按照《标准》的精神,音乐教学内容进行了整合,并拓展了新的教学领域,如综合性艺术表演、音乐创造、音乐与相关文化等。

(1)注重音乐表现力的培养

教材设计要注重培养学生自信、独立的歌唱能力,减少歌唱的技术性要求,如"为歌曲设计适当的演唱形式并用来演唱""用你喜欢的风格演唱歌曲""以小组为单位自选一首歌曲创编动作并演唱"等,启发学生通过积极参与表演,充分发挥想象力和创造力,由感知、体验美上升到创造、表现美,能用音乐的形式表达个人的情感并与他人沟通,融洽感情,发展学生的表演潜能及创造潜能,培养学生的综合性艺术表演能力,全面提高音乐表现力。

(2)强调音乐的实践与创造

强调音乐的实践与创造是指教材的规划能培养学生主动参与学习的过程,即音乐教育不再是静观的,而是一种付诸行动的教育。小单元活动中含有启发学生的好奇心,并引导他们进一步探索的动机。例如,在认识乐器的体积大小和声音的高低之间有何关联时,教师不直接告知,而是让学生从观察、听辨或实验中探索,并引发其求知欲,再由学生自己找出解答。音乐创造包括与音乐有关的发掘学生潜能的即兴创作活动,能够用人声、乐器或其他音源材料表现一定的情景,能够对自己或他人的声音探索活动做出评价,能够独立或与他人合作创编短曲等。教材中的音乐实践活动设计要注重面向全体学生,每个学生都在其中担任一个角色,每一个活动都体现学生参与,特别是每一个活动都注重学生的探究和创造,使每一个学生享有成就感,有体验创造的快乐,同时还应重视学生的自我创作空间,教师也尊重学生的个人差异,让他们在充分的实践后,有展现自我的舞台。

(3)充分体现综合性

《标准》强调音乐与其他艺术学科、与非艺术学科的联系,提倡关联、整合的课程理念。首先是教材内容的综合性,是音乐教学领域内的综合。演唱、演奏、欣赏与音乐基础知识基本技能相联系,感受、体验、表现、鉴赏与相关文化相联系等。例如,演唱维吾尔族民歌《青春舞曲》,演奏曲目也是《青春舞曲》,教学中可以在演唱《青春舞曲》时,用器乐小合奏《青春舞曲》作为伴奏;演奏《青春舞曲》时,将乐谱中打击乐声部的配器补足,还可以载歌载舞地表现歌曲。

其次是音乐与姊妹艺术的综合。教材注意吸收文学、美术、影视、戏剧、曲艺等姊妹艺术的新观念、新成果,将音乐与姊妹艺术的相关内容、共同手段进行有机整合,以适应学生全面发展的需要。例如,在话剧演出时,除了肢体的表演外,可以由学生自己配乐、设计舞台背景,呈现一个统整的学习成果。

最后是音乐与艺术之外的其他相关学科的综合。音乐与相关文化是音乐课人文学科属性的集中体现,是直接增进学生文化素养的学习领域,它有助于扩大学生的音乐文化视野,促进学生对音乐的体验与感受,提高学生鉴赏、表现、创造以及艺术审美的能力。实验教材应充分认识当代学科发展的综合性特点,强化音乐与其他学科,特别是人文学科之间的内在联系,加深对音乐作品的理解。例如,在介绍非洲音乐时,教师可以提供和民族有关的文化、舞蹈、文物、生活习惯等图片或有声资料,学生在文化的、人文的、民族的、音乐的、历史的大环境中从事创造性的学习。音乐与其他相关学科之间的综合,能促进学生综合文化素质的全面提高。

2.降低知识技能难度

传统教材过于强调学科知识体系,着重于音乐知识和技能的传授,过分强调识谱教学,知识过于繁多而偏难,学生对音乐课有畏惧心理,不喜欢音乐教材,不爱上音乐课。因此,新的教材要着眼于全体学生,降低音乐知识的难度,淡化学科知识和体系,以减轻学生的学习负担与畏难情绪,突出体现音乐教育的基础性功能,有利于每个学生在音乐上的发展。淡化知识技能并非舍弃知识技能,而是变"显性"为"隐性",知识作为暗线贯穿于教材中。教材涉及识谱知识、常见音乐体裁、音乐家介绍、音乐作品背景介绍等音乐基础知识时,可以与唱歌或欣赏曲目相结合。这样必要的知识、技能经过精心设计、编排,被合理、巧妙地隐含分布到各个单元的作品中和具体的音乐活动中,使学生在饶有兴趣的学习中,自然而然地掌握必要的音乐知识和技能。

3.体现多元文化

在当今社会中,资讯化、科技化与国际化拉近了人与人、国与国之间的距离,并促进全球化社会的发展,因此应主张课程采取多元文化的观点,将多族群与全球观点统整于课程之中,教导学生有关不同族群、不同文化的差异与贡献。所以音乐教材内容不仅是主流文化或以精致艺术为核心的巨型文化,还要包括学生生活周遭的其他微型文化。呈现在教材中的音乐教学内容应强调的是精致艺术的古典音乐、通俗艺术的传统音乐及大众音乐受到同等重视与关注。突破欧洲文化中心论,尊重世界各民族和本土的民族音乐文化,不仅仅是文字的表述,也应是见之于音乐教材的实在行动,因此音乐教材内容应充分开发多样化的音乐"菜单",以适应教育的文化多样性要求,并使学生在世界音乐的多样性中受益。教材的选编应本着尊重艺术、理解多元文化的价值观,更加平等、客观地对待所有音乐文化财富,广泛涉及古今中外各种题材、体裁的音乐作品,为学生提供更多感受音乐、表现音乐的机会。在作品选择上,应注重经典性与时代性的统一,注重声乐曲与器乐曲、中国作品与外国作品的比例关系,所选材料尽可能贴近课堂教学实际,以利于学生的音乐活动。

总之,教材内容是顾及多元性、本土性、适切性及实用性,并能做到具有弹性、有特征、效果佳的安排。

(二)人文化的体例结构

分析传统音乐教材,我们不难发现教材内容结构安排上以知识体系为线索,整个初中音乐教材有两根线:其一是从认识五线谱到学习节奏、节拍、调性、和弦、曲式等一个基本乐理的线条;其二是从民歌、舞曲、进行曲到协奏曲、交响曲等音乐体裁形式的知识线条,是一个以音乐知识由易到难的学科体系。学生唱歌、学生的音乐学习活动都是为了掌握这些音乐知识,而不是为了真正地感受、表现音乐的美。例如,为了讲授乐理知识"变拍子",教师首先讲清什么是"变拍子",然后围绕着"变拍子"这个知识点找有关"变拍子"的视唱曲和歌曲,作业部分再设计一个有关"变拍子"的练习。这种知识结构形式的教材是从学科的逻辑出发,以学科为中心,贯穿知识技能的主线。选择作品从学科、知识技能、识谱出发,不考虑学生是不是喜欢,学生需不需要,造成了音乐学习的繁、难、旧,其结果不仅使教材在风格、题材、体裁等方面的多样性乃至艺术性受到了一定影响,而且影响到了学生的学习兴趣,客观上造成学生被动地接受学习。

随着心理学的发展与教育理论的完善,人们对音乐教育的功能有了更深刻的认识,使音乐课更能体现人文价值,如尊重人的价值,重视人的发展、个性的培养、情感的和谐、内心的体验、环境的陶冶等,并根据音乐艺术的特点,注重想象、直觉和创造性的表现。因此,音乐课程的价值不能只是让学生学点乐理知识、听几首曲子、唱几首歌,让学生通过各种音乐实践活动,感受体验音乐的美并获得可持续发展的审美能力才是学科生命力的所在。因此,以社会和学习者因素作为课程设计的中心因素的观点得到了肯定和重视。新的课程标准强调"以兴趣爱好为动力""重视音乐实践",积极引导学生参与各项音乐活动,并将其作为学生走进音乐、获得音乐审美体验的基本途径。而要贯穿这样的教育理念,教材的体例结构就必须突破理性化、学术化、死板封闭的音乐知识体系框架,就必须综合考虑学生的年龄特征、生活经验、兴趣爱好、审美心理、认知水平以及活动方式,就必须以提供学生感性的音乐实践活动的机会为出发点和主线,设计音乐教材的体例结构,使教材的体例结构具有开放性和非决定性。

新的音乐课程标准将音乐教学内容分为感受与鉴赏、表现、创造、音乐与相关文化四大领域,这四个方面的内容不能割裂开来,应合理地整合。基于这样的考虑,可以把教材体例设计成活动型、开放型的单元结构,以主题的形式来选择和组织内容,还有一个个音乐实践活动"方案",以学生的认知基础撷取学生的生活片段组成主题,然后以各种形式的音乐作品进行组合,以各种音乐实践活动方式(如唱、听、创)加以演绎,这种单元结构的编排,给了教师很大的自主权,增加了弹性,为教师进行教学组合与设计提供了很大的空间,有利于发挥教师的积极性和创造性。每个教学单元安排了三到五个作品,给了教师一定程度的选择余地,同时由于每个单元容量的不同,课时可由教师掌握,内容由教师自由组合,教师可以自己去选择、去安排,这样每个单元的课型就丰富多了。这样教材的规划并非是由上而下的课程管理模式组织而成,不是由教师独断决定教材的内容,而是由教师与学生共同努力经营的园地,教材的内容可由师生共同决定。例如,为了庆祝母亲节,师生共同讨论要唱、奏什么曲目,要创作什么礼物或表演什么给妈妈欣赏,以当作母亲节的礼物。在学习过程中,学生除了接受专家或教师已经组织好的课程外,也有充分的机会组织个人的知识与学习经验。小单元活动的课程设计,能引导学生有充分的机会组织个人的知识与学习经验。例如,在介绍贝多芬这位音乐家时,教师可能只介绍他的一首曲子,但却引导学生自我搜寻其他的曲子,或者认识同时期音乐家的作品等。除了达成特定的目标外,还可以配合时事、环境等热门话题等,作为课程的衔接或延伸,让整个活动更具创意。

以往的课时结构对学生的音乐学习也有较大限制,学生只能跟着教师走,学习死板而被动。现在的单元结构有利于学生积极主动地学习,有利于学生自己灵活运用这些材料进行自学,有利于学生音乐学习方式的改变。

(三)审美化的呈现形式

审美化的呈现形式就是把教材的内容以美的形态呈现在师生面前,

具体应做到以下三点。

1.注重图文并茂

教材从封面设计到插图、图片都色彩斑斓、富有美感,所有插图与音乐学习内容密切相关,以引起学生的想象和思考。这种编排降低了学生学习音乐知识的难度,加深了对音乐知识的感性认识、对音乐内涵的感受和体验,便于学生的理解和掌握。

2.独具特色的图谱设计

音乐用图谱的形式表现是最原始也是最现代的,这在国外音乐教学中多有体现,教材中丰富多彩、形象生动的图谱让学生感受、体验音的高低、长短、强弱,感受节拍、节奏与句感,引导学生进行音乐创编练习。这种从感性到理性、从具象到抽象的设计,学生易于理解接受。各种图像谱、图形谱,由不同的色彩、不同的形状组成,贴近音乐,直观性、操作性强。例如,《伏尔加船夫曲》用蜿蜒曲折的河流图谱,将歌曲的旋律、音量、音区、力度的变化与情感表达得十分到位,学生一看就懂,一做就会。

3.体现学生用书的特点

苏霍姆林斯基说过,人的内心有一种根深蒂固的需求——总感到自己是发现者、研究者、探索者。儿童尤其如此,他们特别好奇和渴望知识。传统音乐教材只关注音乐教学的内容本身,谱例、文字占了大幅版面,认为只要有好的内容,学生就会接受,就应该接受,忽视了学生的兴趣和爱好,不能引发学生阅读的冲动。教材要依据以学生发展为本的课程理念,从学生的理解程度、语言规律出发,文字表达简明扼要、清晰、笔调流畅、生动,容易为学生所理解。同时,从标题到乐谱展示,条理清楚,可读性强,令人赏心悦目,符合相应学段学生的审美认知规律,是一本为学生写、给学生看、给学生用的书。教材可以利用有限的空间,在文字边留出的空白处画上插图或写上帮助学生学习、启发学生思考的话语。教材应采用彩色插图、照片和表格,以调动学生感观的各个方面投入学习。重点内容或概念用不同的字体、不同的颜色醒目地标示出来,有利于学生学习。音乐是审美教育,教材本身就具有美感教育作用,因此设计美观,印刷精致,字体、色彩、版式活泼不仅是为了配合教学内容,更是为了适应学生的心理需求,使学生在潜移默化中受到美的熏陶和教育。

(四)多样化的产品结构

以往的音乐教材基本上就是单一的文本教材,而音乐是一种听觉艺术,单一的文本教材根本无法将音乐艺术的美展现给学生。从事音乐教育的人都有这样的感受:在音乐教学过程中,常常为教材或参考资料的不方便所累,特别是视听方面的资料缺乏,而视听在音乐教学中对启发学生感悟音乐有很大的效果。从审美的角度看,要让学生真正走进音乐,需采用多种手段让学生感悟音乐,要通过"亲历"来获得"真知"。教师常常抱怨学生听不懂音乐,只爱流行歌曲。要知道民族传统音乐和古典音乐离他们很远,仅仅让他们从书本上了解"历史""风格""文化意义"等这些理性的信息,不能给学生一个心灵游历的空间。要让学生"亲历"历史或国外的有关环境,只能采取一个办法,那就是将原来的理性信息变为感性信息。教师可以利用多媒体,展示和音乐相关的古代或外国的历史环境等,让学生的心灵亲历这些感性世界,获得比理性信息更多的感知体验。在条件较差的地方,也应尽可能通过图片等将内容感性化。现代科学技术的迅猛发展,为开发教材拓展了空间。教学媒体的多样化,极大地丰富了课程资源,教材也应从单一的课本发展成为以教科书为主体的课程资源包。音乐与视听技术手段的结合,使很多难以理解、想象的事物经过媒体的介入而一目了然。师生的课堂生活因此变得更加生动活泼,而且也大大节省了教学时间,使原来需要教师费尽口舌解释的问题和现象,只需要几个画面就能说明问题,同时也大大降低了知识的难度。不仅如此,教材中的知识和信息虽然多了,但学生的学习效率却提高了。

由此可见,音乐产品结构要丰富才能真正满足音乐教学的需要,才能让学生更充分地感受到音乐的美。教材产品的系列包括三种:第一,图文资料,即配合教学需要的图片与文字材料。为使教师与学生掌握更多的信息与知识,必须配合教材编制大量的补充资料,使教师在教学时心中有数,并游刃有余。文字材料,如音乐作品创作年代、时代文化、作者生平、作品浅析等,并配以图片、照片资料,如乐器,演奏队形、姿势,各作曲家、演唱家照片等。第二,音像制品。音乐是听觉艺术,应注重音响的审美品格,还应与教材同步编辑与音乐有关的风光片、音乐片、音乐会录像、音乐人物传记等音像制品,让学生在享受音响美的同时,也以视觉去领悟音乐情境,这样更直观并符合学生的欣赏水平。富有创意的动态画面更能激起学生对音乐的热爱之情。第三,多媒体软件。应充分利用已开发的多媒体音乐电脑软件用于教学,如乐器介绍、音乐家及名曲介绍、名歌欣赏以及学习乐谱作曲法、吹奏法等,还应使电脑技术工作者共同合作,结合教材,开发新的软件,把教材中各种教学内容以生动形象的设计输入电脑,特别要把枯燥的乐理知识、识谱教学内容,通过多媒体显示转化为立体的、形象的教学内容,调动学生的学习积极性。

总之,教材的多样丰富性,将大大拓展音乐教学的空间。

第四章　中小学音乐教育课程设置发展与改革

研究音乐课程的设置历程对中小学音乐教育具有十分重要的意义，通过对课程的来源及设置的历程进行分析，能够为当前新课程改革背景下的音乐课程设置提供借鉴意义。

第一节　中小学音乐教育课程设置发展沿革

一、萌芽期

(一)概况

随着 1840 年鸦片战争的爆发，我国的国门被迫向西方列强打开。清政府经历了长期的闭关锁国之后，一些有志之士清醒地认识到落后就要挨打，在这些人的带领下，我国创办了新型的军事工业和民用工业、设立了学堂等，随之产生了一些新的思想和新的文化。20 世纪初，一大批爱国知识分子赴日本留学，看到日本学校的唱歌课对于完善学生的人格、增强民族凝聚力有着积极的促进作用,于是,这批爱国知识分子回国后就大力宣扬音乐教育的积极作用,主张在我国开设音乐课。这对新式学堂的普遍建立起到了很大的推动作用。所以在这种情况下,改革旧的教育制度已经成为一股无法阻挡的历史潮流。

我国音乐教育的形成和发展得益于 20 世纪初我国新式学堂的建立,也就是说,我国的音乐教育是随着新式学堂的建立而逐渐形成的,同时这个时期也被称为我国音乐教育的启蒙阶段,是以后我国音乐教育发展的基础。随着新式学堂的建立,各学科的课程标准也慢慢形成。纵观这个时期,我国的中小学音乐课程标准的发展经历了一个从无到有的过程。

20 世纪初是我国近代教育的开端,不管从哪个方面来讲都是不成熟的,音乐课程更是如此。1902 年的《钦定学堂章程》和 1904 年的《奏定学堂章程》,是我国最早开始的由国家颁布的课程标准,内容十分简单。在这两部课程标准中所列的科目中,并没有音乐这门课。但是,在有的地方已经开设了音乐课,如烟台的毓璜顶幼稚园开设了钢琴课,上海的务本女学堂开设了歌唱课。虽然当时在全国已经有很多学堂将音乐课列入所学科目,但是直到 1907 年的《奏定女子小学堂章程》和《奏定女子师范学堂章程》,音乐课才首次出现在政府规定的文件中,并且正式被确定为学堂所学的科目之一。在 1909 年,音乐课在全国小学堂正式设立。同年 5 月 15 日,清政府批准学部《奏改初等小学堂章程》,将原定必修课程开设八科改为五科,同时增加"乐歌"为随意科。同日,清政府还批准了《学部奏变通中学堂课程分为文科、实科折》,该奏折建议将原 1904 年《中学堂章程》中开设的十三门课分为文、实两科(相当于今天的文科、理科)。同时,改"读古诗歌"为"乐歌",并加以说明:"乐歌乃古人弦诵之遗,各国皆有此科,应列为随意科目,择五七言古诗歌词旨雅正、音节谐和、足以发舒志气、涵养性情、篇幅不甚长者,于一星期内酌加一二小时教之。"在后来的几年里,教育部又陆续颁布了各级学校的校令,逐渐形成了一个新的学制系统。到1922年由北洋政府颁布《学校系统改革案》,我国的学制系统又发生了变化。

1911年,孙中山领导辛亥革命推翻了清王朝,政治变革的胜利推动了教育改革的步伐。1912年召开的中华民国中央临时教育会议,对旧教育体系进行了全面的改造。同年9月,教育部颁布了《小学校令》,其中规定的初、高等小学校的科目中,都包括了唱歌科目,认为唱歌的目的是涵养美感和陶冶德行。这一年的12月,由教育部颁布的《中学校令施行规则》规定乐歌为中学的科目,即音乐课为乐歌课。认为"乐歌要旨在使谙习唱歌及音乐大要,以涵养德行及美感"。1916年1月8日,《国民学校令实行细则》详细规定了唱歌课的教学目的,认为"唱歌要旨,在使儿童唱平易歌曲,以涵养美感、陶冶德行。宜授平易之单音唱歌。歌词乐谱宜平易雅正,使儿童心情活泼优美"。

(二)从课程标准的角度分析

1904年,清政府颁布了中国第一部音乐教学大纲,这部音乐教学大纲包括《奏定初等小学堂章程》《奏定高等小学堂章程》《奏定中学堂章程》。

这部音乐教学大纲将古诗歌的学习列入课程,并不是规定开设音乐课。这部音乐教学大纲提出了"外国中小学堂皆有唱歌音乐一门功课,本古人弦歌学道之意;惟中国雅乐久微,势难仿照";还提出在每天学生学习劳累时,选择一章能让儿童快乐的诗歌来读;还注意到让学生读有益风化的古诗歌,并且列入学习的功课。

这部音乐教学大纲还详细地规定了各年级应该吟诵的诗歌及其内容

要求。例如,其中提道,在初等小学堂所学习的诗歌,必须选择古歌谣以及比较简短的三四五言绝句,并且理正词婉,不可以读过长的句子;在高等小学堂和中学堂学习古歌谣与初等就有所不同了,五七言绝句都可以读,但是也必须选择词旨雅正、音节谐和的古歌谣。

这部音乐教学大纲还明确规定了诗歌的选用范围及目的,从《古诗源》和《古谣谚》两书中选取,相当于国外学校的唱歌课,用来和性忘劳、养其性情,可见在当时就已经注意到了孩子审美情趣的培养。

1912 年至 1913 年,国民政府先后颁布了《小学校令》《小学教则及课程表》和《中学校令实施规则》《中学校课程标准》。

《小学校令》中第一次将音乐作为一门科目列入初等小学校和高等小学校的所教科目中,音乐课被称为唱歌。

《小学校教则及课程表》中的规定比较仔细,包括教学目的、教学内容、教授时数,并且分年级规定了学生的学习内容。例如,规定在初等小学校,教师应教授一些平易的单音歌曲;在高等小学校,教授简单的复音歌曲。并且对歌词乐谱的简易程度做了具体规定,规定歌词曲谱应该平易雅正,从而培养学生涵养美的情感。

《中学校令实施规则》规定中学设立"乐歌课",同时,第一次提出教授乐器用法。

1915 年至 1916 年,国民政府先后颁布了《国民学校令》《高等小学校令》和《国民学校令施行细则》《高等小学校令施行细则》。

《国民学校令》中又将"乐歌课"改为"唱歌课",规定教学所用的教科书必须选用教育部编订的或者是经教育部审定通过的。

《国民学校令施行细则》与 1912 年颁布的《小学教则及课程表》内容

大致相同。

二、初创期

(一)概况

20世纪20年代至40年代末为音乐课程发展的初创期。从这一时期颁发的文件、大纲、方案等文献来看,音乐教育主要为政治服务。如1938年10月的《教育部实验巡回歌咏团简章》、1938年8月的《改定初高中音乐图画每周教学时数》、1938年12月的《中小学音乐教育应行注意事项》、1934年4月的《小学课程教则大纲》、1946年2月的《苏皖边区暂行教育工作方案》、1939年4月萧友梅的《改革现行中学音乐课程案》等文献中都有相关表述。

1922年,全国各教育会联合会聘请各学科专家开始草拟中小学课程标准纲要。1923年,音乐课被列入中小学教育,音乐成为小学、初中的必修科目。此次颁布了两个纲要,一个是《小学音乐课程纲要》,另一个是《初级中学音乐课程纲要》。其中,《小学音乐课程纲要》规定学校音乐教学应使学生能唱平易的歌曲、识简单的乐谱,发展快乐活泼的天性、涵养和爱合群的情感。《初级中学音乐课程纲要》中规定的音乐教学目标是"使学生明了普通乐理;使学生能唱单复音的歌曲;涵养美的情感与融和乐群的精神;引起欣赏文艺的兴趣"。

《小学音乐课程纲要》特别强调情感教育的重要性,认为音乐教学应发展儿童快乐活泼的天性,培养他们热爱集体的群体感。除此之外,《初级中学音乐课程纲要》认为音乐课的另外一个重要的教学目的是提高学生的审美情趣和艺术欣赏的兴趣。

1932 年 10 月以后,教育部颁布了各级各类学校的课程标准。与中小学音乐课程标准相关的分别是《部颁小学音乐课程标准》《部颁初中音乐课程标准》《部颁高级中学音乐课程标准》。

《部颁小学音乐课程标准》认为,音乐教学应"顺应儿童快乐活泼的天性,以发展其欣赏音乐、应用音乐的兴趣和才能;发展儿童听音和发声的功能;涵养儿童爱和勇敢等情绪,并鼓励其团结、进取等精神"。

《部颁初中音乐课程标准》认为,音乐教学应"发展学生音乐之才能与兴趣;使学生能唱普通单复音歌曲,并明了初步乐理;训练听觉,使学生有欣赏普通名歌曲之能力;涵养美的情感及融和乐群奋发进取之精神"。

1937 年"卢沟桥事变"之后,为配合抗战,教育部于 1938 年至 1942 年期间颁发了《教育部实验巡回歌咏团简章》等数份文件。文件要求在各级学校推进音乐戏剧教育,以此来鼓舞士气,激发国民团结进取的精神,配合抗战进行宣传活动。

1938 年 8 月颁布的《改定初高中音乐图画每周教学时数》规定音乐与图画两科应激发民族意识、鼓舞抗战情绪。同年 12 月颁布了《中小学音乐教育应行注意事项》,该文件对音乐教材和教学方面做了具体的规定,如应多采用与抗战、中华人民共和国成立有关的教材等,说明当时音乐教育是以服务于抗日、服务于政治为它的价值取向来确立教学内容的。1941 年12 月至 1942 年 10 月,为适应战时需要,教育部陆续公布修订小学各课程标准。课程标准要求此时期的音乐教学尽量与公民训练相联系,以陶冶儿童的品德。

1948 年,教育部颁布《小学课程二次修订标准》。两次修订的课程标准中,明确小学低年级"唱游"课的教学目标有两个方面:一方面,能够增进儿童爱好音乐的兴趣和游戏的兴趣，发展儿童听音、发音表演等多种能力，促进儿童身体的发展。另一方面，使儿童养成好的生活习惯，使他们具有快乐、互助等精神。小学中、高年级音乐课的教学目标是能够增进儿童对于音乐的兴趣和能力，如吟唱歌曲、演奏简单乐曲的兴趣和技能。从以上教学目标可以看出，培养儿童对音乐的兴趣和热爱，使儿童的身心得到健康的发展，是这一时期小学音乐课最主要的目标。

1933年10月，中央教育人民委员部发布《小学课程与教则草案》，该草案指出儿童是将来共产主义的建设者，同时也是目前参加阶级斗争的新后代。对小学的音乐课程做具体规定时，明确了"唱歌"课程教学的具体内容，歌词、曲调等的教学目标主要是培养革命接班人和阶级斗争的需要。1934年4月，中央教育人民委员部颁布《小学课程教学大纲》。大纲规定"唱歌"与"图画"等课程为一门综合课，即"游艺"课，认为该课程应发展儿童的艺术才能，使其能自动地创造，养成集体生活的习惯，发扬革命奋斗的精神。高级小学"游艺"课的教学目的是培养并发扬儿童在艺术上的创造性，以及集体行动中的自我组织能力，并提出小学所有科目都应当使学习与生产劳动及政治斗争密切联系，并在课外组织儿童的劳作实习及社会工作。从上述表述中我们可以看出，此时期的小学音乐教育在价值取向上是以为政治服务为导向的。与此同时，还关注音乐教育对学生创造力的发展价值。

抗日战争时期，革命根据地的教育主要是为抗战服务。1938年4月陕甘宁边区政府颁布的《边区国防教育的方针与实施办法》、1938年2月边委会颁布的《晋察冀边区小学校教学科目及每周教学实践表》、1940年6月的《边区教育》上发表的《晋察冀边区文化教育会议文化教育决议案》等都规定了音乐是当时的学校教育内容之一，并且对音乐课的教学内容有所要求。例如，歌咏课的内容主要有抗日救亡歌曲，以激发学生的爱国情绪、培养他们的民族意识。可以说，抗日战争时期的音乐教育主要是以抗日救国、培养学生的爱国主义精神、民族意识为价值导向的。

1946年2月12日，苏皖边区政府教育厅在《苏皖边区暂行教育工作方案》中提出了边区教育的总方针。总方针规定，初级小学和高级小学设文娱课。这一时期的学校音乐教育重视课外文娱活动，许多学校都组织了歌咏队、秧歌队等文娱队进行宣传，以教育民众，鼓舞士气，为解放战争服务。

苏区、抗日根据地、解放区的学校音乐教育将为革命战争服务摆在第一位，革命根据地学校音乐教育的重大特点是音乐教育为无产阶级政治服务。与此同时，我们可以看到，从备受身心蹂躏、风雨飘摇的战争年代到抗日战争的胜利，音乐教育都在关注学生的心理，或是鼓舞和振奋精神，或是教育学生团结一致、乐观向上地生活，体现了对学生身心健康的呵护与关怀。

(二)从课程标准的角度分析

1923年，全国教育会联合委员会颁布了《新学制课程纲要》，这部大纲主要包括小学和初级中学的课程纲要，是我国音乐教育史上第一部真正意义上的音乐课程标准。

《新学制课程纲要小学音乐课程纲要》主要包括四个方面:第一，"目的"，就是指的教学目的，规定能让学生会唱简单的歌曲，能认识简易的谱子，注重培养儿童快乐活泼的天性。相比以前，第一次提出能识简单的乐谱。第二，"程序"，也就是教学内容，是小学音乐课程纲要中最主要的部分，与之前的标准相比，比较详细地规定了每个学年的学习内容。例如，小学音乐课程纲要规定第一学年和第二学年应该唱与日常生活有关系的歌词;学习五音阶和长音阶的旋律以及音的高低长短和强弱。第三,"方法",指的是教学方法,简单概括了各年级的教学方法,规定初级的一、二学年全部使用听唱法来教学;规定第三、四学年要使用视唱法教学;高级五、六学年使用视唱法教学。第四,"毕业最低限度的标准",就是我们现在所说的评价标准,也就是学生毕业后所达到的最低标准。小学音乐课程纲要规定,初级小学能唱与日常生活相关的活泼愉快的歌曲;高级小学能唱关于美和修养的歌曲,并且要求优美平和,乐理方面要求能知道普通应用的各种音乐标记以及音程、音阶的大意。

由此可见,与之前的学校校令相比,教学内容方面加入了乐理知识的学习,这是音乐教育的重大进步,并且分年级规定了教学内容,遵循了学生年龄层次的特点。另外,教学方法和毕业最低限度的提出,使音乐课程标准更加完整而规范。

《新学制课程纲要初级中学音乐课程纲要》包括三个部分:第一,"教学目的",相比小学音乐课程纲要中对目的的要求,在学习的难度上有所增加,要使学生明了普通的乐理。提出培养涵养美的情感,这就体现了注重对学生审美的要求。第二,"教学内容和方法"的制订与小学音乐课程标准不同,中学音乐课程纲要将学生学习的内容分成了三个部分,即乐理、唱歌、乐器。中学音乐课程不是像小学音乐课程纲要那样按年级划分的,规定了乐理和唱歌是音乐课上必须要学习的内容,而乐器则可以选择性地学习。第三,"毕业最低限度的标准"相比小学音乐纲要反而更加简单,要求会唱单音及重音的平易歌曲,认识乐谱上每种记号的作用即可。从这部课程标准中可以看出,在教学目的和意义上有了很大的突破,即意识到了音乐的审美作用。

1929 年颁布的课程标准包括《小学课程暂行标准小学音乐》和《初级中学音乐暂行课程标准》，这两部课程标准是对 1923 年课程标准的进一步完善，由五个部分构成:第一,教学目标。在教学目标中提出,要发展欣赏音乐和应用音乐的兴趣、才能,同时还要顺应儿童快乐活泼的天性。这一目标的提出,体现了以学生为本,从学生的兴趣出发,以音乐的美进行音乐教育。第二,作业类别。作业类别包括欣赏、演习、研究三个部分,对各部分的内容提出了具体的要求,为以后标准的制订奠定了基础。演习包括谣曲及儿童歌剧等,以及本国各种普通乐器的独奏和合奏。还提出研究问题时,欣赏和演习要结合在一起进行教学研究,包括唱法、乐器奏法的研究等。第三,各学年作业要项。各学年作业要项,详细地规定了各学年的教学内容,甚至对每种拍子和调子都有明确的规定,并且随着年级的增高,内容越来越丰富。第四,教学方法要点。在整个小学音乐课程标准中,教学方法要点是其中最为关键的部分,同时它也体现了教学思路的进步。首先,重视由浅入深的教学方法,如在课程标准中提出初中一年级要使用听唱法来教学,初中二、三年级要使用视唱法来教学。其次,关注音乐学科与其他学科的综合。例如,"常与国语社会工作、体育等相关课程,联络教学"。再次,规定了教授歌曲的教学方法和训练唱歌的方法,规定"教授新歌曲时,应常由教师范唱,奏乐,以便儿童倾听"。最后,规定了音乐课要动静结合以及培养儿童的音乐创作能力。例如,课标中提出唱歌、听曲、表演、舞蹈等要交叉、结合进行,"应鼓励儿童创作应用的歌曲,从而发扬儿童用音乐来发表情谊"。第五,最低限度。最低限度包括初级结束和高级毕业两个部分,规定"初级结束需要背唱曲谱不同的歌词十首以上,而音调无误,能唱 C、G 两调的单音曲,能知道工尺谱读法;高级毕业能背唱曲谱不同的歌词十五首以上,而音调无误,能抄写 C、G、F 各调的乐谱,能应用本国的乐器一种以上"。

通过以上分析,笔者认为这套课标是非常具有实用价值的,没有空泛的理论,每一条教学方法都很细致,可行性很强,并且教学理念也很先进,有很多值得我们学习和借鉴的地方,与当今的课标有很多相似之处。

1932 年颁布的音乐课程标准有三部,即《小学课程标准音乐》《初级中学音乐课程标准》《高级中学音乐课程标准》。

1932 年的《小学课程标准音乐》与 1929 年的课标基本一致,其中在作业类别的研究部分增加了乐器构造和乐器修理法的研究,以及固定唱名法的概念。

1932 年的《初级中学音乐课程标准》和《高级中学音乐课程标准》有了很大的变化,随着上海国立音专等一批专业音乐院校的建立,初级中学和高级中学的课标有了专业化的倾向,主要包括三个方面:第一,乐理知识。乐理知识内容繁多,如第一学年学习读谱法和音乐常识,其中包括各类拍子的记号以及各种音阶和转调的识别;第二学年就要学习音程的进行和连接以及和声连接;第三学年学习和声学知识、音程和三、七和音的转位、转调和终止法的运用,还要在课外学习作曲法。第二,音乐欣赏知识。从整体来看,这套课标比较重视音乐欣赏部分。例如,课标要求学校必须准备留声机和唱片,越完善越好,在教学内容上规定初级中学时期要了解古典乐派与浪漫乐派的特点、绝对音乐与标题音乐等;高级中学要了解音乐史的概况、复音乐和单音乐的区别、歌剧、管弦乐与交响乐、近代乐派和现代音乐等,还要了解世界名曲及著名演奏者等,内容特别庞大。第三,对于声乐演唱的歌曲也有严格的要求。课标规定,"初中年级要练习大量的练习曲与音阶,以及两声部、四声部的歌曲;高中年级则要独唱著名歌曲,选唱古今各种卡农曲和小赋格曲,三年级时还要求能视唱各种繁复转调的乐曲"。

通过对本套课标内容的描述可以看出,在这套课标中对中学的要求完全是从专业音乐院校的角度进行要求的,其中的音乐知识以及技术技巧的要求极为专业,并且内容量相当大,这对当时的学生来说是几乎不可能达到的,根本不符合当时的实际情况,其可行性也就不言而喻了。

教育部于 1936 年对中小学音乐教育课程标准再一次进行了修改,主要包括《小学低年级唱游课程标准》《小学中高年级音乐课程标准》《初级中学音乐课程标准》和《高级中学音乐课程标准》。

小学低年级的课标名称由"音乐课程标准"改为"唱游课程标准",这次改变不仅仅是字面上发生了变化,从教学目标、教学理念和教学内容等方面都发生了根本性的变化。从整体来看,改变了 1932 年的中小学音乐课程标准近乎专业的音乐教育模式,充分发挥了音乐的美育功能,重视学生对音乐的学习兴趣。首先,教学目标中第一次提出顺应儿童爱好游戏的兴趣,予以适当的歌唱和游戏活动,这是以前课标中所没有提到的。其次,作业类别相对于以往比较简单,主要分为歌唱、节奏、游戏三个部分。作业要项是该课标的重要部分,也是主体部分,主要包括歌唱、节奏、舞蹈、游戏四个部分。歌唱,在以往唱歌技巧的基础上增加了富于动作歌词的听唱和表演,以及简短歌剧的扮演,充分调动了儿童的学习兴趣。节奏,包括自然声音的欣赏、歌曲的欣赏、乐器演奏的欣赏和乐器的敲打,不再是以往生搬硬套的学习,而是让学生通过各种韵律活动来体会音乐的节奏,如走步、跳步、拍手、跑跳步等,这一教学方法与国外的音乐教学方法很相似。舞蹈,包括简易土风舞(如石匠舞、皮匠舞、钟舞、瑞士圆舞、德国儿童舞等)、各种唱歌游戏(如"五谷""我的洋娃娃""大象""蓝鸟"等)。游戏,包括故事游戏、追逃游戏、模仿游戏、接力游戏、竞争游戏以及各种体育运动,如短跑、远足、登山等。这样可以让学生锻炼身体的同时,在游戏中学习音乐知识。这套课标的理念和内容与现今的小学低年级唱游课有许多相似之处,这种以培养学生的兴趣为前提,将游戏、唱歌、舞蹈和节奏结合在一起的教学方式是非常值得借鉴和学习的。

《小学中高年级音乐课程标准》与1932年的《小学课程标准音乐》基本相同。

《初级中学音乐课程标准》和《高级中学音乐课程标准》相对于1932年的课标略有变化,主要是在唱歌技巧方面的要求有所降低,但是整体教学内容还是倾向专业化。

1940年颁发的《修正初级中学音乐课程标准》和《修正高级中学音乐课程标准》是对1936年《初级中学音乐课程标准》和《高级中学音乐课程标准》的修订版。在教学目标中增加了灌输音乐知识、训练读谱能力,将"训练听觉,使有欣赏名歌曲之能力"改为"训练听觉,养成其辨别音质、音高、强弱、节奏等能力"。从目标的变化可以看出比较重视音乐知识的训练。从时间支配的角度来看,课时有所增加,由以前的每周一小时增加为每周两小时。从教学内容的角度来看,除了单音的齐唱外,并注意二部或三部合唱的发展。从实施方法概要的角度来看,删掉了1936年提出的废除首调唱法、各国现行使用固定唱法的观点,这使实际教学降低了很大的难度。

《小学音乐课程标准》和《六年制中学音乐课程标准草案》是在1941年颁布的,取消了1936年的《初等学校音乐课程标准》,并且将初中和高中的课标合并为《六年制中学音乐课程标准草案》。在教学目标上,增加了培养识谱能力;培养儿童歌唱演奏及音乐表演的兴趣和能力;利用儿童的心理反应,授以优美雄壮的歌曲,培养学生活泼勇敢的情绪,以及学生团结进取的精神,完成乐教功能。在教学内容上,相比以前的课标,取消了将作业类别一项,通过表格的形式将教学大纲及要目表现出来。在教材方面分得更细了,如有欣赏教材、歌曲教材和表演教材等。在教学方法上,相比以前也更加科学,充分体现了以学生为本的教学理念。例如,课标规定欣赏时应注重静听以及学生的情绪反应,提倡五线谱与简谱并用,并且还创建了儿童乐队和儿童歌剧团。

1941年颁布的课程标准中的《六年制中学音乐课程标准草案》与之前的课程标准在内容上没有太大的变化,是对之前课标专业化倾向的纠正,是审美教育的回归。其中,教学内容还是以声乐为主,并且在学习的同时还结合乐理和名曲的欣赏,注重合唱。在第二学年中增加了音乐对于人生的意义,能启发学生对音乐的思考。这部课程标准综合了1936年颁布的《初级中学音乐课程标准》与《高级中学音乐课程标准》。

1948年颁布的课标包括《小学低年级音乐课程标准》和《小学中高年级音乐课程标准》以及《修订初级和高级中学音乐课程标准》。在经历了1941年的合并后,又恢复了1936年的四个音乐课程标准。《小学低年级唱歌游戏课程标准》的目标中提出,"促进儿童身体适当的发育,培养学生游戏运动、学生爱好音乐的兴趣、学生快乐活泼的习惯以及学生互助团结的精神等"。这部课程标准充分考虑了低年级学生爱玩好动的天性,以游戏为切入点来欣赏和体会音乐,没有复杂的乐理知识,是一部真正适合低年级学生的课程标准。《小学中高年级音乐课程标准》是以 1941 年的《小学音乐课程标准》为基础来制订的,内容和要求上没有大的改动,只是在原来的基础上少量增加了一些内容。例如,增加了讲述音乐故事和指挥法等,通过讲述音乐故事来代替低年级音乐游戏,这也更加适合高年级学生音乐能力的提高。《修订初级中学和高级中学音乐课程标准》同样是在1941 年的《六年制中学音乐课程标准草案》的基础上修订的。在内容上,同样是注重乐理和声乐的学习,配合名曲的欣赏。在目标上,强调乐理知识的学习以及通过欣赏来提高音乐兴趣,特别强调涵养、合作、乐群、奋发、进取等优美情感与爱国主义精神。曲谱必须完全使用五线谱,不允许采用简谱,在乐理和声乐的学习上过于专业,缺乏对学生音乐创造性的培养。

第二节　中华人民共和国成立以来
中小学音乐教育课程发展沿革

一、建设期(中华人民共和国成立初期)

(一)历史背景

中华人民共和国成立,开创了中国历史的新纪元,也标志着我国各项事业步入了一个崭新的发展阶段,中国开始了从新民主主义革命向社会主义革命的转变。

1949 年至 1956 年三大改造完成,这个时期是中国由新民主主义社会向社会主义社会过渡的时期。在这段时期内,政治、经济、文化都发生了变化:在政治上,中华人民共和国成立后的前三年的主要任务是巩固新生政权,有著名的三大运动,即土地改革、抗美援朝、镇压反革命。1954年,第一届全国人大召开,会议通过了第一部社会主义宪法,确立了人民代表大会制度。这一时期还建立和发展了中国共产党领导的多党合作和政治协商制度、民族区域自治制度。在经济上,国民经济迅速恢复并开始有计划地进行经济建设。另一方面,基本上完成对封建土地制度的改革,解放农村生产力,发展社会主义国民经济,确立了国民经济对资本主义经济和个体经济的领导地位,为有计划地进行经济建设创造了条件。1953年,我国实行第一个五年计划,奠定了工业化的初步基础,制定了过渡时期总路线。1956年底,社会主义改造基本完成,社会主义经济体系基本建立。在文化上,1956年,毛泽东提出"双百"方针,即在科学文化工作上百花齐放、百家争鸣。

1949年9月29日,中国人民政治协商会议第一届全体会议通过《中国人民政治协商会议共同纲领》,这一纲领提出了中华人民共和国的文化教育方针政策,教育方针规定了新教育的性质、任务和改革的重点、步骤。新教育的性质是新民主主义教育,教育的任务是提高人民的文化水平、培养国家建设人才、发展为人民服务的思想。有计划、有步骤地改革旧的教育制度、教育内容和教学方法,有计划、有步骤地实行普及教育是这时期教育改革的重点和步骤。这一方针改变了教育发展的性质,使教育在全国范围内走上了为人民服务的道路。这是中国教育史上一个重大的转折。

1949年12月23日至31日,教育部召开了中华人民共和国成立以来的第一次全国教育工作会议,又一次明确了当前教育工作的建设方针,进一步确定了我国教育的性质和方向。

1951年3月19日，教育部召开第一次全国中等教育会议，制定发展和建设中等教育的工作方针与措施，第一次提出了美育的方针。随后，《人民日报》发表了题为《应该重视和办好中等教育》的社论，社论对中等教育的重要性从各个方面给予了充分的说明，并明确指出中等教育的任务，在全国范围内应该采取整顿、巩固和提高为主的方针。同时，受中华人民共和国成立初期全面苏化的影响，这一时期的教育也出现了学习苏联的倾向。

1949年至1953年期间的工作会议，都强调借鉴苏联教育的先进经验。可见，在这一时期，我国音乐课程的模式主要是采用苏联的课程模式。

1954年1月14日，全国中学教育会议在北京举行。会议讨论并确定了改进和发展中学教育的方针任务、中学教育改革、培养师资和解决中小学毕业生的升学就业等问题。1954年6月，政务院颁布《关于改进和发展中学教育的指示》，此指示规定了中学教育的目的即培养满足社会主义社会发展的成员。中学教育一是为高一年级培养合格的新生，二是培养大部分积极工作的劳动者。在这一时期，虽然中小学教育是中国的基础教育，但是教育的主要任务是培养劳动生产者。这一方针影响了这一时期教育的发展方向。

(二)课程设置

中华人民共和国成立以来，国家对普通中学的教学计划和中等学校的制度没有做统一的规定，以致各地各学校的教学科目和每周教学时数、学校的制度也不完全相同。1950年8月，教育部制定了中华人民共和国历史上的第一份教学计划，即《中学暂行教学计划(草案)》及《中等学校暂行校历（草案）》；1952年3月，教育部颁发《小学、中学暂行规程（草案）》；1953年8月，教育部修订《小学（四二制）教学计划（草案）》，同年7月颁发《中学教学计划（修订草案）》；1954年1月，教育部颁发《小学"四二制"教学计划（修订草案）》；1955年9月，颁发《关于执行"小学教学计划"的指示》。

从1949年10月至1956年的八年间，国家先后颁布了多个小学教学计划和中学教学计划。关于各科上课时间的安排，1955年教育部颁发《关于执行"小学教学计划"的指示》，规定了各学科的上课时间。在其第五部分关于各小学必须合理地编排每周上课时间表中规定："每天上课时间的安排，以课堂作业较难、课外作业较多的学科（如算术、语文等）排在第一、二节；课外作业较少、课堂作业较易或没有的学科（如音乐）排在上午最后一节或午后。"从中可以看出，在上课时间的安排上，音乐课的课时有所减少。

小学在1952年设置了包括音乐在内的8门课程，劳作在各科教学的实验、实习中和课外另定时间教学，不列入教学科目内。在此期间，这8门课程一直比较稳定，在1955年的《小学教学计划及说明》中将音乐课改成唱歌课，并增加了手工劳动课。

如表4-1、4-2、4-3、4-4所示，小学音乐课一至三年级每周有2课时，四至六年级每周1课时，四年级有两年是每周2课时，音乐课占总课时数比重基本持平，浮动不大。音乐课在每个年级、每个学期中都开设，可见，音乐课在这一时期的地位还是比较稳定的。

表4-1 1950年《小学音乐课程暂行计划》音乐科目教学时数（单位：课时）

学年	一年级	二年级	三年级	四年级	五年级
音乐	2	2	2	1	1

表4-2　1952年《小学暂行规程(草案)》音乐科目教学时数(单位:课时)

学年	一年级	二年级	三年级	四年级	五年级
音乐	2	2	2	1	1
每周教学总时数	24	25	26	28	28
音乐课时所占百分比	8.3	8.0	7.7	3.6	3.6

表4-3　1953年和1954年《小学四二制教学计划》音乐科目教学时数(单位:课时)

学年	初级				高级	
	第一学年	第二学年	第三学年	第四学年	第五学年	第六学年
音乐	2	2	2	2	1	10
每周教学总时数	24	24	26	26	28	28
音乐课时所占百分比	8.3	8.3	7.7	7.7	26	2.6

表4-4　1955年《小学教学计划及说明》唱歌科目教学时数(单位:课时)

学年	初级				高级	
	第一学年	第二学年	第三学年	第四学年	第五学年	第六学年
音乐	2	2	2	1	1	10
每周教学总时数	24	24	24	24	26	26
音乐课时所占百分比	8.3	8.5	8.5	4.2	3.8	3.8

　　中学在不同的学年开设的教学科目也不同,1950年开设的科目包括音乐在内共十四科。1952年开设的科目更加多样化,增加了中国革命常

识、社会科学基础知识、共同纲领、时事政策四门课程,减少了自然、政治两科,数学和生物两科的教学内容划分得更具体。1953年的修订草案中,增加了卫生常识一科,并且细分了历史和地理两科。1954年和1955年调整了部分学科的设置和授课时数,但音乐科目基本保持不变。中学音乐课每周的教学时数安排如表4-5、4-6、4-7、4-8、4-9、4-10所示。

表4-5　1950年《中学暂行教学计划(草案)》音乐科目教学时数(单位:课时)

学年	第一学年	第二学年	第三学年
音乐	1	1	1
每周教学总时数	29	31	30
音乐课时所占百分比	3.4	3.2	3.3

表4-6　1952年《中学暂行规程(草案)》音乐科目教学时数(单位:课时)

学年	第一学年		第二学年		第三学年	
	上	下	上	下	上	下
音乐	1	1	1	1	1	1
每周教学总时数	31	31	32	32	32	32
音乐课时所占百分比	3.2	3.2	3.1	3.1	3.1	3.1

表4-7　1953年《中学教学计划(修订草案)》音乐科目教学时数(单位:课时)

学年	第一学年		第二学年		第三学年	
	上	下	上	下	上	下
音乐	1	1	1	1	1	1
每周教学总时数	30	30	32	32	32	32

续　表

学年	第一学年		第二学年		第三学年	
	上	下	上	下	上	下
音乐课时所占百分比	3.3	3.3	3.1	3.1	3.1	3.1

表 4-8　1954—1955 学年度初中音乐科目教学时数（单位:课时）

学年	第一学年		第二学年		第三学年	
	上	下	上	下	上	下
音乐	1	1	1	1	1	1
每周教学总时数	29	29	29	29	31	31
音乐课时所占百分比	3.4	3.4	3.4	3.4	3.2	3.2

表 4-9　1955—1956 学年度初中音乐科目教学时数（单位:课时）

学年	第一学年		第二学年		第三学年	
	上	下	上	下	上	下
音乐	1	1	1	1	1	1
每周教学总时数	28	28	28	28	31	31
音乐课时所占百分比	3.6	3.6	3.6	3.6	3.2	3.2

表 4-10　1956—1957 学年度初中音乐科目教学时数（单位:课时）

学年	第一学年		第二学年		第三学年	
	上	下	上	下	上	下
音乐	1	1	1	1	1	1

学年	第一学年		第二学年		第三学年	
	上	下	上	下	上	下
每周教学总时数	30	30	32	32	33	33
音乐课时所占百分比	3.3	3.3	3.1	3.1	3.0	3.0

由上面六个表可以看出音乐科目教学时数的变化情况。1950年的《中学暂行教学计划(草案)》规定,初一至初三的音乐课时为每周1课时,所占的比重比较稳定。这个教学计划在新中国课程体系的确立过程中起到了奠基的作用。

1952年3月18日,教育部制订《中、小学暂行规程(草案)》。文件规定,小学一至五年级都开设音乐课,一年级至三年级的音乐课为每周2课时,四、五年级的音乐课为每周1个课时,五个学年共计304课时,占总课时的6%。"初中音乐课是必修课,在初中的每个学年中,每周1课时为音乐课。"

总的来说,中学音乐科目每学期每周时数为1课时,课时上的设置比较稳定。在这八年之中,中小学音乐科目一直都有开设,说明音乐科目在这段时间一直受到国家的重视。

(三)课程目标

1950年8月,教育部颁布了《小学音乐课程暂行标准(草案)》,它规定了小学音乐课程的培养目标主要有三个方面:一是培养儿童掌握初步的音乐知识和技能,包括正确的听音、发声、唱歌、简单演奏等;二是培养儿童爱好音乐、陶冶身心、丰富生活并乐于为人民服务的兴趣和愿望；三是培养儿童活泼、愉快、热情、勇敢及"五爱（爱祖国、爱人民、爱劳动、爱科学、爱社会主义）"国民公德和保卫祖国、保卫世界和平的爱国主义思想和感情。这三个方面的教学目标有递进的关系，从掌握基本知识出发最后上升到保家卫国的层面上。这个音乐暂行标准是中华人民共和国成立后的第一个小学音乐课程标准，对小学音乐事业的发展有重要的作用。

1951 年 3 月，第一次全国中等教育会议提出了这个时期中学的教育宗旨是培养学生德、智、体、美全面发展。1952 年 3 月，教育部颁布的《中、小学暂行规程（草案）》中规定："中、小学应对学生实施智育、德育、体育、美育等全面发展的教育。"美育第一次纳入中小学教育的方针中，学校的音乐教育也属于美育的范畴，这为美育的发展奠定了基础。美育受到重视，从而音乐教育在学校教育中的地位也得到了重视。

1956 年，教育部颁发了中华人民共和国的第一部中小学音乐教学大纲，即《小学唱歌教学大纲（草案）》和《初级中学音乐教学大纲（草案）》。小学大纲是由 "目的和内容""教学方法""课外活动""教学设备""各年级教学大纲"五部分组成。中学大纲是由"目的和任务""教学内容和要求"以及"各年级教学大纲"三部分组成。

《小学唱歌教学大纲（草案）》中规定："小学唱歌课是全面发展教育中完成美育的手段之一"。所以，小学的唱歌教学主要是为培养国家需要的全面发展的人服务的。

《初级中学音乐教学大纲（草案）》中规定："初中音乐教学的目的主要是教学生能够有表情地唱歌和感受音乐，通过歌曲的感染作用来培养全面发展的社会主义新人。初中音乐课的教学任务主要有两点：第一，初中音乐课要教比小学更广泛、更深的音乐知识和更复杂的唱歌技巧,从而提高学生的音乐基础知识。第二,在原来的基础上继续培养学生音乐理解能力、感受能力、艺术鉴赏能力。"

但在这个时期,教师在实际音乐教学中,仍然摆脱不了音乐教学注重传授知识、技能的倾向。

（四）内容标准

1949 年至 1956 年的八年中,教育部颁布了 3 个小学草案,即 1950 年的《小学音乐课程暂行标准（草案）》、1955 年的《小学（四二制）教学计划（草案）》和 1956 年的《小学唱歌教学大纲（草案）》。

1950 年颁布的《小学音乐课程暂行标准（草案）》（以下简称《标准（草案）》）规定了小学音乐课的教学内容,包括唱歌、乐谱知识、乐器和欣赏四个部分。《标准（草案）》指出,教材的配备大部分是歌曲,少部分是基本练习、器乐和欣赏,同时规定歌词的内容必须是积极向上、简单生动、真实具体的,必须具有儿童文学价值;可以灵活地选用适合儿童学习的国外的革命儿童歌曲;在学校的活动或社会活动中,灵活地穿插音乐教学,同时在其他学科的学习过程中也可以结合音乐教学；音乐教材的组织要由浅入深、由简到繁,形式和内容要多变化,以增加儿童的兴趣;能用五线谱教学的年级,就不用简谱教学;在音乐教学的过程中,也可以讲述一些著名音乐家的故事,根据儿童的身心发展特点,主要讲述中国音乐家的故事。当孩子的思想稍微成熟时,即四年级以后,可稍微增加国外著名音乐家的故事。《标准（草案）》对歌词提出了要求:"必须是可以充分发扬爱国主义思想、国民公德和国际主义思想的歌词;也要反映新中国人民大众的现实生活;选择的歌词要适合儿童趣味,培养儿童的审美观念,如富有赞美自然、歌咏节令等。"

1955 年的《小学(四二制)教学计划(草案)》对音乐课的说明是:"教材以现代流行的少年儿童歌曲为主,包括民间歌曲。教材必须有利于培养共产主义思想、情操,并且文字流利,音调昂扬、优美,为学生所接受。"

1956 年的《小学唱歌教学大纲(草案)》(以下简称《小学大纲(草案)》)中规定,唱歌、音乐知识、欣赏是小学音乐教学内容。小学音乐教学的内容主要是教会学生能够有理解、有表情地唱歌,并且通过唱歌的教学来培养儿童的音乐兴趣和鉴赏能力,增进儿童的情感。通过唱歌教学学习音乐的基本知识和技能。《小学大纲(草案)》强调,唱歌的教学时间在小学音乐教学中约占三分之二的时间,用心地歌唱加上好的歌曲最能教育儿童。所以,唱歌教材应该具有思想性、可行性、艺术性,应该能为儿童所理解、所接受,并且是儿童唱歌技能所能负担的。

小学的唱歌形式应以齐唱为主,高年级可以适当地加入部分二部轮唱和简单的二部合唱。小学音乐课的教学主要是教儿童认五线谱,学会用固定唱名法视唱,使儿童获得音乐表现手段和有关音乐语言的初步知识,对于条件有限的地方,可以暂时教儿童认简谱,用首调唱名法视唱。学生获得音乐知识就可以更好地理解、表演和感受音乐。获得音乐知识的途径包括唱歌和欣赏。小学音乐欣赏内容应具有其自身的思想性、艺术性和可接受性,低年级的音乐欣赏教材应以唱歌为主,中、高年级可以适当地增加一些有标题的器乐曲。音乐欣赏教学的时长控制在 15 分钟之内,根据课程需要进行。

1956 年颁布的《初级中学音乐教学大纲(草案)》规定中学音乐的教学要求和内容包括唱歌、欣赏和音乐知识。因为唱歌是初中音乐课的主要内容,所以它的教学时间最多。教师应根据学生在小学所学的基础上教给学生更复杂的唱歌技巧,唱歌形式应该偏重合唱,对于特殊的二部合唱,要强调音调的准确性、声部的融合和均衡。中学唱歌教材和小学规定的一样,在此不重复叙述。

对于音乐知识方面,教学生掌握基本的乐理知识,一些基本的、简单的、文艺理论的知识,基本的音乐创作知识和音乐史方面的知识。教师继续教学生学习五线谱,并以固定唱名法视唱教学,对于条件有限的地方,可以暂时教儿童认简谱,用首调唱名法视唱,在所学的歌曲曲谱中选择视唱。音乐欣赏教材、音乐欣赏的内容形式应多样,符合学生的兴趣。音乐欣赏教学内容包括声乐曲、器乐曲,选择标准同唱歌教材基本相同。欣赏教学主要是教学生走进音乐的世界,用身心去感受音乐。

从以上几个大纲中我们可以看出,我国中小学音乐教学以唱歌为主要的教学内容,培养学生的爱国主义精神、民族自豪感和对音乐的热爱。唱歌题材主要选取一些苏联的歌曲,可见苏联中小学教学理论与实践对我国中小学音乐教学有一定的影响。

(五)考核方式

在教学大纲和各年级的教学计划中,音乐课程学习评价的部分没有单独列出和说明,只是在教学要求中有一些提示。1955年教育部发出"减负"指示,音乐课程是作为考查科目的。这一时期,教师通过借鉴苏联的五级制记分法给学生评分。所谓五级制记分法,是指将成绩区分为1至5等,5分为很好,4分为好,3分为及格,2分为不及格,1分为很坏。五级制记分法给音乐学习评价带来了一定的便利,但有的学校仍采用百分制记分法。

1956 年的草案中规定,教师对学生的课业必须进行经常的检查,并评定他们成绩的优劣;以唱歌的形式方法来评定学生的学习情况,以学生能否用正确的表情唱歌、是否符合唱歌的基本要求为标准;在平日的课堂教学中检查作业,及时了解学生的掌握情况,避免期中或期末用整堂课的时间进行个别考试;组织好课外活动,在活动中学生都可以参与,情绪比较放松,可以培养学生对音乐的兴趣,丰富课余生活,促进身心健康发展,还能发挥学生的音乐才干和特长。

以此可以看出,因为这一时期还没有形成科学的评价依据和标准,所以音乐学习评价只是停留在课堂评价和音乐活动评价的层面上。

(六)总述

中华人民共和国成立到 1956 年三大改造基本完成,中小学音乐课程从对旧课程的沿袭、改造,发展到新课程的初步建立。音乐课程在这段时间内表现出以下三个特点。

第一,逐渐形成稳定的音乐学科。从 1949 年至 1956 年,音乐课一直是中小学学科体系中的固定科目,从未间断。中小学音乐课的开设课时量也比较稳定。

第二,音乐教学的模式已经基本建立。根据教育部在 1950 年颁布的关于小学音乐课程的暂行标准,当中对于音乐课的教学大纲及教材采用的内容都有规定。而后在不断颁布的相关文件中,不断完善和发展中、小学音乐教育。教育部于 1952 年将美育作为中小学生接受学校教育的一个方面,从而将音乐教育作为美育的手段之一。由此,教育部颁布相关文件,规定音乐教育的教学目标、课时、考核方式及教育内容等方面。

虽然这一时期音乐教育得到了良好的发展,但是由于这一时期国家的经济发展比较落后，国家对于课程改革不能一步到位或各方面都能顾及，音乐课的发展也受到了限制，具有一定的局限性。音乐课作为美育的手段之一，并没有得到相应的重视，师资力量的缺乏导致大纲中的要求并没有很好地贯彻落实到平时的教学活动中。

第三，音乐教育是政治教育的手段之一。从这个时期颁布的相关文件中我们可以发现，教育都以热爱祖国和为人民服务的思想为中心而展开活动。这个教学目标在中华人民共和国成立前的那段时间并没有出现，因此可以看出自中华人民共和国宣布成立后，人民更加拥护国家政权，对未来生活充满向往之情。学校课程的编制也是以为国家建设服务为出发点。

1953 年至 1956 年，这一时期的教育完全是照搬苏联模式。以苏联的教育模式和理论为基础，对我国的课程设置、教学内容、教学方法以及对教材的规定，没有与本国的实际情况相结合，属于教条式的采用，具有一定的盲目性，不符合我国当时学生的学习水平。

1956 年教育部所颁发的教学大纲都是照搬苏联大纲，毫无创新的产物，但也有其合理性，如教育教学的目的和要求比较合理，对于学生的音乐技能、技巧和创造性思维等方面的发展做出了相关规定。但是，在整个教学过程中忽视了学生的个性，要求模式化、统一化，导致整个课堂以教师为中心，对我国后期的教育发展也造成了深远的影响。

对于完全照搬苏联模式所产生的与我国实际教育不相容的情况，毛泽东同志于 1956 年在《论十大关系·中国和外国的关系》中做出总结，认为不能盲目地照搬照抄。

二、社会主义探索时期

(一)历史背景

1957 年至 1966 年是中国全面探索社会主义建设的十年。在这期间，国民经济发生了重大的变化，经济基础决定上层建筑，由此影响了社会、政治、教育、文化等各个方面。

20 世纪 60 年代，中国和苏联的外交关系趋于恶化。此外，中国之前完全照搬苏联发展教育的模式影响了中国学校教育，学校的学生都去工厂、农场等地劳作，学校成了空壳。因此，在教育方面，我国开始探索适合本国国情的教育发展道路。1957 年 2 月 27 日，毛泽东同志在《关于正确处理人民内部矛盾的问题》的讲话中提出："我们的教育方针，应该使受教育者在德育、智育、体育几方面都得到发展，成为有社会主义觉悟的有文化的劳动者。"由此，中共中央开始大规模地调整我国的教育事业。这一方针对人民教育事业健康发展具有重要的指导作用。但该方针也存在不足，只强调受教育者在德育、智育、体育三方面的发展，忽视了美育。这对音乐教育的发展有一定的负面影响。

1951 年，毛泽东就目前学生学业负担重的问题，为我们国家孩子的健康担忧，提出了"健康第一，学习第二"的方针，要求国家有关部门做出决定，适当地减少中小学的课程。1957 年 6 月，教育部颁布《关于 1957—1958 学年度中学教学计划的通知》，提出"必须采取临时措施，能够减轻学生的负担和提高他们的学习质量"。从中可以看出，学生学业负担过重，是当时需要解决的重要问题。

1958 年 4 月、6 月，中共中央分了两个时间段召开教育工作会议，教育工作会议的主要内容是总结前段时期我国教育事业的发展情况，并就一些教育改革、教育方针等实施过程中产生的问题进行讨论。会议确定，党的教育工作方针是教育为无产阶级政治服务、教育与生产劳动相结合，为实现这一方针，教育工作必须由党来领导。《关于教育工作的指示》是中共中央、国务院在 1958 年 9 月 19 日发布的，明确提出教育与生产劳动相结合。学校开始注重劳动教育，普遍开设了劳动课，组织学生从事勤工俭学和社会实践活动。这一系列的方针对当时的劳动教育起到了积极的作用，但是使得学校教育慢慢地都变成了劳动教育，大家都不去学校学习了，直接跑去工厂和农场工作。"全国大、中、小学教职工和高小以上学生响应号召，投入大炼钢铁运动。学校师生夜以继日地劳动，教学工作及音乐技能练习基本停顿。"过度的劳动严重影响了正常的教学秩序，使得一些学科被迫停课，音乐、美术等课程首先受到影响，美育一再被忽视，使得学校音乐课程的发展受到严重的冲击。1964 年，教育部开始研究精简和调整中小学的课程，包括课程的设置、开课时数、上课时间等，当然音乐课程也进行了适当的调整。

　　总而言之，在这十年里，中国的教育在不断探索。国家召开的工作会议、颁布的教学计划等对音乐课程的发展起到了一定的促进作用。国家开始探索适合我国的中小学音乐教育模式，慢慢地摆脱了苏联一些不适合我国国情的音乐模式，中国的音乐教育开始走自己的发展道路。但是，在这一时期，中国对音乐课程的发展没有考虑周全，表现在减少了音乐课程的时数、对音乐教育的功能不重视等。

　　(二)课程设置

　　1957 年 7 月 11 日，教育部制订了《1957—1958 学年度小学教学计划》。该计划要求小学必须开设唱歌课,上课年级为一年级至六年级,音乐课每周为1课时,上课总数为204课时,占总课时数的3.9%。各地可以根据实际的情况,适当地变动。

1963年7月31日,教育部颁发《全日制小教学计划(草案)及说明》,规定小学一至六年级开设音乐课,一至四年级每周2课时,五、六年级每周1课时,上课总时数为371课时,占总课时数的5.6%。草案说明中指出,小学阶段必须注重语文和算术的教学,中学必须注重语文、数学和外国语的教学。从中可以看出,语文、数学在中小学的教学中还是占主要位置。1964年8月,教育部颁发《关于六年制小学教学计划的安排意见》,其中提道:"全面贯彻党的教育方针,促进青少年儿童在德、智、体、美诸方面更加生动活泼地、主动地发展。"音乐课的授课时数较五年制教学计划音乐课的总时数增加了48课时,具体如表4–11、4–12所示。

表4–11 《1957—1958学年度小学教学计划》唱歌科目教学时数(单位:课时)

学年	一年级	二年级	三年级	四年级	五年级	六年级
唱歌	1	1	1	1	1	1
每周教学总时数	24	24	24	24	28	28
音乐课时所占百分比	4.2	4.2	4.2	4.2	3.6	3.6

表4–12 1963年《全日制中小学教学计划(草案)及说明》

音乐科目教学时数(单位:课时)

学年	小学阶段					
	一年级	二年级	三年级	四年级	五年级	六年级
唱歌	2	2	2	2	1	1

学年	小学阶段					
	一年级	二年级	三年级	四年级	五年级	六年级
每周教学总时数	28	28	30	30	32	32
音乐课时所占百分比	7.1	7.1	7.1	7.1	3.1	3.1

从上面的两个表我们可以看出,1957年至1963年期间,小学音乐课的发展呈逐渐上升的趋势,在调整和精简课程的指示下,小学音乐课的课时比重没有发生变化。1964年7月14日,教育部发出的《关于调整和精简中小学课程的通知》中规定:"小学的课程除图画、音乐、体育外,每学年有5门课。小学的上课总时数,三、四年级减为29节课,五、六年级减为30节。"这是因为国家对小学的地理、历史、生产常识、自然四门课程进行了调整,这四门课按一年修完来安排,即五年级先开设自然、地理两科,地理每周设为2课时,自然每周设为3课时;六年级开设历史科,每周3课时。

1957年6月8日,教育部制定了《1957—1958学年度中学教学计划》,要求初中必须开设音乐课,三个年级的音乐课为每周1课时,初中三个学年音乐课共计102课时。1958年,教育部制定《1958—1959学年度中学教学计划》,其中规定音乐课课时与上一学年度相同。但是,同年5月10日,教育部又发出《关于1958—1959学年度中学教学计划通知的补充通知》,指出:"《1958—1959学年度中学教学计划》已于3月8日发出,各地可以根据中央关于勤工俭学的指示和第四次全国教育行政会议的精神,因地制宜,做适当调整,以适用于公立普通中学。"因此,补充通知将初中三个年级开设音乐课改为在一、二年级开设，每周 1 课时，两个学年共计 68 课时。1963 年 7 月，教育部颁发《全日制中小学新教学计划（草案）》，规定初中一年级和二年级必须开设音乐课，每周 1 课时，两个学年共计 68 课时，具体如表 4-13、4-14、4-15 所示。

表 4-13 《1957—1958 学年度中学教学计划》音乐科目教学时数（单位：课时）

学年	一年级	二年级	三年级
音乐	1	1	1
每周教学总时数	28~29	30	31
音乐课时所占百分比	3.6~3.4	3.3	3.2

表 4-14 《1958—1959 学年度中学教学计划》音乐科目教学时数（单位：课时）

学年	一年级	二年级	三年级
音乐	1	1	1
每周教学总时数	29	30	30
音乐课时所占百分比	3.4	3.3	3.3

表 4-15 《1963 年全日制中小学教学计划（草案）及说明》

音乐科目教学时数（单位：课时）

学年	初中阶段		
	一年级	二年级	三年级
音乐	1	1	1
每周教学总时数	33	34	34
音乐课时所占百分比	3.0	2.9	0

从上面三个表我们可以看出，1957 年至 1963 年的教学计划颁发之前，初中音乐课的发展相对稳定，每周 1 课时。1963 年的教学计划颁发之

后,初中一、二年级开设音乐课,初中三年级不开设音乐课。1964 年,国家开始调整和精简中小学的课程,包括音乐课程。总结得出,从 1963 年开始,初中阶段的三年级没有音乐课。音乐教育是学生美育培养的重要途径,初中三年级音乐课的缺失对学生美育的发展有一定影响。

(三)课程目标

1963 年 5 月,教育部对于重点科目如语文、数学等分别颁布了新的教学大纲、教学计划、教育法规,但对于副科如音乐、体育等并没有做出新的相关规定。因此,1956 年音乐课程大纲中的课程目标仍然是这十年的音乐课程目标,即培养合格的社会主义劳动者。

这一时期,学校音乐教育的地位逐渐被削弱,音乐课的功能缩小成只为政治服务,音乐课程目标不能得以全面实现。

(四)内容标准

依据 1956 年的音乐课程大纲,中小学的学习内容是唱歌、音乐知识和欣赏。唱歌仍然是主要的形式。1957 年,根据毛泽东同志的指示,培养有社会主义觉悟的有文化的劳动者是我国现阶段的教育方针。因此,劳动教育是这一时期音乐教育的核心内容。1964 年,中国的第一版音乐课本——天津人民出版社出版的小学试用课本《音乐》,如一年级下学期的教学内容包括《热爱共产党》《解放军真正好》《民兵叔叔好》《卖报歌》《我是小司机》等歌曲,从中我们可以看出,这一时期音乐课的教学内容是围绕中小学的培养目标进行的,即音乐课的内容与生产劳动相结合,培养学生爱劳动、爱人民,拥护社会主义,拥护共产党的精神。

(五)考核方式

1956 年我国颁布的音乐教学大纲一直沿用至 1966 年。尽管期间修改过教学计划,课时有减有增,但教学内容和教学方法仍有指导规范作用。1963 年 3 月颁布的《全日制小学暂行工作条例(草案)》,在"教学工作"中指出,学校进行考试和考查的主要目的是让教师、家长了解学生每一阶段的学习情况,督促他们复习功课,巩固在学校所学的知识,同时也便于教师进行研究和改进教学工作。同时,作为一名教师,在教学时要注意课堂提问和学生作业的考查,及时发现问题,及时弥补。学校要根据学生的身心发展特点进行组织教学,如学校组织的考试次数要合理,像语文、算术这样的基础性课程,每学期可以举行一次或两次阶段性考试和一次学期考试,其他课程只举行学期考试,不要因为考试而造成学生过度紧张和劳累。1963 年 3 月颁布的《全日制中学暂行工作条例(草案)》,关于考试与考查和小学的要求基本一致。从中可以看出,这段时期对音乐课的考试还是停留在平时的随堂考查和作业检查上,没有形成系统的考试形式。

(六)总述

1957 年至 1966 年是学校音乐课程曲折发展的十年。由于美育在我国教育方针中没有涉及,学校教育对中小学音乐教育并没有重视,所以音乐课的课时量在整个教学总课时中占的比例很少,甚至有的学校的音乐课被消减,更严重的是,有的学校取消了音乐课的教学。这时的教育目的局限于以为政治服务为核心的狭隘范围。1963 年,教育部颁布《中小学工作条例(草案)》,使得中小学的教学工作恢复正常,包括音乐课程在内的教育教学质量才得以保证。

在这一阶段,我国学校音乐课程在曲折中有四个特点:第一,从全面照搬苏联模式转变为探索符合本国国情的音乐课程体系;第二,美育功能长期被忽视,没有在教育部相关文件中涉及;第三,颁布的新教学大纲更加注重民族传统音乐的部分;第四,根据教育与生产劳动相结合的要求,音乐课程具有可行性、实践性、现实性。这一时期学校音乐课程的发展,总体上还是沿着正确、健康的方向前进的,为后来中国学校音乐课程的进一步完善提供了宝贵的经验。

三、改革开放初期(1978—1990年)

(一)历史背景

1978年12月,党的十一届三中全会顺利召开,它是中华人民共和国历史上的一个伟大转折点。从此,中国历史进入了改革开放和社会主义现代化建设的新时期,教育事业逐渐发展成熟。

1985年,中共中央做出了《关于教育体制改革的决定》,提出"教育体制改革的根本目的是提高民族素质,多出人才、出好人才",这对中国教育的发展起着重要作用。

1986年3月25日,国务院总理赵紫阳在第六届全国人民代表大会第四次会议上做了《关于第七个五年计划的报告》。报告的第三点指出:"各级各类学校都要认真贯彻执行德育、智育、体育、美育全方面发展的方针,并根据各自的特点适当加强劳动教育,坚持把提高教学质量、培养合格人在放在首位。"美育重新出现在方针政策中,它的地位重新被认可。

1987年12月,原国家教委成立了目前国家具体组织管理艺术教育的最高行政部门——社会科学研究与艺术教育司,旨在为贯彻德育、智育、体育、美育、劳动教育全面发展的方针。

1987年10月25日至11月1日,中国共产党第十三次全国代表大会顺利召开。关于教育方面,大会提出,把发展科学技术和教育事业放在首位,教育成为国家优先发展的战略目标,使经济建设的增长方式主要转移到依靠科技进步和提高劳动者素质的轨道上。国家非常重视教育的发展,通过教育来发展经济,通过教育来提高劳动者的素质,从而提高整个公民的素质。《全国学校艺术教育总体规划》于 1989 年 11 月正式颁布,对于我国学校艺术教育的发展起到了重要的推动作用。

由上可以看出,有了国家的重视和保障,我国音乐教育事业也取得了有史以来最大的进步。

(二)课程设置

1978 年至 1990 年的十二年间,国家一共出台了十三个中小学教育计划。接下来,笔者将按照这时期中小学的教学计划的内容来总结这一时期音乐课程设置的情况。

1978 年,教育部颁布《全日制十年制中小学教学计划(试行草案)》。该草案规定"在小学开设音乐课",一至三年级每个星期安排 2 课时,四至六年级每个星期安排 1 课时,六个学年共计 328 课时。

1981 年,教育部颁布《全日制五年制重点小学教学计划(试行草案)》。该草案规定小学一至五年级每个星期安排 2 课时的音乐课,五个学年共计 360 课时。

1988 年,教育部颁布《义务教育全日制小学、初级中学教学计划(试行草案)》。该草案规定,五年制小学一、二年级每周安排 3 课时的音乐课(其中含唱游 1 课时),三至五年级每周 2 课时,五个学年共计 408 课时。六年制小学,二年级每周 3 课时(其中含唱游 1 课时),三至六年级每周 2 课时,六个学年共计 476 课时,具体如表 4-16、4-17、4-18、4-19、4-20、4-21、4-22 所示。

表4-16　1978年《全日制十年制中小学教学计划(试行草案)》

音乐科目教学时数(单位:课时)

学年	小学阶段				
	一年级	二年级	三年级	四年级	五年级
音乐	2	2	2	1	1
每周教学总时数	26	26	26	26	26
音乐课时所占百分比	7.7	7.7	7.7	3.8	3.8

表4-17　1981年《全日制五年制小学教学计划(试行草案)》

音乐科目教学时数(单位:课时)

学年	一年级	二年级	三年级	四年级	五年级
音乐	2	2	2	2	2
每周教学总时数	24	25	26	27	27
音乐课时所占百分比	8.3	8.0	7.7	7.4	7.4

表4-18　1984年《全日制六年制城市小学教学计划(草案)》

音乐科目教学时数(单位:课时)

学年	一年级	二年级	三年级	四年级	五年级	六年级
音乐	2	2	2	2	2	2
每周教学总时数	23~24	23~24	25~26	25~26	25~26	25~26
音乐课时所占百分比	8.7~8.3	8.7~8.3	8.0~7.7	8.0~7.7	8.0~7.7	8.0~7.7

表4-19 1984年《全日制六年制城市小学教学计划(草案)》

唱游科目教学时数(单位:课时)

学年	一年级	二年级	三年级	四年级	五年级	六年级
唱游	1	1	0	0	0	0
每周教学总时数	23~24	23~24	25~26	25~26	25~26	25~26
音乐课时所占百分比	4.3~4.2	4.3~4.2	0	0	0	0

表4-20 1984年《全日制六年制农村小学教学计划(草案)》

音乐科目教学时数(单位:课时)

学年	一年级	二年级	三年级	四年级	五年级	六年级
音乐	2	2	2	2	1	1
每周教学总时数	23	23	25	25	25	25
音乐课时所占百分比	8.7	8.7	8.0	8.0	4.0	4.0

表4-21 1988年《义务教育全日制小学、初级中学"六·三"制小学教学计划

(试行草案)》音乐科目教学时数(单位:课时)

学年	小学阶段					
	一年级	二年级	三年级	四年级	五年级	六年级
音乐	3	3	2	2	1	1
每周教学总时数	22~23	24	24	25	25	25
音乐课时所占百分比	13.6~12.5	12.5	8.0	8.0	8.0	8.0

表4-22　1988年《义务教育全日制小学、初级中学"五·四"制小学教学计划（试行草案）》音乐科目教学时数（单位：课时）

学年	小学阶段				
	一年级	二年级	三年级	四年级	五年级
音乐	3	3	2	2	2
每周教学总时数	24~25	26	28	28	28
音乐课时所占百分比	12.5~12	11.5	7.1	7.1	7.1

综上所述，此时音乐课程开始呈现稳定和持续的状态，并且课时量有所增加。一至三年级音乐课的课时数基本稳定在每周2课时，在1984—1988年的教学大纲中，一、二年级增加至每周3课时，包括1节唱游课，四、五、六年级从1978年每周1课时增加至每周2课时。从中反映出我国小学的教学计划慢慢走向成熟。

1978年的《全日制十年制中小学教学计划（试行草案）》规定初一年级开设音乐课，每周1课时，三个学年共计100课时，初二、初三年级不开设音乐课。

1981年，《全日制五年制中学教学计划试行草案的修订意见》和《全日制六年制重点中学教学计划（试行草案）》规定初中三个年级都开设音乐课，每周1课时。

1988年的《义务教育全日制小学、初级中学教学计划（试行草案）》规定初中音乐课的课时，四年制初中，一至四年级每周1课时，四个学年共计134课时；三年制初中，一至三年级每周1课时，三个学年共计100课时，具体如表4-23、4-24、4-25、4-26所示。

表4-23　1978年《全日制十年制中小学教学计划(试行草案)》

音乐科目教学时数(单位:课时)

学年	初中阶段		
	一年级	二年级	三年级
音乐	1	0	0
每周教学总时数	28	0	0
音乐课时所占百分比	3.6	0	0

表4-24　1981年《全日制六年制重点中学教学计划(试行草案)》和1981年

《全日制五年制中学教学计划试行草案的修订意见》音乐科目教学时数(单位:课时)

学年	初中阶段		
	一年级	二年级	三年级
音乐	1	1	1
每周教学总时数	30	31	31
音乐课时所占百分比	3.3	3.2	3.2

表4-25　1988年《义务教育全日制小学、初级中学"六·三"制中小学教学计划

(试行草案)》音乐科目教学时数(单位:课时)

学年	初中阶段		
	一年级	二年级	三年级
音乐	1	1	1
每周教学总时数	31~32	31	30
音乐课时所占百分比	3.2~3.1	3.2	3.3

表4-26 1988年《义务教育全日制小学、初级中学"五·四"制中学教学计划（试行草案）》音乐科目教学时数(单位:课时)

学年	小学阶段			
	一年级	二年级	三年级	四年级
音乐	1	1	1	1
每周教学总时数	29	29	30	30
音乐课时所占百分比	3.4	3.4	3.3	3.3

1978年的中小学计划规定,中学阶段只有一年级开设音乐课。之后,初中各年级均开设每周1课时的音乐课。从中可以看出,这期间初中音乐课程的开设也是持续和稳定的。

1984年,新义务教育教学计划的特点表现为突出全面发展的方针,即德、智、体、美、劳。这一时期的教育既要适合学生兴趣爱好的发展,也重视学生知识的学习。

(三)课程目标

1978年到1990年期间,一共颁布了5部中小学音乐大纲。在这些大纲中,相应提出了各个阶段的中小学音乐课程目标。

1979年2月,教育部召开九省市中小学音乐、美术教材会议。音乐教学大纲就是在此会上修订的,是中小学共用的一部教学大纲,即《全日制十年制学校中小学音乐教学大纲(试行草案)》。1979年的大纲指出音乐教学的目的任务:"中小学音乐教学对儿童、青少年的健康成长和提高我们中华民族的整体科技水平与文化水平都有重要作用。学生高尚的情操、积极向上的革命思想、丰富的感情世界都需要通过音乐教学来培养。通过音乐教学还可以培养学生对音乐的感受力和审美力,方法是通过了解我国的音乐艺术、掌握音乐的基本知识和技能、接触国外的一些优秀的音乐作品。"

1982年2月，教育部颁布《全日制初级中学音乐教学大纲（试行草案）》。该大纲指出："培养学生德、智、体全面发展是中学音乐教育目的的一部分。培养学生更深地掌握祖国的音乐艺术；有条件的学校，还可以让学生学习国外的优秀音乐作品；培养学生掌握基本知识和技能；通过音乐教学，让学生具有音乐的歌唱能力、表演的能力、鉴赏能力、感受能力。"

1988年，教育部颁布《九年义务教育全日制初级中学音乐教学大纲（初审稿）》。该大纲指出："音乐的课程教学和课外的音乐活动都属于学校音乐教育的范畴。音乐教育可以培养学生的爱国主义精神。"初中音乐教学的任务相对1982年的中学音乐教学大纲增加了启迪学生智慧、提高学生的音乐素质、陶冶学生高尚的情操。

由上可以看出，1979年的目标对情感态度的目标规定得较具体，但这一时期"美育"在国家教育方针中的地位不明确。1982年的音乐教学大纲的总目标中增加了"启迪智慧"的提法，肯定了音乐课程的价值，并且提出了音乐教育是进行美育的重要手段，确定了"美育"的地位。1988年的音乐教学大纲相对于前面的音乐教学大纲有所进步。"培养学生对音乐的感受、理解、鉴赏、表现能力，提高学生的音乐素质"第一次在音乐教育目的中提出。在教学目的中首次提出提高学生音乐素质的目标，表现出对音乐能力和音乐素质的理解开始趋于完善。

这五部中小学音乐的教学大纲，有相对稳定的课程目标，都强调学生对音乐基础知识和简单的音乐技能的掌握、学生音乐能力以及高尚情操等情感态度方面的培养。在具体的知识技能学习目标方面，音乐的识谱知识、歌唱技巧、视唱听音三个方面是学生音乐学习的重要组成部分。

（四）内容标准

教育部1979年2月颁布的中小学音乐教学大纲规定,唱歌、音乐知识和技能训练、欣赏是音乐教学的内容,唱歌是音乐教学的主要内容。音乐教材的选择要符合各年级的教学要求、学生的接受能力和作品的思想性、艺术性。教师对学生进行系统的乐理知识的讲授和视唱听训练,使学生掌握识谱的技能。在选择欣赏教材的过程中,教师要考虑到体裁、形式、风格的多样性,涵盖中外声乐曲、器乐曲以及我国民族民间音乐等,以扩大学生的知识范围和培养多方面的趣味。1982年的《小学音乐教学大纲（试行草案）》提出的教学内容与要求基本沿用1979年的大纲的规定,但增加了乐理知识和视唱的教学应用五线谱进行教学。

1988年,教育部颁布《九年制义务教育全日制小学音乐教学大纲（初审稿）》。唱歌、唱游、器乐、欣赏、读谱知识和视唱、听音是这一时期音乐教学的内容。各项教学内容的教学时数比例分配如表4-27所示。

表4-27 《九年制义务教育全日制小学音乐教学大纲（初审稿）》中
规定的课时数（单位:课时）

教学内容	唱歌	读谱知识 视唱听音	欣赏	器乐
低年级	50	10	20	20
中年级	50	10	20	20
高年级	40	15	25	20

《九年制义务教育全日制小学音乐教学大纲（初审稿）》对各项教学内容提出了具体的教学要求:在唱歌教学方面,要注意中声区的训练;要求

高、节奏准确，音色统一，中年级起可逐步参加二声部合唱，要求声音和谐、均衡；教学选用节奏乐器和简易乐器。在音乐欣赏教学方面，应根据学生的接受能力，适当选择不同形式、风格、体裁、题材的中外音乐作品，开阔学生的音乐视野等。

在该大纲的使用说明中还指出，为解决好幼儿园和小学的衔接，在小学音乐课中增加了唱游，寓音乐教育于游戏之中。由于小学的音乐知识的教学主要是使学生掌握简单的读谱能力，技能训练主要是使学生能进行简单的视唱、听音，因此为了更切合小学音乐教学的实际情况，将 1979 年的大纲中规定的音乐知识和技能训练改为读谱知识和视唱、听音。

1988 年的大纲，在教学内容上增加了以前大纲中没有的器乐，删掉了长期以来较重视的音乐知识和技能训练，并将器乐放在了仅次于唱歌的位置。从上表各教学内容所占的比例的规定中可以看出，学生全面学习音乐知识和技能得到了保证。

(五)考核方式

中华人民共和国成立后颁布的第二部音乐教学大纲是 1979 年的中小学音乐教学大纲，它结束了我国学校音乐教育长期以来的混乱局面。此教学大纲规定学业考查的主要内容是音乐考试，除了期末考查，在平时要经常检查学生的学业。由此我们不难看出，音乐教育在整个学校教育中正在逐渐受到一定的重视，并开始关注音乐课程的学习评价。1982 年颁布的中小学音乐教学大纲，其内容要求和形式包括学业考查基本沿袭了 1979 年的教学大纲。

1989 年 11 月，原国家教委颁布《全国学校艺术教育总体规划(1989—2000 年)》。该文件规定在小学和初级中学开设音乐课，并且规定音乐课

(含小学低年级唱游)为一门必修课。文件的第五部分单独对音乐考核做了规定:"小学和初级中学阶段的艺术必修课包括音乐等,都应列入期末考核和毕业考核的科目。"从要求中我们可以看出,初中音乐课也被确定为必修课,同时也再次确定了小学音乐课为必修课,必修课就意味着国家保证了课程设置的稳定性和权威性。在学期结束时对学生的学习情况进行检验和考核,并作为学生升级和毕业的参考依据,所以考核很重要。音乐考核的主要内容是学生平时所学的艺术知识和音乐能力的掌握情况,真正使学生从注重音乐知识的学习转向知识技能的学习,即实践和运用。可以得出,音乐课程虽然还没有正式出现音乐学习评价这一概念,但是此规划告诉了我们音乐课程要考核和怎么考核。

(六)总述

这一时期,是中国改革开放和社会主义现代化建设的新时期,政治、经济、文化都得到了很好的发展,上升了一个新台阶。

在这样的背景下,我国的中小学音乐教育发生了巨大的变化。音乐课程方面,主要有四个方面的内容:第一,音乐教学内容越来越丰富,教学内容在不断改进,并且对每项教学内容所占的比例进行了规定,确保了学生音乐学习的全面发展;第二,音乐教学的考核机制更完善,对音乐课程的考核要求、考核方式和考核时间做了一定的规定,确保了音乐课程必须考核和怎么考;第三,音乐课程的功能不仅仅是让学生掌握基本的音乐基础知识和简单的音乐技能,还是陶冶学生品德和精神世界、培养学生全面发展的途径;第四,音乐课还是培养学生爱国主义精神的重要途径。

中国历史的发展具有继承和发展的特点,每一时期都有特定的时代背景。音乐教学事业在历史大背景下发展,当然具有时代性。所以,音乐课程的发展在具有进步性的同时,也带有局限性。在这一时期,我国音乐课程的发展没有突出音乐课程特有的功能。

四、改革开放飞速发展时期(1991—2000年)

(一)历史背景

从20世纪90年代起,我国改革迅猛发展,经济开始腾飞,人类真正走进知识经济时代和信息时代,知识对国家的发展有重要的推动作用,因此社会对进行教育改革的呼声日益高涨。可以说这个时期是我国教育改革的关键时期。

1992年,党的十四大报告提出:"科技进步、经济繁荣和社会发展,从根本上说取决于提高劳动者素质,培养大批人才。我们必须把教育摆在优先发展的战略地位,努力提高全民族的思想道德和科学文化水平,这是实现我国现代化的根本大计。"此报告正式提出了我国教育改革的根本目的在于提高我国的国民素质。

1993年2月13日,中共中央、国务院印发《中国教育改革和发展纲要》。该纲要中提出:"到20世纪末,我国要实现基本普及九年义务教育,基本扫除青壮年文盲,全面提高教育质量。"这是指导我国20世纪90年代乃至21世纪初教育改革和发展的纲领性文件。各级各类学校还可以根据当地的实际情况,积极开展丰富的美育活动,因为其对陶冶学生高尚的道德情操、培养学生健康的审美观念和审美能力等具有重要作用。这是我国第一次以专条的形式论述美育在学校教育中的地位和作用,进而人们认识到艺术教育在学校从应试教育向素质教育的转轨过程中起了重要的作用。

1999年,中共中央提出了"跨世纪素质教育工程"。同年,做出了《关于深化教育改革全面推进素质教育的决定》(以下简称《决定》)。《决定》中指出:"我国现在全面贯彻党的教育方针的途径是实施素质教育,以提高我国国民素质为根本宗旨,以培养学生的创新能力和实践能力为重点,造就有理想、有道德、有文化、有纪律的德、智、体、美全面发展的社会主义建设者和接班人。"《决定》既明确地把美育归于素质教育的大范畴,又特别强调了美育对其他方面教育的影响和渗透作用,这就从根本上确定了音乐教育在学校教育中的地位。

由此可见,在强调教育的优先发展和实施科教兴国的环境下,一系列指导音乐教育教学工作的法律和文件,使音乐教育走上了法制化的道路,中学音乐教材建设、教学器材配备也取得了许多成果。20世纪末,既是素质教育逐渐成为教育改革主流的时期,也是美育逐渐成为素质教育中一个重要组成部分的时期。

(二)课程设置

1992年,原国家教委制定《九年义务教育全日制小学、初级中学课程方案(试行)》,规定小学、初中都开设音乐课,"五·四"制学校小学一、二年级每周3课时,三至五年级每周2课时,小学总计408课时。初中一至四年级每周2课时,初中音乐课总计134课时。"六·三"制学校,小学一至六年级音乐课每周2课时,小学音乐课总计476课时。初中一至三年级音乐课每周1课时,初中音乐课总计100课时,具体如表4-28、4-29、4-30、4-31所示。

表 4-28　1992 年九年义务教育"五·四"学制

全日制小学音乐科目教学时数(单位:课时)

学年	一年级	二年级	三年级	四年级	五年级
音乐	3	3	2	2	2
每周教学总时数	26	26	28	28	28
音乐课时所占百分比	12	11.5	7.1	7.1	7.1

表 4-29　1992 年九年义务教育"六·三"学制

全日制小学音乐科目教学时数(单位:课时)

学年	一年级	二年级	三年级	四年级	五年级	六年级
音乐	3	3	2	2	2	2
每周教学总时数	23	24	24	25	25	25
音乐课时所占百分比	12.5	12.5	8.0	8.0	8.0	8.0

表 4-30　1992 年九年义务教育"六·三"学制

全日制中学音乐科目教学时数(单位:课时)

学年	一年级	二年级	三年级
音乐	1	1	1
每周教学总时数	32	33	27
音乐课时所占百分比	3.1	3.0	3.7

表 4-31　1992 年九年义务教育"五·四"学制

全日制中学音乐科目教学时数(单位:课时)

学年	一年级	二年级	三年级	四年级
音乐	1	1	1	1

学年	一年级	二年级	三年级	四年级
每周教学总时数	30	30	25	22
音乐课时所占百分比	3.3	3.3	4.0	4.5

从上面的四个表可以看出，这时期的小学音乐课的课时数量是中华人民共和国成立以来设置最多的，初中音乐课的课时量还是稳定在每周1课时，这充分体现了国家对小学音乐教育越来越重视，相对原来提高了一个高度，对初中的学校音乐教育也非常重视，一直保持在稳定状态。

1994年，国家教委印发《实行新工制对全日制小学、初级中学课程（教学）计划进行调整的意见》。该文件要求各地结合本地区实际情况，研究执行。音乐课程的设置调整为："适当调减《九年义务教育全日制小学、初级中学课程计划》中各科的课时，'六·三'制和'五·四'制的小学音乐课课时调整为每年级每周2课时，中学每周1课时。"

从上我们可以得出，这一时期中小学音乐课程设置一直处于较稳定的状态。

(三)课程目标

1992年，原国家教委颁布《九年义务教育全日制小学音乐教学大纲（试用）》和《九年义务教育全日制初级中学音乐教学大纲（试用）》。两部音乐教学大纲对中小学音乐课程分别提出了三个方面的目标。小学的音乐目标包括：第一，要把学生培养成为"四有"即有文化、有理想、有纪律、有道德的社会主义建设者和接班人，特别要注意音乐的学科特点，将"五爱"、集体主义精神、活泼乐观情绪的培养渗透到小学音乐教育之中；第二，让学生掌握音乐基础知识、音乐技能；第三，使学生的身心得到全面健康的发展;第四,学生扩大视野可以通过接触一些国外优秀的作品,增加音乐的感受力和表现力。初中的音乐课程目标是,学生在小学所学的基础上,增强对音乐的爱好和兴趣,掌握音乐的基础知识和基本技能,使学生具有一定的音乐鉴赏能力。

这两个中小学教学大纲的教学目的规定的内容和以往教学大纲相比出现了许多不同,主要表现在两个方面:第一,音乐课程从重视政治功能扩展到审美功能,从而落实到培养学生完整的人格和进行素质教育。第二,国家一直放在首位的音乐基础知识和基本技能在这里被放到了次要的位置,更重视培养树立正确的音乐教育理念;学习内容在原有的基础上增加了学习我国少数民族的音乐,增加了学习范围。

2000年,教育部颁布《九年制义务教育全日制初级中、小学音乐教学大纲(试用修订稿)》。该教学大纲规定,小学音乐课的教学目的是:"兴趣是学习知识最好的动力,音乐教学要尊重学生的主体地位,教师作为引导者,鼓励学生积极参加活动,在活动中成长,在活动中学习;教学时,注意音乐学科特有的特点,把一些爱国精神的培养渗透到教学中,从而让学生在课堂上掌握音乐基础知识和技能的同时,也能兼顾爱国精神的培养。"初中音乐课的教学目的在小学的基础上,增加了培养学生学习音乐的良好态度和欣赏音乐的能力。这两部教学大纲的总体目标是:"通过音乐教学,促进学生德育、智育、体育和美育全面发展。"

教育部于2000年颁布的两部中小学音乐教学大纲对学科的性质和价值做了全方位的描述,大幅度调整了教学目的,重视教育教学的改革。在新时期,中国学校音乐教育的成果是提出了要和现代社会的发展、素质教育的新理念相适应。中国的中小学音乐教育已慢慢进入规范科学的发展阶段。

(四)内容标准

1992 年原国家教委颁布的中小学音乐大纲规定,唱歌、唱游、器乐、欣赏、识谱知识和试唱听音是小学音乐教学的主要内容,与 1988 年的教学大纲相比,教学内容增加了必唱的歌曲和推荐的歌曲,教学是分年级展开的。唱歌、器乐、欣赏、基本乐理和视唱练耳是初中音乐教学的主要内容。2000 年,教育部颁布的中小学音乐教学大纲,规定唱歌、唱游、欣赏、器乐、识谱是小学音乐课的主要教学内容。中学的教学内容为唱歌、欣赏、乐器、识谱。

2000 年的中小学大纲规定的教学内容相对前面的教学大纲发生了变化,具体表现在四个方面:第一,欣赏的位置在中小学都往前提了一位,调整到了器乐的前面,可见其重视程度在不断提高;第二,增加了识谱,并指出识谱教学是学生学习音乐的必要环节,包括五线谱和简谱教学;第三,删减了基本乐理和视唱练耳的教学,这样降低了教学的难度,增加了学生的学习兴趣;第四,大纲对歌曲的选择上有变化,必唱的歌曲减为 3 首,取消推荐教学的歌曲,这样就给各地更大的发展空间,使音乐教学更具有自主性。

(五)考核方式

1992 年 8 月,原国家教委颁布《九年义务教育全日制小学初级中学课程计划(试行)》,在"考试考查"中规定,义务教育阶段试行学期、学年和毕业的终结性考查、考试。小学毕业考核除语文、数学为考试学科外,其他科目为考查科目。初中毕业考核,除国家统一规定的毕业年级的考试学科,其他科目实行结业考试或考查。考试以每学期进行一次为宜,考查着重平时进行。从中可以看出,音乐科目在中小学一般作为考查科目,除国家的统一安排。

1992年8月原国家教委颁布的《九年义务教育全日制小学音乐教学大纲(试用)》和《九年义务教育全日制初级中学音乐教学大纲(试用)》是在1988年的大纲的基础上修订而成的。大纲前言部分规定音乐课是九年义务教育初中和小学阶段的必修课。学业考核的内容包括三个方面:第一,在平时考查的基础上评定成绩;第二,考核的形式灵活多样,有利于提高学生学习音乐的兴趣;第三,考核的内容必须符合大纲的基本要求。从中可以看出,国家很重视音乐课程的考核,重视对学生的创新精神和实践能力的培养。

2000年原国家教委颁布的中小学音乐大纲的内容相对于1992年的教学大纲减少了课外活动和增加了教学考核和评估这两项。这是首次在音乐教育大纲中出现教学考核和评估的概念,它具体包括对学生的考核和对教师的评估。它与以前几个大纲相比,有较大的突破与进步。

(六)总述

20世纪末,全国中小学教育迎来了空前的发展,音乐教育也有了较明显的进步。中小学音乐课程经过前面的探索、调整和发展,终于走进了提高阶段。在这一时期,中小学音乐课程取得了以下三个方面的进步。

首先,确定了音乐课为艺术教育课程。一直以来,人们习惯将音乐课与其他课程统称为文化课,从中我们不能看出这个描述有什么特别。若将其定义为艺术教育课程,可以直接突出音乐课的艺术特点,同时它和专门的艺术专业课有所区别。艺术课主要是学习艺术专业知识和专业技能。关于这一定义,音乐教学大纲中是这样描述的:"小学(初中)音乐课是义务教育小学(初中)阶段的一门必修的艺术教育课程。"我们要根据学生的身心发展特点来安排教学任务。正确理解中小学音乐课的性质能正确引导音乐课程的发展方向。

其次,这一时期音乐课程的教育功能、教学内容、课程目标、教材建设、教学评估等渐渐完善。音乐课程从重视政治功能扩展到审美功能,从而落实到培养完人和全面发展的人。将国家一直放在首要位置的音乐基础知识和基本技能的教学放到了次要位置,逐步发展到树立正确的音乐教育理念。教学评估的基本要求也有了规定。

最后,素质教育逐渐深化。1989年,原国家教委颁布了我国教育史上第一部有关学校艺术教育的文件——《全国艺术教育总体规划》。该文件中叙述了艺术教育对我国教育事业发展有重要的作用,它能够提高我国人才竞争的能力,提高学生的综合素质。

五、全面推进素质教育时期(2001年至今)

(一)历史背景

1999年,为培养和造就我国21世纪的人才,中共中央国务院发布了《关于深化教育改革全面推进素质教育的决定》。该决定提出,我们必须从我国社会主义事业兴旺发达和中华民族伟大复兴的大局出发,以邓小平理论为指导,深化教育改革、全面推进素质教育。

2001年5月29日,国务院印发了《关于基础教育改革与发展的决定》,从六个方面对推进基础教育做了阐述,如坚持基础教育的优先发展战略;完善管理体制,推进农村义务教育持续健康发展;扎实推进素质教育,完善教师教育体系等。

2001年6月11日至12日，国务院召开了第一次全国基础教育工作会议，要求以全面实施素质教育为核心，以调整农村义务教育管理体制为重点，进一步加快基础教育的改革与发展。由此，素质教育改革得到了深化。同年7月，教育部颁布了《基础教育课程改革纲要（试行）》，教育部决定大力推进基础教育课程改革，调整和改革基础教育的课程体系、内容和结构，构建符合现代素质教育要求的新的基础教育课程体系。新的课程体系的提出目的是全面推进素质教育，它涵盖幼儿教育、义务教育和普通高中教育。

2005年1月27日，教育部发布文件，介绍了2005年中国教育改革与发展的六项重点举措。其中第一条就是全面推进素质教育。可见，全面推进素质教育是教育改革的重点。

2010年初，国务院颁布《国家中长期教育改革和发展规划纲要（2010—2020年）》，集中反映了我国经济社会发展新阶段国家教育发展的总体目标和战略思想，为课程标准的修订确定了方向。

总之，进入21世纪，社会越来越重视与时俱进，教育也不例外。在全球化的教育发展形势和人们教育理念革新的背景下，全面推进素质教育势在必行，改革原有的基础课程、构建促进人全面发展的新的基础教育课程体系是当前工作的主要任务。

(二)课程设置

2001年，教育部印发《义务教育课程设置实验方案》，规定小学至初中开设艺术课，可以选择上音乐课或美术课，九年艺术课的课时总计占9%到11%的比重。从中可以看出，国家非常重视艺术教育。该方案规定课程设置的原则包括均衡设置课程、加强课程的综合性、加强课程的选择。

2001 年 7 月,教育部正式颁布《全日制义务教育音乐课程标准(实验稿)》。此义务教育课程标准对以前音乐课程发展过程中出现的问题进行了改革。它首先提出要改变过去注重教授书本知识的现状,重视学生的身心特点;提倡课程要有主次地位之分,改变过去各种学科杂糅在一起的现状;改变过去的评价体制,注重发挥评价的积极作用即促进学生发展、教师提高和改进教学实践的功能;选择适合学生学习的教育内容,改变原来课程内容复杂、和实践相脱离的知识;灵活选用教学方法,以防走入过于强调接受学习、死记硬背、机械训练的现状;改变过去课程管理过于集中的现状。

2010 年初, 国务院颁布的《国家中长期教育改革和发展规划纲要(2010—2020 年)》中对课程设置进行了新的探讨,其中提出课程的设置以音乐审美为核心,以兴趣爱好为动力;强调音乐实践,鼓励音乐创造;突出音乐特点,关注学科综合;弘扬民族音乐,理解音乐文化多样性;面向全体学生,注重个性发展。

通过上述介绍,我们可以得出找到适合现在中小学的课程结构、课程模式是现阶段义务教育阶段改革的重点,也是其努力的方向。

(三)课程目标

2001 年,教育部颁布了《九年义务教育全日制小学音乐教学大纲(修订稿)》和《九年义务教育全日制中学音乐教学大纲(修订稿)》。中小学音乐的教学目的是:"兴趣是学习知识最好的动力,从学生的音乐爱好、兴趣及对祖国音乐的感情出发,教师引导学生积极参加音乐的综合实践活动。在音乐实践活动中,丰富学生的情感体验,培养他们的审美情趣,从而促进他们的个性健康发展;教学时,注意音乐学科特有的特点,把一些爱国精神的培养渗透到教学中，从而让学生在课堂上掌握音乐基础知识和技能的同时，也能兼顾爱国精神的培养；学生通过学习我国优秀的民族音乐和接触一些国外的优秀音乐作品，可以扩大学生的文化视野，可以培养学生掌握音乐的感受力和表现力；启迪智慧，培养学生的合作意识和积极、乐观向上的生活态度。"

2001 年，教育部制订《全日制义务教育音乐课程标准（实验稿）》，规定中小学音乐教育的总目标是："培养学生的音乐兴趣，发展学生的音乐感受和鉴赏能力、表现能力和创造能力，提高学生的音乐文化素养，丰富学生的音乐情感体验，陶冶他们高尚的情操。"课程标准的总目标分为三个维度，包括情感态度与价值观、过程与方法、知识与技能。

2001 年，教育部制定《全日制义务教育音乐课程标准（实验稿）》（以下简称《课程标准》），它展现了新的教学观念，把情感态度与价值观放在课程目标的首位。目标层次更加明显，由上到下依次是课程总目标、学段目标和分学段内容标准。这体现了《课程标准》中的课程目标呈现逐步具体化的特点。我国音乐基础教育的改革与发展随着《课程标准》的出台进入了一个新的历史阶段，具有重大意义。这三部音乐文件都是世纪之交我国基础教育改革浪潮的产物。

2010 年初国务院颁布的《国家中长期教育改革和发展规划纲要（2010—2020 年）》中对中小学音乐课程的教学目标进行了新的规定，指出要重新归纳、整合、提炼"课程目标"中"音乐知识与技能"要求。针对音乐基础知识方面，要求学习并掌握音乐基本要素（如力度、速度、音色、节奏、节拍、旋律、调式、和声等）、常见结构、体裁形式、风格流派和演唱、演奏、识谱、编创等基础知识。针对音乐基本技能方面，要求学生要了解中外音乐发展的简要历史和有代表性的音乐家,初步识别不同时代、不同民族的音乐;认识音乐与姊妹艺术的联系,感知不同艺术门类的主要表现手段和艺术形式特征;了解音乐与艺术之外其他学科的联系,扩展音乐文化视野;根据自己的生活经验和已学过的知识,认识音乐的社会功能,理解音乐与社会生活的关系。

(四)内容标准

2001年,教育部颁布《九年义务教育全日制中、小学音乐教学大纲(修订稿)》。该大纲规定,小学音乐教学内容包括唱歌、唱游、欣赏、器乐、识谱等。初中音乐教学内容包括唱歌、欣赏、器乐、识谱等。

2001年,教育部颁布《全日制义务教育音乐课程标准(实验稿)》,内容标准部分比前面所有的教学大纲都有明显的进步。义务教育音乐课程的内容标准分四个领域:领域一,感受与鉴赏。该部分的学习内容包括音乐情绪与情感、音乐表现要素、音乐体裁与形式和音乐风格与流派的学习。领域二,表现。音乐表现是实践性很强的学习领域,是学习音乐的基础性内容,是培养学生音乐感知能力、审美能力和表现能力的重要途径。这部分包括演唱、演奏、综合性艺术表演和识读乐谱的学习。领域三,创造。音乐创造是发挥学生思维潜能和想象力的学习领域,是发掘学生创造思维能力和学生积累音乐创作经验的过程和手段,对于培养具有实践能力的创新人才具有十分重要的意义。包括探索音响与音乐、即兴创造和创作实践的学习。领域四,音乐与相关文化。这一领域是音乐课人文学科属性的集中体现,是直接增进学生文化素养的学习领域。该部分内容有助于扩大学生的音乐文化视野,促进学生对音乐的体验与感受,提高学生音乐鉴赏、表现、创造以及艺术审美的能力。包括音乐与社会、音乐与姊妹艺术和音乐与艺术之外的其他学科。

2010 年初国务院颁布的《国家中长期教育改革和发展规划纲要（2010—2020 年）》对"实验稿"中不科学、不严谨、不完善的内容标准加以修改和调整。这部分内容修订六十余处，重要的如将"感受与鉴赏"改为"感受与欣赏"。在"音乐体裁与形式"上，对 3~6 年级提出"随着乐声哼唱短小的音乐主题或主题片段"的要求；在"演唱"上，对 1~2 年级"每学年能够背唱歌曲 4~6 首"的要求中注明"其中中国民歌 1~2 首"（背唱中国民歌的要求一直贯穿到 9 年级），3~6 年级新加"每学年学唱京剧或地方戏曲唱腔片段"（7~9 年级为每学年学唱 1 段）；在"综合性艺术表演"上，1~2 年级加入"儿童歌舞表演"，3~6 年级加入"儿童歌舞剧"；在"识读乐谱"上，3~6 年级的水平规定为"具有识谱的初步能力"，7~9 年级为"具备识谱能力，能够比较顺畅地识读乐谱"；在"创作实践"上，对 1~2 年级"能够运用人声、乐器或其他音源，创作 1~2 小节的节奏或旋律"的要求修改为"能够运用人声、乐器或其他声音材料，在教师的指导下编创 1~2 小节的节奏音型"，降低了创作难度要求等。

（五）考核方式

2001 年 7 月教育部颁发的《基础教育课程改革纲要（试行）》指出："改变课程评价过分强调甄别与选拔的功能，发挥评价促进学生发展、教师提高和改进教学实践的功能。"它给新课程教学评价的改革提供了方向。

2001 年，教育部颁布的《九年义务教育全日制中、小学音乐教学大纲（修订稿）》对教学评价是这样描述的："教学考核与评估包括对学生音乐学习情况的考核与教师教学情况的评估两个方面。"其考核和评估的内容和 2000 年教学大纲规定的内容一致。

2001年7月,教育部在音乐教学纲要的指导下,制定了《全日制义务教育音乐课程标准(实验稿)》(以下简称《课程标准》)。《课程标准》将"评价建议"用一段小篇幅的文字单独介绍,并从音乐评价的原则、评价内容、评价的方式与方法三个方面做了详细的介绍。从中可以看出,以往音乐评价仅仅有考核,《课程标准》在以往的基础上增加了"评价的方式和方法",也就是说,明确了采用什么手段、什么方法来考,已经从实践的角度来介绍了。音乐教学评价的发展是从无到有的过程,它真正意义上出现是在20世纪90年代。在音乐教学评价发展的过程中,许多专家、学者对此做过大量的研究,得出了许多实践的研究成果。

自从2001年的《课程标准》颁发后,我国的音乐课程学习评价较之以前有了一个质的飞跃,表现为评价体系日趋科学化、规范化和成熟化。为以后音乐课程学习评价在教学指导、问题诊断、成绩激励、信息反馈等方面进一步发挥有效作用提供了依据。

2010年初颁布的《国家中长期教育改革和发展规划纲要(2010—2020年)》中,具体阐述了"形成性评价与终结性评价""定性述评与定量测评""自评、互评及他评"的操作方式与方法,提出"音乐成长记录册"和"班级音乐会"的音乐课程评价形式,强调各种形式的评价"都应该既充分肯定学生的进步和成绩,也要找出学习中的差距和不足及改进方法"。

(六)总述

2001年至今,教育的发展状况特别好。在全社会倡导素质教育的背景下,音乐课程进入了全面改革的阶段。国家一系列的政策支持着素质教育,所以素质教育在当代的社会地位特别高。

新一轮的课程改革,教育的主要培养任务是促进学生全面和谐的发展,改变过去那种盛行了很久的"应试教育"。分析此阶段中小学的音乐新课程标准和前期的课程标准,笔者发现有如下变化:从国家层面上说,国家越来越重视中小学的艺术教育;从课程的角度上说,音乐课程的教学内容很丰富,增加了每周的音乐课时量;从主客体来说,对教师和学生的要求更严格。总而言之,音乐课程的变化有两个方面:第一,评价方式的概述。首先,重视评价主体的多样化,尽可能让学生、家长、学校、社会共同参与到评价中。其次,评价方式的多样化。学生和教师可以自己进行自我评价,师生之间、教师之间可以灵活采用互评,还可以通过学校和上级主管部门对教师进行他评。在课程改革的背景下,教师必须加强自身专业素养和学科素养的培养,学生必须加强自身修养的培养。第二,中国的音乐教学模式开始走向成熟,由以教师为中心的教学模式转变为以学生为中心的教学模式。目前音乐教育的课程目标是以学生的兴趣为出发点,加强了学生思想道德情操的培养、积极向上的生活态度、对不同文化的尊重与理解等方面的重视。

新课程改革带来了新的教育景象,但在实施过程中还是出现了一些问题。例如,应试教育在中小学教育中还是存在,因为学生还是要面对升学考试。所以,不可能在短时间内彻底改变此现状。我国全面推进素质教育就是在课程改革的基础上提出来的,针对教育实践中出现的问题进行改进。笔者相信,中国中小学音乐教育事业将会朝着健康的道路发展。

第三节　中小学音乐教育课程改革

中华人民共和国成立以后,特别是改革开放以来,我国基础教育的改革与发展取得了举世瞩目的伟大成就,基础教育课程体系随着社会的进步在不断发展。当前,科学技术迅猛发展,国际竞争日趋激烈,信息技术广泛应用,均对教育提出了前所未有的挑战。

20世纪80年代以来,各国教育改革浪潮迭起,形成一场历史上影响最广泛、最深刻、全方位、大动作的世界性教育改革运动。其实质是努力建构适应21世纪国际竞争和本国经济及社会发展的新教育体系。各国学校音乐教育顺应这一教育改革的大潮,不再局限于音乐学科内部某些方面的小修小改,而是进行系统的、整体的改革,包括重新认识音乐课程的价值与性质、研制新的课程标准、设计新的教学体系、试验新的教学方法等。

随着基础教育的改革与发展,特别是随着素质教育的不断向前推进,近年来音乐教育也取得了有目共睹的成绩。但是,目前我国基础教育课程体系所存在的诸多不适应时代发展的问题在音乐学科中不仅存在,而且还面临许多自身体系不适应时代发展的一些问题。例如,片面理解音乐课程的价值与目标,导致音乐教育的非艺术化倾向;违背普通音乐教育的规律,导致音乐教育的专业化倾向等。

音乐课作为基础教育的组成部分和必修学科,多年来在取得长足发展的同时,也存在着诸多不适于时代发展的问题。音乐课程是整个基础教育的薄弱环节,没有得到根本性的改变,离素质教育的要求还有一定距离,难以跟上 21 世纪社会经济和教育发展的步伐。因此,在音乐教育面临发展机遇和严峻挑战的今天,如何加强音乐教育自身的建设、完善音乐课程体系、推进美育的发展,已成为摆在音乐教育工作者面前的一个十分重要和紧迫的课题。

新的课程标准体现了深化教育改革,全面推进素质教育的基本精神体现了国家课程改革纲要的指导思想,在认真总结和充分吸收国内外音乐教育理论与实践经验的基础上,力求超前与创新,在立足中国教育发展水平的基础上,力求面向世界,为我国音乐教育的改革与发展奠定良好基础。

随着素质教育的不断推进,现阶段中小学音乐教育在课程方面的改革注重在课程目标、课程内容上,接下来,本节将以这两者在新阶段的新形式来阐述中小学音乐课程上的改革。

一、课程目标

(一)情感态度与价值观

情感态度与价值观在人的成长历程中具有十分重要的意义,是引导人健康向上、乐观积极的精神基石。新的课程观将情感因素提高到了一个新的层面和高度,赋予其在课程目标中重要的价值取向。在音乐课程中,由于音乐课程的性质和价值所决定,突出其"情感态度与价值观"方面的目标,以体现音乐教育的本质是审美,是实施美育的重要途径这一特点。对音乐课程来说,其特质是情感审美,其教育方式是以情感人、以美育人。

(二)过程与方法

学习过程和方法论具有重要的教育价值。对音乐课程来说,尚具有不同于其他学科的特征。过程与方法之所以对音乐学习非常重要,是由于音乐教育多为体现一种"润物细无声"式的潜效应,其教学目标往往孕育在教学过程中,即"过程即目的"。从教学方法上说,授人以"鱼",不如授人以"渔",学会音乐,不如会学音乐,这样才有利于学生的终身学习和在音乐上的可持续性发展。

(三)知识与技能

基础教育中新的音乐知识与技能观认为,音乐知识不仅仅体现为乐理知识,它还包括音乐基本表现要素和音乐常见结构以及音乐体裁、形式等知识,特别是还包括音乐创作和音乐历史以及音乐与相关文化方面的知识。音乐技能不仅仅体现在视唱、练耳、识谱等方面,也不只是发声、共鸣、咬字吐字等唱歌技术层面,更为重要的是把乐谱的学习与运用或歌唱技能的训练与培养放在整体音乐实践中进行,将其视为音乐表现活动的一个环节和组成部分,这样才能有利于构成基础音乐教育知识与技能的整体体系。

二、音乐课程内容

课程内容是课程目标的细化和具体化,是教材编写的准则和依据,是对教师的教学和学生的学习在内容上的规范。在课程标准中,音乐课程内容是以领域的方式呈现的,包括感受与鉴赏、表现、创造、音乐与相关文化。

(一)感受与鉴赏

感受与鉴赏是重要的音乐学习领域,是整个音乐学习活动的基础,是培养学生音乐审美能力的有效手段。因为,音乐是听觉艺术,音乐艺术的一切实践都须依赖于听觉。音乐艺术的这种特征,决定了音乐教学必须立足于听,把发展学生的音乐听觉、培养其对音乐良好的感受能力作为音乐教学的首要任务,作为学习音乐其他方面技能的基础。在音乐课程中,感受与鉴赏这一教学领域之所以被视为培养学生音乐审美能力的有效途径,是因为音乐鉴赏具有最直接、最具体的审美教育价值。它以一定的音乐为审美对象,以参与欣赏活动的人为审美主体,形成一种特殊的审美观照。通过这种对音乐的聆听,实现对音乐美的感受和鉴赏。

感受与鉴赏领域包括音乐表现要素、音乐情绪与情感、音乐体裁与形式、音乐风格与流派四项内容。

1.音乐表现要素涵盖的内容

这一部分包括四个方面的内容:第一,对自然界和生活中的各种声音的感受与体验;第二,对人声和乐器声的感受与听辨;第三,对力度、速度、音色、节奏、旋律、和声等音乐要素的聆听与体验;第四,对音乐结构的感知。

音乐的表现要素非常丰富,学生在某个作品或在某一节课中很难做到全面认识、感受它,教师应根据学生的实际水平和具体的教学内容,设计恰当的课型。在进行音乐表现要素的教学中,教师必须结合音乐实践和具体音乐作品,联系地思考它们,区别地认识它们,通过听辨、对比、选择、图解等方法,使学生对音乐表现要素有一个完整的体验。

2.音乐情绪与情感涵盖的内容

这一部分包括三个方面的内容:第一,体验和听辨不同情绪的音乐,能够做出表情或体态反应;第二,体验音乐所表达的各种情感,并能运用音乐表情术语进行描述;第三,能够感知音乐情感的发展变化,并能简要地表述或通过多种形式表现出来。

情绪与情感普遍地存在于感受鉴赏、表现创造等审美活动之中。从音乐美的本质上说，音乐的进行过程实质上就是情感音乐的过程，都在进行着心灵的交流与沟通。音乐对培养人的情感有独到的作用，越是具有高艺术价值与高品位的音乐作品，越有助于激发学生的审美情感，越有助于滋润学生的心田。在音乐教学中，学生欣赏大量不同情感的音乐，就会获得不同的情感体验。

3.音乐体裁与形式涵盖的内容

这一部分包括三个方面的内容：第一，聆听儿童歌曲、颂歌、抒情歌曲、叙事歌曲、艺术歌曲、通俗歌曲、大合唱、组歌、进行曲、舞曲、室内乐、协奏曲、交响曲、歌剧、舞剧音乐及不同表演形式的歌曲和乐曲，并运用各种形式对所听音乐做出反应；第二，通过欣赏音乐分辨不同体裁与形式，能够通过聆听音乐主题说出曲名；第三，能够结合所听音乐，简单评析音乐体裁与形式对于音乐表现的作用。

任何一个音乐作品都是特定形式与特定内容的有机结合体。虽然在浩如烟海的音乐作品中找不到完全相同的音乐作品，但在很多音乐作品中，我们可以感受到一些音乐作品在内容题材的选择，意境的追求，形象的塑造，音乐内在语言的运用，人声、乐器的选择，演唱、演唱式样的组合等方面都表现出某些相近或相似之处。

认识体裁形式可以增加对音乐结构的了解和风格流派的把握，对认识音乐的整体是非常重要的。缺乏这方面的能力，就不能准确地分辨音乐的结构、了解音乐的全貌，从而影响对音乐的理解。在感受、鉴赏体裁与形式这个领域的教学中，教师必须结合具体的作品来认识、了解它。

4.音乐风格与流派涵盖的内容

这一部分包括三个方面的内容:第一,聆听中国民族、民间音乐,知道其主要的种类、唱腔、风格、流派代表人物;第二,聆听世界各国民族、民间音乐,并能对其风格特点进行简单评述;第三,聆听世界各国优秀音乐作品,了解不同音乐流派的代表人物。

音乐是一种民族的文化,不同国家、民族和地区的音乐会表现出迥然不同的风格。凡属优秀的艺术作品,都应是时代的一面镜子、民族和人民的心声、作者灵魂的自白,同时也是时代风格、民族风格、个人风格的有机整体。所谓音乐风格,就是指作品创作和作品表演整体上具有代表性的特征。

音乐风格一般包括时代风格、民族风格、流派风格、个人风格四个方面。时代风格指某个特定历史时期在内容、乐种、体裁和形式上的一定特点,如唐朝的"歌舞大曲"、宋代"诸宫调"、元代的"杂剧"、明清的"小曲"等。民族风格是指一个民族千百年来所形成的音乐传统中的音乐形式和内容两个方面所具有的民族特色。形式方面的因素包括音乐体系、音乐语言、音乐逻辑、音乐结构等各方面。最突出的是那些特有的音律、音阶、调式、旋法和节奏方面的特征以及各民族特有的表演方式,如乐器、演奏、演唱方法等。内容方面的因素主要包括一定的民族题材,一定的"感受-表达"方式和最终体现出来的民族精神,如印尼的"加美兰""史隆钟",印度的"拉格",阿拉伯的"木卡姆",中国的京剧等,无不代表着浓郁的民族风格。流派风格是指某个时代、某一群体作曲家或表演家所共同追求的音乐创作技术或音乐表演特征,如巴洛克流派的纤细精巧、古典流派的理性自制、浪漫派(包括民族乐派)的个性和民族精神的抒发、印象派的客观描绘、表现派的主观宣泄、新古典流派的仿古、先锋流派的返古等。个人风格是指作曲家或表演家通过作品所显示出来的艺术个性和独创性，它与作曲家或表演家不同的个性有密切关系。当然，还受到特定的民族、时代、流派风格的影响。

对音乐风格与流派的体验与学习，目的是增强对多元文化的接纳与包容意识，以开拓学生的音乐视野，提高人文素养。风格、流派的感受、判断主要靠大量的比较聆听来积累，因为每一个音乐基本要素都可能成为一种风格的重要特征。同时，又要结合作品，有机地让学生了解作曲家或表演家所处的时代和社会环境，作曲家或表演家的世界观和艺术观，作曲家或表演家的经历、性格、气质，具体作品的写作背景，作曲家或表演家所偏爱的题材，惯用的体裁形式和表现手法等，以便加深学生对作品风格流派的理解、认识。

(二)表现

表现是实践性很强的音乐学习领域，是学习音乐的基础性内容，是培养学生音乐表现能力的重要途径。音乐是表演艺术，人们通过欣赏音乐表演获得音乐审美需要，同时通过参与音乐表演满足自己的音乐表现需要，因此表现在音乐学习中具有重要的示范意义。表现领域包含了演唱、演奏、综合性艺术表演和识读乐谱四项内容，既体现了对音乐教学内容的整合，又是音乐教学内容的新拓展。把四项内容整合在一个领域中学习，有利于加强各项内容之间的联系，有利于改变单一的教学课型，有利于增加学生的音乐学习兴趣，尤其是"识读乐谱"作为一项具有辅助性质、为表现音乐服务的内容融合在表现领域中，十分有益于学生在实践中学习乐谱。

1.演唱教学涵盖的内容

这一部分包括四个方面的内容:第一,自然、自信、有表情地歌唱;第二,背唱一定数量的歌曲;第三,演唱基本技能与嗓音保护;第四,对演唱的评价。

自然、自信、有表情地歌唱是演唱教学的主要内容和目标。歌唱是人类最本能的音乐表现手段,也是表达感情的良好方式。因此,在音乐教学中,教师应引导学生积极体验歌曲语境,理解歌词内涵,把握音乐特征,以自然的声音、自信的心态、自如的表情进行演唱乃是首要的任务。同时,在演唱教学中,教师应要求学生背唱一定数量的歌曲,积累必要的歌曲曲目,既有益于适应社会生活与情感交流的需要,又有利于发展学生的音乐记忆力。与此同时,教师应注意学生的变声期,讲解必要的有关保护嗓子的知识,防止学生过度用嗓和大喊大叫,使学生顺利度过变声期也是演唱教学的内容之一。在演唱活动中,教师应有意识地引导学生对自己或他人的演唱进行评价,以有利于演唱质量的提高。

2.演奏教学涵盖的内容

这一部分包括四个方面的内容:第一,积极、主动地参与各种演奏活动;第二,能够演奏一定数量的乐曲和为歌曲伴奏;第三,演奏的基本方法与技能;第四,对演奏的评价。

演奏乐器是人们表现音乐的重要手段。从音乐教学实践来看,喜欢乐器并尝试进行演奏学习,是大多数学生的愿望。在具体教学中,培养学生乐于参加各种演奏活动、养成良好的演奏习惯是第一位的任务。因为只有这样,学生的演奏兴趣才能形成,通过演奏的方式达到情感表现的目的才能实现。需要指出的是,对这一部分内容的学习不必追求专业化,更不能进行机械、枯燥的训练,而应适当地融合在简单易奏的乐曲中进行。此外,要重视合奏教学,使学生了解声部,明确自己所承担的声部的责任,逐步养成良好的合奏能力与群体意识。教师还应注意引导学生对自己与他人的演奏进行适当的评价与交流,以不断提高演奏教学的质量和水平。

3.综合性艺术表演涵盖的内容

这一部分包括两个方面的内容:第一,主动、自信、有表情地参与律动、歌唱表演、集体舞、音乐游戏和简单的音乐剧、歌剧、戏曲、曲艺等综合艺术表演活动;第二,对综合性艺术表演的评价。

4.识读乐谱涵盖的内容

这一部分包括两个方面的内容:第一,认识简单的节奏符号、音名、音符、休止符及常用记号,能够识读简单乐谱;第二,能够用唱名法唱已经学会的歌曲、熟悉的歌曲和乐曲,学唱乐谱。

(三)创造

在音乐课程标准中,创造在作为音乐课程的基本理念的同时,又以具体的活动内容呈现在教学领域中,即探索音响与音乐、即兴创造、创作实践。

1.探索音响与音乐涵盖的内容

这一部分包括四个方面的内容:第一,运用人声、乐器声或其他音源模仿或表现自然界中的声音,如风声、雨声、鸟叫虫鸣声、野兽吼叫声等;第二,运用人声、乐器声或其他音源模仿或表现生活中的声音,如火车、汽车、鸡、鸭、马等发出的声音;第三,运用人声、乐器声或其他音源探索声音的强弱、音色、长短和高低等属性;第四,自制简易乐器,如利用空易拉罐、瓶盖、筷子、竹筒、水杯等自制打击乐器。

2.即兴创造教学涵盖的内容

这一部分包括四个方面的内容:第一,创编表演动作。这是目前在中小学音乐教学中普遍采用的方式,启发引导学生依据歌曲的主题、情绪、意境即兴创编适当的表演动作,以律动、歌唱表演、集体舞等形式表现歌曲,增强了歌曲演唱的艺术表现力。第二,创编音乐故事、游戏。运用人声、乐器和其他音源以及各种音乐表现形式创编带有情节的故事或游戏,同时也可以选择一些有趣的故事或音乐性较强的游戏,启发引导学生为其编配合适的音乐。第三,创编歌词。一般是结合感受鉴赏和表现进行,以丰富音乐表现,增加歌曲的情趣,锻炼和发展学生的创造思维与潜能。第四,创编节奏。可以采用"旋律问答""旋律接龙""乐句填空""即兴模仿"等形式进行即兴创造,关键在于即兴。

在具休的教学中,教师不必过于拘泥形式和看重结果,主要目标应放在培养和锻炼学生的创造意识方面。

3.创作实践涵盖的主要内容

这一部分包括五个方面的内容:第一,运用线条、色块、图形记录音乐;第二,运用乐谱创作节奏短句;第三,运用乐谱创作旋律短句;第四,为歌曲选编前奏或间奏;第五,运用电脑创编音乐。创作实践是一个具有基础音乐教育体系特征的新的教学领域,它既不同于"探索音响与音乐"和"即兴创造",又与专业音乐教育领域中的"作曲"有着根本的区别。其目的性并不在于文本的水平如何,更主要的是引导学生进行创作体验,提高创造意识,挖掘创造潜能。

(四)音乐与相关文化

音乐与相关文化是音乐课人文学科属性的集中体现,是直接增进学生文化素养的学习领域,它涉及音乐与社会生活、音乐与姊妹艺术、音乐与艺术之外的其他学科等方面,其特点是知识面广、信息量大、参与性强。

1.音乐与社会生活涵盖的内容

音乐不仅与社会生活有着十分密切的关系,而且具有重要的社会功能。因此,充分揭示音乐的社会功能,了解音乐在生活中的作用,便成为学生学习音乐文化的重要内容之一。在现代社会生活中,伴随着大量音乐现象,如礼仪音乐(如节日、庆典、队列、迎送、婚丧等)、实用音乐(如广告、健身、舞蹈、医疗等)、背景音乐(如餐饮、影视等)等,音乐同每个人的生活都密切相关。了解音乐与生活的关系,理解音乐对人生的意义,使学生热爱音乐、热爱生活,进而让音乐伴随终身,提高生活质量,这已经成为这一学习领域的主旨。

面对社会生活中的音乐,单凭传授和接受的方式是不适宜的,其中关键的问题是别人无法代替自己的切身感受。因此,正确的途径只能是亲身参与社会音乐活动,体验生活中音乐中的乐趣,并运用音乐方式同他人进行交流及情感沟通。在设计具体教学时,教师应引导学生从生活体验入手,从自身音乐经验出发,紧密联系社会生活及音乐现象,主动探究、思考音乐与人生的关系,使音乐学习成为一项生动、具体、艺术化的生活体验。

2.音乐与姊妹艺术涵盖的内容

音乐与舞蹈、美术、戏剧、影视等各类艺术都可以有机结合,构成以音乐为本、以音乐为主体的音乐教学课型。音乐与舞蹈、美术、戏剧、影视等姊妹艺术具有十分密切的关系,并有着许多相似的特征,如对情绪、情感的表现就是各类艺术共同的特点。那么,在这一领域中就要抓住贯串各类艺术的这条主线,充分发挥与运用各种艺术门类的不同表现手段,整合成综合性的教学方式,如用形体动作配合音乐伴奏、用表演动作表现音乐情绪、用色彩或线条表现音乐的相同与不同等。

3.音乐与艺术之外的其他学科涵盖的内容

音乐同艺术之外的其他学科的融合是音乐教学的一种良好形式,对于软化学科边缘、增强对交叉学科的理解、拓宽人文视野具有重要意义。在音乐教学实践中,不仅可以设计音乐与语文、音乐与历史、音乐与地理、音乐与社会等人文学科的综合课例,同样也可以把音乐与数学、物理、生物等自然学科整合起来,赋予音乐课新的内涵。音乐与艺术之外的其他学科,也是丰富的音乐教学资源。这种融合式的音乐教学,不仅突出了音乐文化的这条主线,有利于提高学生的音乐文化素质,而且拓宽了知识视野,并以艺术化的方式促进相关学科的学习。

三、中小学音乐教育课程改革的整体特点

(一)我国中小学音乐教育课程改革标准在性质上的发展特点

在鸦片战争后,中国的社会性质逐步变成半殖民地半封建社会。在进入社会主义社会之前,我国的社会性质经历了旧民主主义、新民主主义、社会主义革命时期,最后建立社会主义社会,进入社会主义初级阶段。随着社会性质的不断发展变化,教育的根本性质肯定也会随之受到一定的影响。教育本身就是为社会培养人才的,而培养人才的核心手段之一就是课程,所以说,课程标准的发展也受社会性质的影响。在中华人民共和国成立以前,我国经历了旧民主主义时期与新民主主义时期,在这样的社会性质下,课程标准在课程目标中多是培养学生勇敢、快活等情绪。到中华人民共和国成立之后,我国开始进入社会主义社会,课程标准的总目标也

随之发生了变化。例如，从1950年的课程目标中，"培养学生活泼快乐和'五爱'国民公德和爱国主义思想感情"，到2001年的课程目标中提出的"增强学生的音乐审美鉴别能力，提高自身的艺术情操，同时培养爱国主义精神和集体主义"，从历年的这些课程标准中，包括教学内容和要求上都可以看出，我国的课程标准与社会性质有很大的关系，都是以社会主义观为导向来发展的，并且始终都坚持着社会主义的方向。

(二)我国中小学音乐课程改革标准的发展具有时代特点

我国中小学音乐课程标准的发展具有民族性和时代性的特点。课程标准在发展的过程中曾多次受社会性质的影响，每个时期的课程标准或者说教学大纲都集中体现了这个时期的教育状况和思想。例如，在抗日战争时期，课程标准的目标和内容都体现了音乐为战争服务的思想。从最初的关注学生优良品格和注重培养革命思想，到21世纪注重个性发展以及培养终身学习音乐的兴趣再到培养学生的音乐表现力和音乐的创造力等，都体现了时代的需求。虽然课程标准在某个历史时期没有得到完全的实施，但正是这些变化更加证实了课程标准的时代性和民族性。总之，音乐课程标准的发展变化与历史的发展既有不可分割的连带关系，同时又有新的思想和内容。

(三)我国中小学音乐教育课程改革标准在内容上的发展特点

我国中小学音乐课程标准在一百多年的发展历程中，进行了多次改革，每个时期的发展都有不同的特点。但是，无论音乐课程标准怎样变化，其内容都始终坚持了对学生在掌握知识与培养技能、塑造情感态度等方面的全面发展，这一点是非常值得继承的。尽管在发展的过程中，有些内容因为不够具体化、操作性不够强而影响了课程标准的实施效果，然而这些都不能抹杀我国中小学音乐课程标准长期坚持的全面性。尽管我国中小学音乐课程标准的内容中一直将知识的培养、技能的掌握、情感的塑造、提升审美作为要点，但是各部分内容并不是固定不变的，而是随着社会的不断变化而发展的，从而使我国中小学音乐课程标准的内容逐步扩展和完善。

第四节　中小学音乐教育课程改革的启示及展望

一、中小学音乐课程发展的启示

21世纪初,伴随着《基础教育课程改革纲要(试行)》的颁布实施,我国开始了历史上第八次基础教育课程的改革。这次改革提出为培养适应未来时代发展需求的人才,义务教育阶段必须全面实施素质教育,促进学生树立正确的世界观、人生观、价值观,培养学生创新能力、实践能力等。《基础教育课程改革纲要(试行)》指出,义务教育阶段的学校课程改革应该面向全体学生,强调"普及、基础、发展"。在此理念下,基础教育课程的目标、内容、过程方法、实施与评价都发生了很大的改变。同时,作为施教者的教师观念的转变、思想的更新、教育教学理念的提升、教学实践方法的创新,也关系到改革的成效。

从基础教育课程改革至今,中国的义务教育取得了突出的成绩,中小学教学现状发生了根本的变化。新的理念、教学方法呈现在课堂教学中,师生平等、互动与合作使学校教学焕发了新的生机与活力。但同时也存在一些问题,如教师对课程理念理解的差别、课堂活动新奇感过后的流于程式、课堂的有效教学如何进行等。因此,为了更好地推进新课程改革,需要我们去发现和解决课程与教学中存在的问题,不断地总结与反思,将改革深入并进行到底。

作为实施美育教育的重要课程——音乐课程,在推陈出新的改革中也被赋予了更深刻的意义和内容。在音乐课程改革的重要标志性文件《音乐课程标准》中,对音乐课程的理念、目标与内容都做出了全新的、明确的阐释。在课程目标及价值方面,提出了以审美为核心、以兴趣培养为导向,发展创造性思维、提倡学科综合的教学特点的音乐教育新理念。在新目标引领下的小学唱歌教学有着突出的改变。在《音乐课程标准》中,将唱歌纳入"表现"领域,将"唱歌"变为"演唱",这一举措标志着唱歌教学在新时期课程改革的背景下也发生着变化,唱歌教学从认识教学理念到概念延展都得到了发展。在教学内容及课程安排方面,《音乐课程标准》使音乐教学成为一种师生共同体验美、感受美、发现美和创造美的过程。新编的唱歌教学教材内容较之课程改革前更丰富、简洁、自然、通俗、易懂,并以大量儿歌为主,各少数民族风格作品异彩纷呈,既反映了少年儿童自身发展的特点,又体现了我国民族文化与民族音乐的风格。在课程设置上,除了音乐学科课程外,鼓励、提倡课外音乐活动的开展和校本课程的开发;在教学方法上,建议运用多媒体等学校课程资源,结合国外教学法中各种生动活泼的教学案例,让学生在音乐活动与游戏中全身心地融入音乐,随乐而歌、随乐而舞。总之,在课堂教学实施中,《音乐课程标准》倡导在音乐课程中关注学生兴趣爱好的培养,在课堂教学中尽量做到学生与教师的互动,并在互动的环节中以情感为主线,对课堂教学的学生情绪与状态做到及时调整,注重课堂评价对学生的情感鼓励。然而,随着课程实践的进一步深化与普及,一些教学活动也必然会出现一些教学目的性欠缺,教学内容缺少内涵,实施过程缺乏科学、系统的安排,评价缺失等问题,需要我们不断地总结和反思,深化与改进。

(一)音乐课程设置的发展启示

从课程设置来看,中华人民共和国成立以来,小学、初中一直设有稳定的音乐科目。小学音乐课程设置变化如表 4-32 所示。

表 4-32　小学音乐课程设置的变化

1950.8	音乐课	2	2	2	1	1		304	6
1952.3. 18	音乐课	2	2	2	1	1		304	6
1955.9. 2	唱歌课	2	2	2	2	2	2	306	6
1957.7. 11	唱歌课	1	1	1	1	1	1	204	3.9
1963.7. 31	音乐课	2	2	2	2	1	1	371	5.6
1978.1. 18	音乐课	2	2	2	1	1	1	328	4.9
1981.3. 20	音乐课	2	2	2	2	2		360	7.8

1988.9 五年制	音乐课	3	3	2	2	2		408	9
1988.9 六年制	音乐课	3	3	2	2	2	2	476	9.6

　　1956 年秋,调整授课时数,规定初中三年级不开设音乐课,1957 年初三恢复音乐课。1958 年、1963 年,初中三年级取消音乐课,1978 年只在初一年级开设音乐课,1981 年初中一年级至三年级重新恢复音乐课的开设。从此,音乐课属于初中稳定的必修科目之一。具体如表 4-33 所示。

表 4-33　中学音乐课程设置的变化

时间	一年级（课时/每周）	二年级（课时/每周）	三年级（课时/每周）	四年级（课时/每周）	上课总时数
1950.8.1	1	1	1		108
1952.3.18	1	1	1		107
1953.7.22	1	1	1		107
1954.7.5	1	1	1		107
1955.6.10	1	1	1		107
1956.3.19	1	1			68
1957.6.8	1	1	1		102
1958.3.8	1	1	1		102
1958.5.10	1	1			68

续 表

1963.7.31	1	1			68
1978.1.18	1				36
1981.1.4	1	1	1		100
1988.9 四年制	1	1	1	1	134
1988.9 三年制	1	1	1		100

前述是初中和小学音乐课在不同时期的开设情况。1981 年开始,我国中小学音乐课程慢慢地受到国家的重视。经过几十年的努力,我国慢慢地建立了完整的中小学音乐课程体系,这对我国美育的发展有重要的作用,这对我国音乐课程的发展具有推动作用。

(二)音乐课程目标的发展启示

课程目标的界定有广义和狭义之分。狭义的课程目标所指的范围很小,主要是指教育目标。广义的课程目标所指的范围较广泛,包括教育方针、教育目的、培养目标、教学目标。中华人民共和国成立以来,我国颁布多部教学大纲(课程标准),每个大纲都对课程目标做了规定,但是它们对音乐课程目标的叫法不一样。1950 年,教育部颁布《小学音乐课程暂行标准(草案)》,其中称课程目标为培养目标,1956 年将其叙述为目的和内容。从 1992 年教育部颁布《九年义务教育全日制小学音乐教学大纲(试用)》开始,一直将课程目标称作教学目的。

笔者选取了中华人民共和国成立以来颁布的七次教学大纲,如表 4-

34 所示。

表 4-34　七次教学大纲汇总

1950 年课程标准			音乐知识和技能、兴趣、五爱国民公德、爱国主义思想
1956 年教学大纲			音乐兴趣、鉴赏能力、爱美情感
1979 年教学大纲	美育	全面发展	音乐知识技能、感受能力、审美能力
1988 年教学大纲	美育	全面发展	音乐知识技能、审美能力、思想品德、提高全民族素质和建设社会主义精神
1992 年教学大纲	美育	全面发展	音乐知识技能、鉴赏能力、审美能力、培养全民族自豪感和自信心
2000 年教学大纲	美育	全面发展	音乐兴趣、审美意识、情感体验、欣赏能力、爱国主义、集体主义
2001 年教学大纲	美育	全面发展	感受兴趣、感受与鉴赏能力、表现力、文化素养、爱国主义、集体主义

从横向看,音乐课程的课程目标主要是掌握音乐的基础知识、培养学生的兴趣,培养学生基本的音乐感知力。从纵向看,音乐课程知识的掌握是一个从复杂到简单的过程,音乐课程发展至今,已经删减了比较难掌握的基本乐理和视唱练耳的教学,使得音乐教学更容易掌控。教学内容更容易,学生的兴趣就会大大提高。我们的音乐教学应该从学生的兴趣、经验出发,以学生掌握基础知识和简单的基本技能为主要任务,这符合国家素质教育的要求。

由表 4-34 我们可以总结出,从 1956 年颁发的教学大纲为起点,后来的音乐教学大纲都规定音乐课程是实现美育的重要途径,也是培养学生全面发展的课程。但是,在 1988 年以前的教学大纲中,其培养目标只是提出要培养德、智、体全面发展，没有提到美育的培养。可见，美育真正贯彻到音乐教育中是在 20 世纪 90 年代之后，它的发展历史较短，所以国家应加强对这方面的重视。

从历次教学大纲或课程标准都强调教学内容与要求注意坚持思想性和艺术性相结合的原则，可以看出，我国的音乐课程目标始终坚持社会主义的方向，以社会主义的思想道德、价值观为音乐课程目标的导向，始终坚持社会主义的性质。

21 世纪颁发的新音乐课程标准，提出了 21 世纪音乐课程的性质："音乐课程具有人文性质，是学校进行美育的主要途径，是中小学学生必修的艺术课程，在实施素质教育的过程中具有举足轻重的作用。"目前我们国家进行的课程改革就是以此课程目标为导向，提出应试教育应该向素质教育转换。新音乐课程标准为音乐课程的发展提供了方向，是音乐课程发展的依据。

(三)音乐课时的发展启示

要分析我国音乐课程的课时情况，就必须先了解课时是怎么定的。以 1953 年国家颁布的教学计划为标准，规定中小学的上课时间用"课时制"来计算，即每个星期的上课节数。在该教学计划颁布之前，学校是用"小时制"来计算上课时间，即每个星期一共上了多少小时。"课时制"从 1953 年至今一直是学校计算各学科上课时数的标准。1949 年到 1981 年中小学音乐课程在总课程中所占的比例如表 4–35 所示。

表 4-35 1949 年至 1988 年小学、初中音乐课程在

总课程中所占的比例(单位:百分比)

年份	1952 年	1955 年	1957 年	1963 年	1978 年	1981 年 五四制	1981 年 六三制
小学	6.1	6.1	3.9	5.6	7.8	9.0	9.6
初中	3.2	3.6	3.4	2.0	3.2	3.4	3.2

1988 年之后,我国中小学音乐课程的课时设置一直处于稳定状态,即小学音乐课程每周开设 3 课时,中学每周开设 1 课时。

从表 4-35 中的数据可以看出,从横向来看,小学音乐课在小学教学中的比重分布情况为:1949 年至 1955 年,稳定在 6 个百分点以上,20 世纪五六十年代,音乐课程的比重有所下降,1978 年之后,音乐课程的所占比重逐渐上升。小学音乐课程所占比例先稳定,然后下降,再上升,最后趋于稳定。20 世纪五六十年代音乐课程开设比例下降的原因有两个:一是我国正在调整和精简中小学课程,当然音乐课程也包括在内;另一个原因是音乐美育方针被删减。中学音乐课程所占比例的变化情况和小学一样。从纵向来看,小学音乐课程开设比初中音乐课程开设的比重大。这体现了我国重视小学的基础教育,小学音乐课程一方面要培养学生掌握基础的音乐知识,另一方面也肩负着培养学生全面发展的任务。

总之,时代背景决定着教育事业的发展状况,教育的发展不可能超越时代背景而发展。所以,营造一个健康、向上的环境对我国教育事业的发展有重要的推动作用。一个国家提出的教育方针对教育事业的发展具有指向作用,所以我们要提出适合我国国情的教育方针,推动教育健康发展,音乐课程的发展也要在不断探索中进步。

(四)音乐课程内容的发展启示

中华人民共和国成立以来,国家颁布了很多音乐教学大纲、课程标准,详细地介绍了音乐课程的一些基本内容。接下来,笔者就中小学音乐课程内容做一个简单的统计,分析一下各个时期音乐课程的主要教学内容,具体如表4–36所示。

表4–36 中小学音乐教学大纲中音乐教学内容统计

	1950年大纲	1956年大纲	1979年大纲	1988年大纲	1992年大纲	2001年大纲
小学	唱歌	唱歌、音乐知识、欣赏	唱歌、音乐知识和技能训练、欣赏	唱歌、唱游、器乐、欣赏、读谱知识和视唱、听音	唱歌、唱游、器乐、欣赏、读谱知识和试唱听音	感受与鉴赏、表现、创造、音乐与相关文化
初中	唱歌、感受音乐	唱歌、音乐知识、欣赏	唱歌、音乐知识和技能训练、欣赏	唱歌、器乐、欣赏、基本乐理和视唱练耳	唱歌、器乐、欣赏、基本乐理和视唱练耳	感受与鉴赏、表现、创造、音乐与相关文化

从表4–36可以看出,1950年的小学教学大纲对音乐课程内容分类比较简单;1956年的音乐的教学内容更丰富,增加了音乐知识和欣赏的学习;1979年的教学内容在1956年的基础上增加了技能的训练;1992年的中小学音乐教学的内容和1988年的教学内容基本一样,但知识教学内容的侧重点不一样;2001年的音乐课程标准将音乐课程的内容分为四个领域,即感受与鉴赏、表现、创造、音乐与相关文化,音乐教学就按这四大块进行。各省市可以根据自己当地的文化底蕴、办学条件,自由灵活地选择教学内容。2001年颁布的音乐课程标准没有对四个学习领域的比重做特

殊的说明。

通过分析上述六个教学大纲对音乐课程教学内容的规定，可以总结出音乐课程教学内容的一些特点。中小学音乐课程的教学内容主要是围绕着全面培养学生来设定的，包括掌握音乐的基础知识、基本技能和情感态度。中华人民共和国成立以来，我国中小学音乐课程内容的完善是一个逐步渐进的过程，完善的速度有快有慢。中华人民共和国成立初期，教育事业处于起步阶段，中小学音乐课程的教学内容比较简单，以唱歌为主要的教学形式，发展比较缓慢。2001年的音乐课程标准颁布后，我国中小学音乐课的教学内容非常丰富，表达方式也发生了变化，更加符合学生的身心发展需求。尽管中华人民共和国成立以来强调学生的全面发展，但在具体实践过程中，每个领域的侧重点不同，有时注重唱歌训练，有时更注重音乐欣赏技能的培养。但是，在实践过程中还是坚持培养学生掌握音乐基础知识、技能和情感态度全面发展的总方向。只有坚持中小学音乐课程发展的全面性，才能慢慢地使我国音乐课程健康发展。

根据表4-36，从横向看，中小学音乐课程的内容越来越丰富。音乐课程教学的主要内容为知识、技能、能力、情感态度四个方面。但是，在音乐教学过程中，四个方面的内容在不同时期，侧重点不同。随着国家颁布中小学大纲或课程标准，音乐的知识和技能方面需要掌握的内容逐渐增加。音乐知识从开始仅需掌握简单的记谱知识和简单的理论知识发展到掌握音乐的基本表现手段与组织形式、音乐的社会功能等全面知识的学习。音乐技能从中华人民共和国成立初期仅需掌握唱歌技巧，逐步增加了听音技能、欣赏与感受技能、创作技能、器乐的演奏技能的掌握。在能力方面，中小学音乐课程内容从最初只要求注意唱歌的表现力，音乐的感受、理解、鉴赏能力的掌握，发展到音乐感受与鉴赏、表现力、创造能力的掌握，要求的范围越来越广；在情感态度方面，"情感态度"是2001年的义务课程标准提出来的，在这之前的教学大纲或课程标准中没有提及，但是在当时的音乐教学目的中都有关于情感态度目标的培养，情感态度方面的培养内容越来越具体。

（五）音乐课程评价的发展启示

关于中华人民共和国成立以来的音乐课程的评价方式，笔者将用一个简单的表格列出来，如表4-37所示。

表4-37　中华人民共和国成立以来的音乐课程评价方式

中华人民共和国成立至1955年	借鉴苏联的评价模式，即采用"五四制计分法"，考查科目
1956年《小学唱歌教学大纲（草案）》和《初级中学音乐教学大纲（草案）》	经常检查作业并评定成绩，形式是唱歌
1963年《全日制中小学暂行工作条例（草案）》	随堂考查和作业检查
1979年《全国制十年制学校中小学音乐教学大纲（试行草案）》	期末考查和平时作业检查
1989年《全国学校艺术教育总体规划（1989-2000年）》	必修课，期末考核和毕业考核，成绩作为学生升级和毕业的依据
1992年《九年制义务教育全日制初级小学、中学音乐教学大纲（试用修订版）》	学生音乐学校情况的考核和教师教学情况的评估

由表4-37可以看出，2001年的课程标准颁布之前，中小学音乐课程的考核方式主要有作业检查、随堂考查、期末考核、毕业考核四种。音乐课程的考核方式从无到有，从作业检查发展到具体的对学生考核和教师考

核。音乐评价是一个逐步完善的过程,但是在 21 世纪前,音乐教学评价还是存在一些问题,具体表现在三个方面:第一,音乐教学评价过分强调甄别和选拔的功能,忽视审美教育功能的发展,平时教师和家长只关心学生的考试分数,忽视教育主体即学生的自身发展。第二,重视学生考核结果。从中华人民共和国成立初期发展到20 世纪末,音乐课程的考核对象增加了,但目的还是为了关注学生的考试结果,教师对教育主体的关注较少,在平时的教学过程中忽视了解学生、关注学生,不能及时改进教学和及时指导学生。第三,评价方法单一,对教师、学生、管理者没有建立有效的评价机制。

2001 年,国家颁布《全日制义务教育音乐课程标准(实验稿)》(以下简称《标准》)。《标准》规定的评价内容和以前大纲中规定的评价内容有很大的不同。它针对原来存在的问题有了很大的改进,除了前面提到的对学生音乐学习情况的考核、教师教学情况的评估,还包括对学校教学管理、教学质量及音乐课程建设的评价。评价主体呈现多样化,重视系统性和全面性。评价方式灵活运用,重视形成性评价、终结性评价、自评、互评、他评、定性评价、定量评价、情境性评价、非情境性评价等。《标准》对学生的评价目的是这样概述的:"促进学生在知识与技能、过程与方法、情感态度和价值观等方面有所发展,通过评价,学生能认识到自己的不足及闪光点,能更好地发展自己。"评价原则多样化,主要有导向原则、科学性原则、整体性原则、可操作性原则、激励性原则。

针对《标准》的要求,以及前面积累的宝贵经验,为接下来音乐课程评价的发展提供了发展方向。音乐教学评价的方法因音乐学科的特点而具有多样性。我们可以采用平时课堂考核、期末统一考核和学生自评的方式。平时课堂考核可以安排在每个小单元或小节之后，这样可以让教师及时地了解学生对知识的掌握情况。考核的方式可以采取比较轻松的音乐游戏，教师根据学生的表现情况做记录，作为随堂考核表现，在快乐中进行，取代原来紧张的考核形式。期末统一考核，主要是为了检验学生这一学期的学习效果，可以采用"班级音乐会""音乐知识竞赛"等形式进行。学生和教师一起确定音乐会的主题，节目的选取必须是和音乐相关的内容，可以用歌曲、舞蹈等形式来表达对音乐的理解。将整个音乐会的表演录制下来，一起观看，大家一起来评议，最后教师进行综合评定。这种形式既发扬了学生的积极性，也起到了期末评价的结果。学生自评，可以列几项音乐自评条目，让学生进行自我评价。

评价方式要围绕学生进行，学生是学习音乐的主体，所以音乐评价也应以学生评价为主体。在评价实施过程中，我们要让学生参与到评价中，尊重学生的评价权利，让他们敢于评价。教师要充分调动学生的积极性，让学生养成爱评、乐评的习惯，让他们参与评价过程，体验成功的喜悦。教师要做好导评的作用，适时地点拨，启迪学生思维，让他们及时矫正方向。

音乐课程评价除了对学生的评价，还有对教师、学校等评价。对教师的评价内容主要有教师的教育思想、教学态度、教学目的、业务素养等方面。其中，评价教师教学工作的最常用方式是音乐课堂教学评价。热爱学生、爱岗敬业是教师从事教师行业最基本的条件。只有热爱学生、热爱教师行业，才有可能用心教学。作为一名音乐教师，还必须具备音乐方面的专业素养和业务能力。音乐课堂教学评价，主要是对教师设计教学目标、教学内容、教学过程、教学媒体、教学效果等方面进行评价。

音乐课程评价应贯穿于课堂内外，学生是学习的主体也是评价的主体。教师是课堂教学的引导者,课程实施的组织者和执行者,也是课程开发的创造者。良好的学校氛围是教学有序进行的保证,也是评价的一方面。总之,音乐课程评价应充分体现全面推进素质教育精神,着眼于评价的激励与改善功能。

二、对我国未来中小学音乐课程标准改革的实施展望

(一)加强音乐课程标准在课程中的实施

基础教育课程改革的成功与否,与课程标准在整个教学工作中的实施情况有直接关系。实施课程标准的最终目的之一,就是为教师的教学工作和学生的学习提供依据,最大限度地发挥课程本身的价值。再好的课程标准如果不落实到教学中,都是纸上谈兵。所以说,课程标准的实施是基础教育课程改革中最为重要的一部分,是教育改革的最大基础和依据。首先,教师作为教学工作中的领导者,是课程标准的重要实施者,所以教师必须更加深刻地领会课程标准的课程理念及课程价值,从而可以使课程标准在实施的过程中取得更好的效果。其次,一部分教育界的领导人,尤其一些初中和高中的学校领导和教师面对升学的压力,把音乐课时数减至很少甚至取消,完全忽视了音乐教育在学生日常学习中的作用,那么音乐课程标准的实施情况也就不言而喻了。面对这种情况,最重要的一项工作就是加强宣传和教育。同时,制订有关管理学校艺术教育的法规来约束,并且加强对学校艺术教育的监督。

(二)加强音乐课程标准改革在偏远农村地区的实施

从中华人民共和国成立以来,虽然我国的农村音乐教育分别得到了不同程度的发展,但是至今一些农村音乐教育落后的状况仍然存在,有的

地区依然没有条件开设音乐课。造成农村音乐教育落后的原因是多方面的,笔者认为其中最重要的有以下三个方面。

首先,提高各级教育部门、领导对音乐教育的功能认识是改善农村音乐教育的关键。各级领导部门应该深入基层,真正了解农村的音乐教育状况,各级领导应该不定期地去检查音乐课的上课情况,积极关心学生的课外音乐活动,让音乐课在教学中慢慢得到重视。

其次,扩大农村中小学音乐教师队伍。师资缺乏是导致农村音乐教育落后的又一个重要因素,很多农村地方的音乐教师都是让其他学科的教师来担任,并且上课的主要内容也只是唱歌。解决师资缺乏问题,要充分发挥一些高等院校的优势,为农村中小学输送音乐教师。

最后,加强农村音乐教育的资金投入。在我国各个地区音乐教育的资金投入是各不相同的,经济发达的地区资金投入相对多一些,经济欠发达的地区资金投入相对少一些,一些偏远地区的农村几乎没有资金投入。资金投入的多少直接影响着学校音乐教育的物质条件,在大部分农村地区至今还没有专门的音乐教室,音乐器材更是短缺,这就严重影响了音乐教学的质量。

三、对我国未来中小学音乐教育课程改革的发展方向的展望

(一)课程的设置应当具有普适性和区域的多样性

我国地大物博,幅员辽阔,人口众多,各地区的经济发展水平和教育发展状况存在着很大的差异。学校音乐课程的制订是针对全国中小学基础教育而言的,普适性和区域多样性是非常重要的。而在新课标中,在内容和目标的制订与价值选择方面偏城市化,并且由于城市与城市的发展

水平也不一样,沿海地区经济相对来说发达一些,内陆地区相对薄弱。例如,在内容设置中的器乐教学和创编部分,这在一些农村及偏远地区显然是不能实现的。一个新的课程的设置应当建立在更加科学、扎实的实证研究的基础上,需要依据理性的、切实有效的实践调查去获取课程研制的依据和支持,作为一个放之四海而皆准的课程,若没有扎扎实实的、系统化的实证研究作为依托,是很难有足够的说服力的。要想提高各地区学校的音乐教育水平,就要实事求是地为这些地区制订一些具体的、适应当地需求的课程,使课程在具有普适性的同时又具有区域多样性。所以说在制订课程的理念、内容和目标时,应注意既要把握全局的音乐教育状况,又要考虑各地区的音乐教育发展状况。

(二)明确课程在教学中的具体操作方法

新课标在对具体的教学方法和内容的要求上有一些不确定性,这对新课标的科学性和严谨性有着很大的影响。例如,在新课标中提出的"关注学科综合"的理念,由于不同地区、不同学校的教育情况不同,教师对于这个学科综合的度把握得也不够准确,那么如何把握学科综合的度在课程标准中没有明确说明,可能就会出现"音乐历史课""音乐政治课"等现象,这就给教师提出了一个难题。笔者认为,在课程标准中应该有一些具体的学科综合程度的规定,或者一些具体的操作方法。再如,在课程目标部分,我国一般习惯使用培养和提高学生的审美能力及兴趣;掌握音乐学科的相关知识;培养学生的完美人格、陶冶情操等目的来表述我国的课程目标,这样表述的课程目标只是做了宏观上的指导,具有一定的局限性,笔者认为应该从微观上再进一步明确课程标准的目标。作为国家级统一的课程,应该更加细致化,这样在全国的实施才更加具有操作性。

（三）提高多媒体教学在课程中的比例

随着科学技术的飞速发展,尤其是互联网技术的普遍应用,学生在课外通过多媒体及网络获得的某些知识可能已经超过了学生在课堂上所学习的,尤其是音乐这个具有独特意义的学科。笔者认为,在课程标准中多增加一些多媒体教学,这样可以有效地解决课堂内容枯燥、单调的问题,并且能够极大地促进学生学习音乐的兴趣,让学生通过多媒体学习音乐基础知识、音乐欣赏和音乐创作,并且多媒体设备的普及还可以有效解决教室设备落后的问题。在全球化的网络时代,学生可以通过网络了解和学习世界各国的音乐以及一些先进的教学方法和理念。另外,教师可以将多媒体教学与传统音乐教学相结合,积极引导学生利用自己身边的多媒体设备(电脑、手机、iPad 等)主动去学习。

（四）建立与课程相配套的教学质量检测和评价机制

我国的课程在不断地进行改革,但是每一次的改革实施后,一直没有建立起科学合理的音乐教育工作的评价指标和检测机制,致使课程标准的具体执行情况如何,各地中小学音乐教育工作现状怎么样,课程的实施效果怎么样、取得了哪些成果、存在什么不足,课改是不是真的能惠及学生,学生的音乐素养是不是真的有所提升等,这些问题还没有翔实、准确的答案。课改是一项系统的工程,这项工程建设得如何,需要得到系统科学的监督和评价。但是,目前有关课改评估的研究和实践已经严重滞后,为了有效保障音乐教育课程改革顺利进行和良性发展,亟待建立起与课程相配套的教学质量检测和评价机制,从而透视出课程在实施过程中的一些问题,及时调整、更新和改进,以更好地指导基础音乐教育的健康发展。

第五章　中小学音乐教学法发展与改革

由于中华人民共和国成立前的音乐教学法的概述在第一章已经有所论述,本章不再赘述。本章内容主要介绍中小学音乐教学法概况,写作脉络以时间为主线,按照时期顺序划分结构。

第一节　音乐教学法

一、音乐教学法现象及概念

"音乐教学法"从文本意义分析,可以有三种界定方式:一是历史视野中的,即所有的音乐教学方法;二是实践角度的,关于教授音乐的具体实践方法,即教了什么内容、怎样教等此类内容;三是哲学观的,即音乐教学的方法论观点。本节所分析讨论的"音乐教学法"为历史发展中的归纳总结。通过对历史中音乐教学法现象与概念的梳理,立足点放在中华人民共和国成立后中小学音乐教学法的研究上。

廖乃雄先生对"音乐教学法"的概念曾经有过这样的解释:"'法'一词

在中华民族的语言中有两重含义：一是方法之法，二是法则之法。……前者是受目的制约并为目的服务的一种手段，后者则指事物本身运动、操作和实施的规律。音乐教学之法首先应指后者。"这里的"法"重在突出教学方法论的层面。周大风先生将音乐教学法进行了详细的分类，如"心领意会式、师示徒效式、连续灌输式、启发讨论式、设惑求解式、实践归纳式、反复比较式、自然渗透式、熟练累加式、直观感知式、兴趣诱发式、激励创造式、心灵感受式"，这是从音乐教学方法的实践层面所进行的界定，这些教学法在我国各个时期的音乐教学过程中有时是单一运用，有时是平行运用，有时也会交叉综合运用。本书对中小学音乐教学法的讨论分为两方面：一是具体的实践方式；二是教学法的"法则"。从音乐教学的行为发生以来，其方法、方式、手段的演进及变革过程应该成为音乐教学法研究的必然阶段。本节不仅要从"方法"及"法则"的角度展开讨论，也要从"教"的角度延伸视角。不仅论证"教之何法"，也要探查"何之教法"。故此，本节首先从教学层面进行剖析，分析教学现象的发展轨迹，以概念表述为论证结构，以使方法论建立更深的理论根基。以这样的方式在音乐教学方法层面展开讨论，最后求得音乐教学法建立的必然性。接下来，笔者将从以下八个方面论述各种音乐教学行为以及相关方法论在不同历史时期的特征与表现。

(一)用于宗教祭祀的音乐传习方法

原始乐舞现象是音乐传习活动的初始源头。中国音乐教学的历史源远流长，在新石器时代氏族社会音乐的传习与习得中，已经存在着最基本的音乐教育活动。虽然这种非严格意义上的音乐教习往往是以祭祀礼仪活动作为载体，但其音乐技能传授的现象可以看作音乐教学的最早雏形。

关于其中的细节我们无法以翔实的数据资料给以证实，但从现存的音乐文物考古资料和历史文献中，我们可以获得一些研究的材料，如《吕氏春秋·占乐》中记载："昔葛天氏之乐，三人操牛尾，投足以歌八阕。"这不仅是对当时集体乐舞现象的记载，而且可以推断其音乐传习现象已经存在，氏族成员必须向他人学会乐舞技能才能达到氏族社会的特定祭祀活动目的。严格意义上讲，我们应该将乐舞时期的这种现象称作"传"，而非"教"。称其为"传"，是因为这时候的作用中介体并非以现代意义上的"音乐"而存在，它只是人们对抗自然的一种工具，是一种活动，传习过程中的"音乐"是原始状态的、完全功能性的客体。"教"的意义则首先在于对"音乐"独立特征的承认，并以此作为行为目标，即以"音乐"个体化作为"教"的首级目标。音乐"传习"，而非音乐"教学"，这反映出当今"音乐教学"的雏形特征。这时期的音乐传习的方法非常直观，因为原始社会的文字体系尚未形成，其音乐传教主要通过语言、口传心授与行为模仿，其方式单一、直观，传教内容也较集中、目的明确化。

(二)礼教制度中的音乐教化方法

音乐教化的概念与基于礼仪教育的音乐传教密不可分。夏代的建立标志着中国原始社会的终结，随之而来的是中国奴隶制社会。礼乐是上古三代主要的音乐教育内容，各种大型乐舞，如歌颂统治者的《大夏》，是夏代宫廷中音乐传习的重要内容。这种现象发展至西周时期更为明显，严格的礼乐教育制度使音乐传教成为宫廷中重要的活动内容。乐教内容包括乐德、乐语、乐舞等，这些内容中渗透着中国古代教育所强调的道德伦理观，音乐中的教化成分起到了相当大的比重。即使是在实践性极强的乐舞部分，其德育、智育、体育、美育兼重的特点非常突出。这区别于原始社会的一个重要特征,便是"音乐"的独立感性特征得以确立。虽然音乐教习的主要特征是把道德伦理与音乐传教行为密切结合,把对公民的行为规范教育与音乐美感教育共成一体,但最初的"乐"之"教"行为出现了,它把"乐"的感性特征与主体人的意志相结合,使"教"呈现出"教化"特征。所以在进行音乐技艺传授的同时,带有强化性道德教育目的的法则也通过音乐传教而得以传播。为了"意志同化"的目的,"教"的方法侧重于对音乐本体以外因素的附和,侧重于内容的选择。可以说,音乐教化体现出统治阶级的某种主观治国目的,是巩固其统治目的的重要手段。

(三)民间娱乐性的音乐技艺教授方法

这是侧重于音乐技艺型的概念表述。春秋战国、秦汉魏晋南北朝直至明清,音乐技艺作为音乐教授活动的主要内容,音乐本体的受教成分占有极大比重,可称这种音乐活动为音乐教授。在这个时期,音乐突破了之前的附属社会实用功能、作用于人之道德情操的范畴,而是以完成音乐音响构成为任务的音乐教授,是独立形态的"音乐"教授方法。所谓"传授",首先要界定师徒身份上的上下关系,"师"必然是音乐的"师傅",是具有专业水准的技艺教师。只有这个定位确立,由上而下的"教授"才会存在,这与现代意义上的"教学"有了主客体的相似性。只不过"教授"的单线性为主要特征,体现出高位(师傅)向低位(徒弟)的传授过程。教学方式上是"心领意会式"的原始性教学法,周大风先生对这种教学法做出这样的解释:"是不大多讲'为什么'的,大部分只是凭着学生自己去领会和悟得。……其特点是细致耐心,但多囿于技艺的传习(如古代戏曲、曲艺、民歌、器乐等)。"另外,"师示徒效式"的教学方法也普遍运用于技艺性较强且教师具有一定音乐修养的教学过程中,"师示徒效式"的模仿性教学法,虽也讲习一些诀窍,但主要是依赖于教师的示范。它的特点,因模仿而易于使学生接受及迅速掌握。"音乐技艺教授法"这个概念是随着音乐娱乐功能的强化、民间私学的兴盛而产生的。春秋战国后,音乐教育转型为"技能训练专业型"的教学方式,其发生背景是官学教育与音乐教育的脱离,以使音乐成为独立的技能型教学门类。由于社会体制的重大变革,教育的功能与目的也随之发生重大转型,不论是在宫廷还是民间的音乐活动,其娱乐功能的突出显现必然要求音乐技艺传播的兴盛。社会音乐活动越频繁,水平越高,越是要求音乐技艺教授现象的普遍存在。从教授方法看,民间艺人或乐师之间的音乐传授方法基本是家业世传,或者师徒传授的方式。教授内容包括器乐、声乐、乐器调律等。"音乐教授"在这个时期的教授媒介主要是音乐技艺,体现出社会化现象的一个方面,也反映出音乐作为独立教学内容的一个最初形态。因此,技艺性是"音乐教授"的表现特征。春秋战国之前的音乐"教"的行为还是服务于特定的目的、发生在特定的场合,是一种依据其自身特性而被利用的工具媒介。这个时期音乐的娱乐功能受到重视,并为发挥这一特点而发生音乐技艺教授活动,体现出人们对音乐感观愉悦本质的最初认识,为音乐之后作为独立的学习科目奠定了基础。从方法论的角度看,这时的音乐教授方法受个人经验与知识的底蕴所决定,家族化、流派化以及师承制都是对这时教学特征的表述。当然,音乐的传统文化社会教育痕迹并非荡然无存,孔子、荀子、董仲舒等人的"以乐育人"的乐教思想在当时处于主导地位。在教学实践中,师傅个体的主观思想、思维意识也会在潜移默化中影响徒弟,而这并不是"教"的目的,音乐技艺传授也渗透着一定的社会伦理道德观念,也有个人阶级思想的交流,但这并非音乐教授的主流现象,技艺型的音乐教授性质可以概括为这个时期音乐教学的主体部分。

(四)西方学制影响下的音乐学科教授法

这是在鸦片战争后至 19 世纪末,中国传统音乐教育受到西方殖民文化的影响,兴办新式学制的背景下而产生的音乐学科教授法概念。它的特征包括两点:一是发生在学堂这种面对民众的、为发展民众素质的、开设多门学习课程的集体的教学环境中。音乐是学堂中的学习科目,音乐的教授不是面对社会某一具有职业性质的群体,不是单纯服务于某一阶层娱乐的音乐学习目的。二是在建立起独立的"教授法"概念的背景下开设的音乐课程。1897 年,清政府创办了南洋公学师范院,首开"教授法"课程。这时的"教授法"还没有针对音乐课的内容,音乐课真正成为学校的正式课程是在 1907 年 3 月 8 日,清政府正式颁布《学部奏定女子中小学堂章程》和《学部奏定女子师范学堂章程》,规定女子学堂应开设音乐课,这是中国历史上第一次在政府文件中正式规定将音乐课列入学堂的课程中。明确"音乐教学法"成为独立的课程是在《学部奏定女子师范学堂章程》的"女子师范学堂各学科要旨程度"中,指出教学内容应包括齐唱歌曲、合唱歌曲、乐器演奏法和音乐教学法。音乐课在全国中小学堂正式设立是在 1909 年,当时称为"乐歌"课。在这之前,音乐课已经在各地方学校开设,并且受沈心工、李叔同等留学归来的人的影响,各地纷纷学习由欧美曲调或中国传统民歌填词的学堂乐歌。因此,音乐课实际上就是"乐歌"课,音乐教学也可以说是唱歌教学。至民国时期,学堂改称学校,"乐歌"课逐渐改称"唱歌"课,中小学的学习内容多是学习演唱单声部齐唱歌曲及简单多声部合唱歌曲。音乐课的教授一般是歌曲的教唱形式,教师范唱与学生跟唱是唱歌教学的主要方法,师范专业的教师规定要学习"唱歌教授法"。这个时期的唱歌教授法是音乐教学法发展中的一个时期,由于受西方教育体制的影响,其教学方法也带有西方音乐教学法的模式特点,这与之前明清戏曲教学的中国传统音乐教授方法具有本质的区别,这种由外来文化引进的唱歌教授法是近现代音乐教育体制的初始化形态。

(五)音乐教学法

"教学法"的概念首先由陶行知先生在 1917 年提出,反映出学科教育对"教"与"学"双边关系的关注。在现代教育心理学中,对"教学"关系有这样的表述:"教是以学的存在为前提条件的。动物能学,故可以训练;人更善于学,故'教'自古以来就存在。反过来,没有'学','教'不可能存在。所以可以把教学定义为'以促进学习者能力和倾向从一种状态过渡到另一状态的师生双边活动'。""教学法"概念的表述不仅使音乐教学行为本身发生了质的变化,也引领了"音乐教学法"研究的一个新的开端。在以音乐作为中介媒体的双边活动中,要求以音乐特质出发,结合音乐学科特点,结合教师与学生的个体思维与心理特征,发展具有多向互动性特征的教学方法。在此概念出现后,中小学教师都在教学方式、手段上注重研究学生的生理、心理特点,教学方法显示出初步的人本位特征。需要指出的是,关于"音乐教学法"概念名称的变更,是与各时期师范专业开设课程相对应的。从师范专业教学课程名称的变化可以看出教学模式与教学定位的变化,这需要与实际教学中的"教学方法"行为层面上的表述区别对待。在这个概念表述中,存在很多界定上的交汇处。比如,我们当代现阶段所说的"音乐教学法"通常意义上既是指一门学科,也指实际的音乐教学方法,在这里也是指师范专业学生的一门课程,同时也指代某一时期音乐教学发展的一种现象。可以说,"音乐教学法"是自音乐教学行为发生以来最具概括性、普遍性的一个概念表述。它在这里不仅是表述一个与"音乐学科教授法"相演进的概念,也显示出"音乐教学法"的时代性、历史性辩证发展特征。在其后的概念演进中,"音乐教学法"在不同时期的出现,都蕴含着不同的内涵与时代特征。在历史的车轮中,"音乐教学法"逐步成为音乐教学的方法、法则、模式的一个最具宏观性的表述形式。也正因为如此,关于"音乐教学法"概念的表述有着多种内涵与分类。例如,在《普通学校音乐教育学》中,"教学方法是完成教学任务所使用的工作方法,它包括教师的教授方法和学生的学习方法",音乐教学法可以依照活动方式、学生的学习内容以及音乐教育家的名字等因素进行分类;《中小学音乐教学法》中表述音乐教学方法是为了完成音乐教学任务,教师和学生在共同活动中采用的手段,是一种为了达到音乐教育目标而调整教师和学生相互联系的活动的方法;《中国大百科全书·音乐舞蹈》中的"音乐教学法"因不同学校、不同年级、不同专业的教学内容而有差异,但总的来说,可以分为如何管理学生及如何进行教学(包括指导及训练)两个方面。课堂教学与其他学科的教学法并无太大差异,但具体执行时则要结合专业(器乐、声乐、理论)、班级情况(集体、小组、个别)等而有所不同。音乐教学法的研究也逐渐从单一音乐技能教学方法论的研究拓展为在教学主体、学习主体、教学客观因素之间的多维组合式概念。

(六)音乐教材教法

在1939年教育部颁布的《师范学院分系必修及选修科目施行要点》中,课程名称定为"分科教材及教法研究",也形成了"音乐教材教法"概念。此概念的表述意指音乐教材在音乐教学方法中是必须重视的考虑因素。音乐教学要以教材为根本,音乐教学的目的所在指向音乐教材。这个概念的提出并非偶然现象,在学堂设立之时,音乐课程开始之后的音乐教学都以唱歌作为学习的唯一内容,教材方面对歌曲的选择缺少严谨性与系统性。随着音乐课程独立发展,音乐教材的编订随之有了较为科学的体系。"音乐教学法"的内涵得到拓展,从简单的单线、双边教学发展为多边模式化。这里要指出的是,本概念并不是固定的、统一的名称,这里还是以师范专业课程名称作为一个摘取,在各类教育论著中,"音乐教材教法""音乐教学法"都是交叉出现的。概念称谓的选择取决于论者个人的观点,在概念表述上,并无冲突可言。关于以上概念的表述应属于平行交叉状态,并不是严格的分界线。

(七)音乐教学理念

这个概念是随着奥尔夫音乐等国外教学经验的引入而在我国音乐教育领域引起讨论的。它与"音乐教学法"概念的本质区别在于对教学实践的宏观指导意义上的侧重。教学理念为我国传统音乐教学法打开了一扇新的大门。20世纪对国外音乐教学经验的引入中,有很多具体教学方法的介绍,我们对其认识逐渐深刻之后,提出在吸收借鉴过程中,要避免对某一节课或某一项教学内容、教学方法的全盘接受,重要的是要学习贯穿其中的教学理念。这也是本书把"音乐教学理念"的概念放在本节中加以讨论的原因。应该说,教学理念是教学方法的另外一种思维方式,前者注重教学意识对教学行为的指导性,后者注重分析行为自身的科学性,两种表述的起点不一样,但论证主体,即对教学行为的讨论是共通的。合理吸收教学理念是完善教学方法的必要补充,可以加强实践行为的可行性保障。但是,从行为学的角度看,忽视行为操作有效性的研究,有可能使教学理念与教学方法南辕北辙。因此,笔者认为,国外教学理念流露出的"法无定法"的观点,还需要深入思考。教学方法可以在理念的指导下,发展出若干种可行性方案,但是,能使学生的学习规律与教师的教学形成最优势化结合的方案中,必定有其最佳的一个方案。"法有定法"是研究教学方法的目的,音乐教学法在注重音乐感性思维引导的过程中,教师有必要科学合理地运用理性思维,寻找最佳的音乐教学方法。另外,由于国外教学概念的引入,我们在吸收融合的过程中,往往在思维与实践两个方面产生与本土传统的混淆与盲目。因此,到底何谓"理念"、何谓"方法"在诸多表述中意见不一。笔者认为,某些"音乐教学方法"的表述是存在误区的,在表述国外音乐教学概念方面,需要在概念界定上更严谨。除了对理论意义上的称谓需要严谨外,还应该有文化及地域映像在内。

(八)音乐教学论

这个概念是在音乐教学法发展到一定阶段而产生的、具有宏观指导意义的研究学科界定。音乐教学论是对音乐教学法的提炼升华与高度综合,是具有学科化标志的范畴体系。在《简明音乐词典》中,对"音乐教学论"这样界定:"研究音乐教学活动的基本理论,一般包括音乐教学的地位和作用、教学目的和任务、教学过程、教学原则、教学内容和手法手段、教学组织形式及教学评价和学生成绩考查评定等。"音乐教学论是研究围绕音乐教学的一切活动要素的学科,具有理论研究性质。音乐教学论是统观音乐教学过程的各相关因素,从最初教学思维意识的萌生到最后教学成果的评定,都是其研究的范畴,教学理念与教学方法的研究都在其中。在具体运用的过程中,往往也会出现"教学论"与"教学法"的概念互用,《中国教育百科全书》中是这样对"教学论"进行阐释的:"教学论,又叫教授法、教学法。研究教学过程规律及其应用的科学。"在音乐教学法研究已经细化和高度理论化的条件下,笔者认为"音乐教学论"与"音乐教学法"是一种包容的关系,在对概念的表述上还是应该分别对待。音乐教学法更多的是讨论音乐教学具体实施的过程, 音乐教学论则是要从宏观角度研究音乐教学实施的原则与意义,是针对行为科学性的讨论,这与音乐教育论对于宏观的人格塑造目标也是不同的。

二、音乐教学法与相关学科

接下来,笔者将从音乐教学法与音乐教育哲学、教育心理学、音乐美学、音乐人类学四个方面进行论述,这四门学科是伴随着音乐教学方法研究从出现到逐渐成熟发展的较密切学科。

(一)音乐教学法与音乐教育哲学

音乐教学方法论的成熟必然有其哲学观的渗入。教育哲学是哲学的一个分支,为教育领域中的一切活动提供指导,是关于教育活动的价值观与方法论,其中当然也包括音乐教育领域。在《教育哲学》一书中对教育哲学是这样理解的:"它是对人类理性在教育实践中所采取的独特形式的探索,也就是说,是对人类理性在产生了教与学的特别行动的互动中所采取的独特形式的探索。就其揭示性而言,教育哲学是重现可在教育实践中辨识出来的人类理性的一般特征的尝试。就其批判性而言,它试图发现在给定的历史时期内界定教育实践的规则和前提假设是人类理性的真正翻版还是讹用的歪曲。"人们开始重新审视"教"的本体价值体现,"学"的意义之本。也就是说,教育哲学要为教学活动解决"为什么"的问题。作为教育哲学研究的组成部分——音乐教育哲学,是从哲学层面上阐明音乐教育的方向,决定音乐教育的性质和价值,并为音乐教育新思想的产生提供共同的基准点,音乐教育的定位取决于哲学观的指导,教学方法作为音乐教育目标实现的手段和媒介,也必然体现出音乐教育哲学观的引导性。作为价值观指导的音乐教育哲学,需要讨论两个方面问题:一是构成音乐教育的内容与音乐教育主题的知识体系;二是这种知识的传授方法以及掌握这些知识所达到满意程度的评估方法。其中,音乐学科的知识体系教学方法是其研究内容之一,这也体现出音乐教育哲学与音乐教学方法论研究所不可分割的关系。在音乐教育哲学的研究尚未成熟之前,音乐教学方法与其他教学方法一样,有着行为主义的痕迹,教学方法呈现出线性、物态化特征,方法论研究在这种情形下还比较滞后。音乐教学法的体系研究在教育哲学和音乐教育哲学观的发展前提下才可以得到自身研究的逐步完善。在功能论的音乐教育哲学观下,我国学校基础教育中的音乐教学注重讲解式的教学方法,努力实现音乐音响之外的某种观念存在的再现。在审美论的音乐教育哲学观下,不仅提升了学校音乐课中欣赏课程的地位,也使教师主动运用音像资料作为音乐教学的重要手段,引导学生聆听音乐,并采用律动、游戏等方法促使学生感受音乐的节奏、力度、曲式等构成要素。在美育论的音乐教育哲学观下,教师不仅使学生完成感官审美能力的培养,还使学生在个性塑造和思维判断能力方面获得完善。音乐课的教学不仅是音乐材料的教学方法,更是通过音乐对于人之塑造的教学方法。可以说,音乐教学法的变革与创新不能与音乐教育哲学的指引割裂开来,如果音乐教育、音乐教学的研究不与相关哲学思想进行关联,那么音乐课程、音乐教学法的研究进程将会陷入困境。

(二)音乐教学法与教育心理学

教育心理学的研究是音乐教学法发展全面成熟并形成体系的时期的

重要支持学科。从单纯关注音乐教学的物态实践行为和目标,转向个体心理因素本位观,都是音乐教学法研究角度重要的转折性象征,可以说是研究的第二平台支持。桑代克于1913年出版的《教育心理学》标志着教育心理学从科学心理学中分离出来,教学研究开始建立在教育心理学的基础之上。音乐教学作为教学研究的一个组成部分,一样要以教育心理学的研究为基础,以达到对教学行为的有效控制。而与音乐教育教学现象密切关联的研究领域——音乐教育心理学,便是教育心理学与音乐教育学相交叉的一个领域。当人们意识到音乐作用于人脑,具有独特的感性教育功能的时候,越是促使音乐教学与教育心理学共同配合发展的时候。在心理学研究中,发展的"阶段"概念是一个出现频繁、具有普遍性的概念。教学行为发生在个体的学龄时期,是身体及心理发展的一个"阶段",如何使教学符合个体特征,以合理化的方式实施教学,是使教学与心理学结合研究的推动力,教育心理学便是这个推动力的产物。教育心理学针对学生学习特质的一些研究,对于我们的教学行为具有重大的意义,如皮亚杰的认知发展阶段论,把儿童的认知发展过程分为感知运动阶段(0~2岁)、前运算阶段(2~7岁)、具体运算阶段(7~11岁)、形式运算阶段(11~15岁)。其中具体运算阶段的儿童的特点是:"已经能进行逻辑思维,其思维具有多维性、可逆性和动态性,在语言方面,尽管这一阶段的儿童已经能通过下定义的方式获得概念,但在获得和使用此类概念时,需要实际经验或借助具体形象的支持。"布鲁纳认为,儿童在5至7岁时开始进入形象性表象阶段,这个阶段的儿童是用意象去概括和代表动作,因而和直觉密切联系。儿童注意和记忆那些看到的或物体的表面特点,并且以这些表面特点为基础,从表象上来处理它们。掌握了解学龄儿童的认知特点,可以对我们的教学提供很好的借鉴。音乐科是各学科中独特的一个部类,其教学方法不应该形同数理化等科目,形象性、参与性等教学策略都可以从教育心理学中找到依据。瑞士教育家裴斯泰洛齐有主张"教育要心理学化"的论断,其他的著名理论,如奥苏伯尔的有意义学习理论、加涅的任务分析教学论、布鲁纳的认知-发展说和发现教学模式等都为音乐教学开阔了视野。所以,我们的音乐教学不论在教材还是方法的选择上,都要参考教育心理学的研究,否则会使教学举步维艰。

(三)音乐教学法与音乐美学

音乐教学是运用音乐的要素作用于人的感觉器官而引起思维的重组,音乐所特有的感性美是人们感受、喜爱音乐的前提,这也成为音乐教学方法的一个根本依据。法尔普什坦在《中国音乐教育》一书中写道:"社会必须高度关注人们(尤其是青年)听什么、接受什么、为什么喜爱这种或那种音乐。换言之,社会主义社会的迫切任务是:不仅研究趣味,而且建立以科学为基础的音乐-美学教育体系。如果不研究青年在整个艺术领域的美感需求和价值标准,这种体系便无从建立。"没有音乐审美的音乐教育是不存在的, 音乐教育是一种审美教育, 审美教育是美学研究的重要对象,音乐美学作为美学的一个分支,为音乐教育提供了美学的品格和视角以及坚实的理论基础,并提供了相关的研究方法,音乐教学在实现音乐教育目标的过程中,必须依靠音乐美学的理论基础。音乐美学与音乐教育中"美育"原则呈同向支持关系。音乐教学在意识形态中区别于其他学科的形式特征,便是以音乐美学为理论论据。研究音乐教学法的特殊性必将有音乐美学研究的交叉过程,如何把握音乐教学中音乐特质的美学意义,是音乐教学法研究的必然参考因素。音乐美学是美学和音乐学之间的一门交叉性基础理论学科。它以研究音乐艺术的美学规律为宗旨,特别把音乐的本质与特性,音乐的形式与内容,音乐的创作、表演与欣赏,音乐的功能,音乐的美与审美等课题作为自己的研究对象。音乐美学是从艺术总体的高度研究音乐本质和内在规律性的基础理论学科,音乐教学基本原则是"音乐本位原则",音乐所具有的音高、音色、节奏、速度等都是音乐教学的固有内容。怎样把这些音乐要素组织起来,怎样把音乐结构搭建起来,这都是音乐教学的方法,也是依照音乐美学意义的实践过程。我国音乐教学法的发展趋势正从技能技艺模式转向文化模式,音乐教育界也在教学法方面提倡以审美教育为核心的音乐教学法,审美教育目前已经被提升到了音乐教育的核心地位,音乐教学大纲要求我们在音乐教学中以审美教育贯穿整个音乐教学。因此,音乐教育的研究离不开对审美的研究,离不开对美学的研究。我国基础音乐教学中,教师不仅自己要有良好的审美意识,还要在音乐资料的选择、语言的运用、节奏的把握上做到依照美学的原则进行,同时,深入研究学生的审美习惯特点也是教学法研究的一个参考因素。音乐的美学研究理论运用于儿童音乐教学过程中,教师的教学方法依照音乐美学的原则进行,这都是中小学阶段音乐教学的重要问题。因此,音乐教学法与音乐美学的学科综合是音乐教学法研究深化的必要举措。

(四)音乐教学法与音乐人类学

音乐人类学研究对音乐教育的影响是伴随着后现代音乐教育思潮而发展起来的。音乐人类学的思想与方法在 20 世纪 70 年代末引入我国,它认为对音乐形态的研究应该转向以整个人类的音乐文化背景为范围,以研究人、研究社会、研究文化作为其目的和意义。民俗、部落文化、原始音乐崇拜、世界各地的部落音乐都是音乐人类学研究的课题。音乐人类学的引入是随着多元文化观念深入音乐教育领域而发展的,当音乐哲学、音乐美学、音乐社会学等陆续进入音乐教育的视野后,音乐教育对于多元文化关注的需要把人类学带入其中。把作为学习资料的音乐研究视野扩大,使音乐教育的教学手段与方法都要做以相应的调整。美国伊利诺伊大学音乐学和人类学教授、著名音乐人类学家布鲁诺·内特尔在第20届国际音乐教育学会大会上所做的题为《音乐人类学与世界音乐的教学》的报告中称,必须发展一种世界音乐性质的概念,以便确定对音乐整体的审美和评判的态度。学生不仅要在课堂上学习西方的和本国的音乐素材,同时也要了解世界各民族文化中的音乐种类。这对我国传统意义上的音乐教学提出了新的课题。布鲁诺·内特尔教授也指出,学生也许不喜欢其他文化体系中的音乐形态,他们也许对这些音乐无法进行深入了解。那么,教师便要正确地对学生进行引导,世界音乐教学的目的并非多多益善,而是在了解其文化意蕴的基础上,"知道"音乐并具有一定感性的音乐思维,这是当代音乐教学在世界文化层面的丰富。所以,把音乐作为一种文化、作为一种自我意识的反省研究是音乐学研究的又一个平台,也是音乐教育教学的提升动力。针对普通音乐教育中的音乐教学方法必定要研究如何针对扩大化的文化圈中的音乐给以合理组织,并在音乐本体感受的基础上,更加注重人文意义的凸显。这是音乐教学研究在当代发展中一个新的研究方向,音乐人类学研究的宏观视野为音乐教学法的最新理论研究以及后继性研究提供了借鉴因素。

三、音乐教学法研究的历史进程

从远古时期带有宗教祭祀性质的音乐教习现象开始,教习、教授、教学的方法便是客观存在的现实,但"方法"的存在最初多是个人主观性的体现,如果从当代音乐教学法研究的角度看,建立在非学堂课程体系之外的音乐教学法是私人化的、民间技艺传授型的性质,带有强烈的个人主观动机与意识经验色彩,具有随意性与交叉变迁性。

看待"音乐教学法"这一术语,一定要用历史的、发展的眼光。本节第一部分已经对"音乐教学法"各阶段的不同表述有过论证,那么历史的种种变迁必定会使当代的"音乐教学法"研究带有复杂性和多元性。

(1)首先要认识到概念表述上的范畴界定。当代音乐教育界提到的"音乐教学法"在概念表述上往往有广义与狭义之分。从广义上说,是关于"音乐"的教学法,这种表述应该从历史辩证的角度来理解,应该用发展的眼光去看待。不论是远古的还是当代的范畴,音乐教学法的表现形式带有历史性、动态性的特征,是位于实践层面所进行的表述方式。从狭义上说,"音乐教学法"就是指一门学术研究科目,是一个从宏观层面进行理论学术研究的概念表述,它的最初表现形态是师范类"音乐教学法"课程的设立(表述的方式会因历史时期不同而有所不同,如"音乐教授法""音乐教材教法"等),它在当代较高一级的发展形态是"音乐教学论"。

(2)建立在理论层面上的"音乐教学法"或"音乐教学论"要以丰富的实践研究经验作为根基。建立宏观的研究领域表明实践研究领域的成熟与体系化。但是,在注重"音乐教学法"向哲学观、方法观层面延伸研究的同时,务必加强与实践的密切结合,做到有实有据。所以,我们要研究音乐教学的法则,也要研究音乐教学的方法。

(3)音乐教学法研究者的培养指导问题。当代音乐教学的研究一直处于上升态势,针对中小学、普通高校、专业音乐院校音乐教学研究的群体在不断增加。由于国家政策的扶持,教育各战线都在鼓励科研发展,教师在担当实际教学任务的同时,也成为科研领域的主干力量。研究音乐教学现象、方法、心理、政策、理念等方面的成果每年都在成倍地增长。这是"音乐教学法"研究的必要组成部分,也是其理论深化的必要准备。但是,值得深思的是,师范类音乐科(包括音乐教育师资)这种可以促使音乐教学完善发展的几个因素,现在是否都在以最大的潜能发挥效力?高校音乐教育专业由于在专业方向和职能归类中有严格的细化和区分,院系集体和教师个人在从事的教学和科研中都有较明确的定位和方向,教研开展主要以专业为主攻目标,而中小学新课程在内容、目标、教法等方面的侧重与高校截然不同,这就造成两者认知之间的较大差距和障碍。音乐教育专业学习的是音乐表演专业的课程,不重视中小学音乐教学的理论与实践培养,这严重影响了中小学音乐教学研究群体的发展。从师范类专业教育的角度看,首先应该在教学法方面具有先进的教学理念与师资水平,专业音乐教育师资应该具有高屋建瓴的眼界,对教学实践具有权威的指导性。他们的作用是在教学的哲学观、方法论、课程论等方面对实践层面的教师给予建议与指导。但是,其在客观和主观上的局限性也非常明显。客观上有四个现象:第一,高等学校教师教育专业课程设置中,音乐教学法课程的开设不够完善,存在诸如"缺少专门从事中小学音乐课程与教学法专项研究的教师,大多都是由专业技法或专业理论的教师额外兼代"的现象;第二,全国真正从事音乐教育研究的学者相对于其他行业专家的数量远远落后;第三,师范类音乐教学指导与实践操作严重脱节,在师范教育学习期间的学生真正把理论与实践结合学习的机会很少;第四,在对国外先进音乐教学理念的吸收与推广上把握不到位。另外,工作在中小学音乐教学第一线的教师也是教学法研究群体中重要的力量，他们是对音乐教学研究最具实证性和说服力的群体（这里仅指与本书相关的中小学音乐教师群体）。然而，大多数教师的专业知识只停留在学习期间音乐技能方面的受教水平，音乐教学法的学习还是沿用传统的分科音乐教学体系，有些基础教育教学实践的建议和方案非常实用有效，却又缺乏前瞻性的理论高度，没能与高校教育机构和专业院系达成共识，也就无法获得高度重视和有力支持，教研开展也只能停留在基础层面的局部展开或被动接受执行的进程中。教师的教研水平并非其自身的音乐技能水平所能代替的，学校教师无论从技术或科学的创造性上来说都不是一个专家，而只是一个知识的传递者，这是任何人都能做得到的事。换言之，一般人认为，所谓一个好的教师就是一个具有普通中小学教育程度，掌握一些适当的公式，使他能在学生的心灵中灌输一种类似教育的人，他正在为学生提供一些希望他提供的东西。从某种意义上说，教师应该是教学方法革新方案的首个提出者，应该是评判教学方法优劣的最具说服力的群体。然而，面对实际教学中传统与先进理念之间的碰撞，教师往往缺乏整体科学性的批判与实践能力，因此加强与规范师范类教育教学专业化的教学法课程，塑造研究型教师是中小学音乐教学革新的有力保障。

（4）音乐教学法研究的思维模式观有待转变。在我国长期的音乐教学研究中，对音乐科的教学有过套用文理学科模式的历史，音乐知识化的痕迹比较重。20世纪后，外来音乐教学经验的传入最初集中在唱歌教学方面，教学方法也比较直观和单一，教学弊端并不明显。后来随着音乐教学的深入发展、音乐修养与感性意识教育的凸显，音乐教学知识化的定势需要改变。20世纪80年代对欧美音乐教学经验的引入使音乐教学面临根本性的革新趋势。然而,音乐教学法还是停留在音乐技能教学上,这个观念一直根深蒂固,致使研究音乐教学法的思路与模式依旧以分科音乐技能教学作为切入点。正因为如此,教学法的研究往往形成固有模式,研究形式思路单一。当代的世界发展格局使许多国家都在革新思路、突破传统。我国在积极学习国外音乐教学经验的同时,应该意识到,音乐教学法在吸收他国与现代因素的基础上,已经要求我们首先要革新思维的方法论,不是外国经验加传统学科就可以改头换面的。音乐教学法要从哲学观、方法论、课程论等形成多维立体的交叉研究,单纯的音乐教学方法已经不适应新时代的主题了。

第二节　中华人民共和国成立之初的
音乐教学法发展与改革

自 1949 年中华人民共和国成立,我国的经济文化各项事业都逐渐步入一个新的发展阶段。1952 年,教育部颁布了《中学暂行规程(草案)》和《小学暂行规程(草案)》,明确规定中华人民共和国的中学、小学、幼儿园实施智育、德育、体育、美育等全面发展的教育方针,对中小学的美育提出使儿童具有爱美的观念和欣赏艺术的初步能力。音乐教育作为其中不可或缺的组成部分,教育目标、教学计划、课程设置等方面翻开了新的一页。在本节内容里, 将重点讨论中华人民共和国成立之初中小学音乐课的教学背景、教学方法以及现象剖析。

一、教学背景概况

(一)民族的、科学的、大众的教育目标使唱歌教学法成为主导

在 1949 年中华人民共和国成立后，中小学音乐教育在国家教育政策、法规的充分肯定下，正式以国家政策的形式确立了音乐教育民族化、大众化、科学化的教育目标。冼星海曾说道："中国的现在实在难产生像贝多芬等的大天才。与其缺乏天才，不如多想方法，务使中国有天才产生之可能，才是学音乐的人的责任，要使中国有音乐天才产生之可能，其责任落在一般音乐教育者的身上，他们的工作非常重大，不但学得了音乐便知足，还要传播全国，感染全国。……中国需要的不是贵族式或私人的音乐，中国人所需求的是普遍音乐，要了解音乐。"民族化、大众化、科学化的教育目标便是普遍音乐观念的明确化体现，这要求普通学校的音乐教育要符合社会所处的时代背景，符合大多数人的音乐接受能力，符合现有的社会音乐资源。

1951 年，《人民音乐》第一期刊登了《全国音协、中央音乐学院音乐问题通讯部六个月工作总结》一文，其中指出："我们认为新的学校音乐课的教学应在总结新民主主义教育的原则下进行，应通过艺术教育充分地灌输给学生以爱劳动、爱集体、爱国家的观念；在教材方面，旧的歌曲应以新的反映人民生活的歌曲来代替；在个别的可能的地方，也不妨进行五线谱的学习或部分学生进行五线谱的学习。"从中可以看出，一方面音乐有着特定的教育功能，另一方面也显示出音乐教学的唱歌教材和音乐知识内容的设置。唱歌教学是实现教育目的和普及音乐知识的最便捷途径，因此唱歌教学法成为中小学音乐教学研究中最主要的一个领域。

（二）教学资料、设备投入的有限性与音乐教学概念的局限性使教学法研究单一化

社会音乐需求的增加使音乐相关使用资料也要相应地增加，这涉及音乐创作、音乐教材、学生音乐活动场地与设备等因素。单从音乐教材来说，它在很大程度上限制了音乐教学法的科学化发展进程。在中华人民共和国成立后的十几年中，中小学音乐课的教学法主要建立在对教材研究的基础上，但中小学音乐教材还未形成一定的创作规模，特别是低年级教材创作有限。城市或交通方便的地区，可以获得部分唱游教材。而偏僻的乡镇，大多数是唱中高年级的歌曲。没有丰富的教材作为基础，中小学音乐课的教学内容便显得极其薄弱，方法单一而无生动性、多样性。在教学投入方面，主要是教学供给和教学师资两个方面的问题。由全国音乐工作者、中央音乐学院研究部在 1950 年对当时中小学音乐教育情况的一份抽查结果显示，中小学音乐设备中，风琴的拥有率最高，约占各学校乐器设备的 43.3%，位于其后的依次是收音机、中国管弦乐器、中国打击乐器、音乐书籍等。西洋乐器占有量很小，这必定使中小学的音乐教学在使用设备上以中国乐器为主。从另一个方面说，教学中使用五线谱的方法就会出现一定的困难。教师的业务水平令人担忧，从五线谱、首调唱名法的掌握情况看，未学过或学得不好的教师占大多数，极个别的教师会固定唱名法。从简谱的视唱能力看，大多数教师是中等程度。从器乐掌握能力看，风琴初步程度的教师占多数，极个别教师能用钢琴伴奏。教师业务水平的局限性制约了音乐教学方法的优效发挥，在实际教学中，往往会出现教师"先学后教"的现象，教学方法无法依循音乐思维与感性教学规律。客观上说，造成以上现象的原因，一方面是因为经济基础曾受到严重破坏，文化资源

有待更新,教学师资培养与教材的组织编写需要一定的恢复发展过程;另一方面是因为民众对于音乐的认识没有摆脱娱乐消遣的框架,没有意识到音乐是人自身所应接受教育的一部分。在中小学中,音乐教育是"小三门",领导不予重视。音乐教学的学科研究并未成熟,教学师资没有增强,教学方法还属于个人化的行为,科学方法论并未形成。所以,音乐课的开设是客观事实,但限于各方条件的制约,音乐学科教学还未以音乐本体教学方法的研究作为音乐教学的推动力。如果在这样缺乏音乐教育人本位思想的状况下,观察中小学音乐课的教学,我们会发现,对教学方法的讨论往往以某种具体的道德目标或概念传达作为教学目标,然后通过知识讲授的形式传递给学生,以此方法达到教学目的。这个过程的突出特点是把中间的学生环节假定为固定统一的思维模式,其音乐思维的差异性与师生互动的作用往往不是教学方法的研究因素。

(三)音乐教学地位与学生实际水平的差异要求音乐教学法研究紧密联系实际

1950 年 8 月教育部颁布的《中小学音乐课程暂行标准(草案)》中,对中小学音乐课的教学目标有这样的描述:"培养儿童正确的听音、发声、歌唱、简单演奏等初步的音乐知识和技能。培养儿童爱好音乐,以音乐陶冶身心,丰富生活,并乐为人民服务的兴趣和愿望。培养儿童活泼、愉快、热情、勇敢及'五爱'国民公德和保卫祖国、保卫世界和平的爱国主义思想和感情。"然而,音乐教学中的音乐技能培养目标在当时的社会师资水平下是很难达到的。音乐知识技能的教学要求教师在教学中不仅要熟练掌握音乐技能,又要把这些技能结合儿童的学习心理通过科学的方法进行教学,科学的方法建立在扎实的音乐基础之上。但现实中,音乐师资的培养还有待加强,因此课程标准中的教学目标在实践中受到很大的制约性。另外,儿童音乐教材的极度缺乏也使教学目标难以实现。由于缺少适于用作教材的儿童歌曲,很多学校的中低年级学生只能用高年级的教材,不论是音乐还是歌词,都脱离了低年级学生的学习需求。在以教材为主要教学参考的情况下,教学目标和教学方法必然产生冲突。这样的两极对视,中间的教学过程就成为必不可少的搭桥之举。由此必然要求音乐教学方法实践与研究的相关性得到重视和发展,但对于音乐教学方法研究与讨论的"物态化",即学生个体思维因素以及其他不可显现性学习成果因素的缺失,使音乐教学法研究在各方面都有待改进。

二、学科教学概述

(一)唱歌教学法:以歌曲演唱为目的的听唱法和视唱法

1956年颁布的《中小学唱歌教学大纲》对中小学音乐课的设置有明确的规定,其中指出:"唱歌是对儿童进行音乐教育最有效的手段。富于表情地歌唱形象鲜明的歌曲,最能感染儿童、教育儿童。所以唱歌在音乐教学中应该占主要地位,教学时间应该最多——约占全部时间的三分之二。"在中华人民共和国成立后的十几年中,唱歌是全中国普及音乐的最有利、有效的手段,这也是在学校音乐课中唱歌占有绝对地位的原因。在1950年12月一次关于中小学音乐教育状况的调查中,有少部分教师是这样教学的:"每次教学都充分地练习音阶,培养儿童具有正确地听音与发音的能力。新曲未唱前先复习或讲解歌曲中的必要知识,然后进行读谱,歌谱熟悉后,可使儿童随琴默唱几遍后再低声随唱,并示范;解释歌词时注重联系实际,进行思想教育。唱歌过程中时常变换方式,以增进儿童学习的兴趣。"这是练声、复习、读谱、教唱、讲解的唱歌教学过程,是听唱法与视唱法的结合使用,也是中华人民共和国成立初期较为普遍的唱歌教学方法。它不仅以歌曲的教唱为目的,也体现出唱歌教学或者说是音乐教学中的"教育现象",音乐教育一定要有思想教育的具体内容,要服务于政治并服从政治,决不能"为唱歌而唱歌"。

在普通中小学音乐课中,唱歌教学法分为听唱法和视唱法,也有像上述情况一样的二者结合使用,这种方法的分类表现出教材教法的特征,是把学生对教材中歌曲的熟唱作为教学目标。对低年级学生而言,听唱法是较为普遍的教学方法,由于各地的音乐欣赏设备并不完全,所以教师的范唱是听唱教学的主要形式。对儿童来说,音乐教师是他们遇到的新歌曲的第一个表演者,他们从教师的范唱中获得一首新歌曲的最初印象,教师范唱的表情、语气甚至范唱的遍数都是唱歌教学方法的研究内容。视唱法主要应用于高年级学生,这是通过指导学生自己读谱而达到熟悉歌曲的目的。很多教师认为,视唱教学法应该受到重视与推广,这是提高学生音乐知识与素养水平的重要途径。但鉴于五线谱印刷技术以及教师自身音乐素养的限制,视唱教学法不如听唱教学法的运用范围广。听唱法与视唱法是针对歌曲教唱的不同方法,另外二者还有相同点,都要在教唱歌曲的同时指导学生正确地发声和讲解歌词的思想主题。在整个教学过程中,对歌词的讲解占有很大比重,意在培养学生的道德情感意识,因此融入道德情感因素的唱歌教学是中华人民共和国成立初期的重要特点。在唱歌教学中主要的问题是教师应该如何帮助学生通过对歌词与曲调的体验表现出革命的思想情感来。在开始唱一首新歌之前,或是唱得大致熟练了以后,教师对歌词及词与曲配合的情形应该用种种方法做适当的解说,引导学生投入歌曲的思想情感之内,这样才能收到音乐教学的功效。这种歌词讲解的方法也融入了唱歌教学法的涵盖内容,因此对于歌词与曲调孰为教学中心的争论大量存在,针对歌词讲解在唱歌教学中的比重越来越重的现象,有人认为,"在歌曲教唱中,要把旋律的音乐性作为非常重要的内容,思想教育并不是仅仅对歌词的讲解来完成,教唱旋律是教唱歌曲的中心部分。艺术的主要特点是通过旋律来表现的。因此,我们应该把时间适当地分配,把更大的气力花在这个中心部分,耐心地帮助儿童去领会歌曲的音乐形象,耐心地帮助他们掌握演唱这首歌曲的全部方法,使他们唱好这首歌,并从其中受到思想上和情绪上的感染。可是,有着前面那种看法的人却把这点忽略了,而用连篇的讲演和宣传来代替音乐的教学。……音乐课究竟不是语文课,音乐教师不能忽视音乐艺术的感染力量,而把思想教育局限在歌词的范围内。"在歌曲教唱的过程中,科学的发声法也是重要的教学内容之一,在唱歌教学中除了把握情感因素,还要研究儿童科学的发声方法,教师引导学生从"胸声"唱歌改为"头声"唱歌,从这个角度看,中小学唱歌教学法又具有专业化技能教学特征。

由于歌曲的教唱是音乐课教学中的主要内容,因此对歌曲的选材与教材教法是唱歌教学方法的重要内容。20 世纪 50 年代,教育部就有把音乐教材与教学法相统一的主张。教育部于 1950 年 8 月颁布《北京师范大学暂行规程》,明确规定中等师范必须开设中小学教材教法课程。1952 年 7 月,教育部师范教育司印发的《师范学院教学计划(草案)》对开设此课做了明确规定。1957 年,教育部将"教学法"课程恢复定名为"教材教法"课。教师的教学实践中,也是把教材教法作为音乐教学法研究的基本方向。音乐师资的培养要注重音乐教材教法的研究,有些经过音乐专业学习的学生担任音乐教学,常感无从下手,这是因为没有研究教材教法的缘故。普通学校中的音乐教材一方面是教学的工具，另一方面也是教学方法的根本所在。这种以教材为本的音乐教学方法在完成教材知识与思想意识塑造目标方面是有着积极作用的,但其弊端也非常明显。中华人民共和国成立初期,国家需要通过教育统一人民的国家意识、爱国意识,因此具有民族情感的、爱国主义的音乐题材得到高度提倡。在这样的情况下,基于儿童兴趣而编写的教材则很稀少，但也出现了很多优秀的以儿童语言创作的教育歌曲,如《手推小车》《我是小机器》《纸老虎,不要怕》《少年儿童队之歌》等。在教育意识为主题的教材编写情况下,另外一个弊端也显现出来,音乐教材选择的综合性被忽略,从而陷入单一的境况。在此基础上的音乐教学方法的目标便是教材中音乐知识与思想的传递，单纯以教材为依据的音乐教学方法过于僵化和单一。

另外,低年级的唱游教学也是这个时期值得关注的问题。唱游是符合低年级学生学习心理的较佳的音乐学习方式,把唱歌与游戏、身体律动相结合是儿童感受音乐、表现音乐、学习音乐的有效办法。唱游教学是中小学音乐教学的一种方法，也是中华人民共和国成立初期各学校音乐教学常用的一种形式。对中小学低年级的学生而言,逻辑化、学科化知识并不适合他们的年龄特点,在教学中,综合性与年龄段成反比关系。静态的、单一的、逻辑化的教学模式都与其生理与心理形成较大的反差,教学效果不会很好。在音乐课中,唱歌与游戏的结合解决了学科与年龄的直接矛盾,也得到广大教师的一致认可,是适合于学校低年级音乐课的较好形式。在实际的教学中,唱游教学的开展遇到了很多问题,教育部于 1950 年拟定的《中小学音乐课程标准(草案)》对低年级唱游课有明确的界定,但其中一些标准高出学生的实际能力，因此当对这份草案征求全国教育专家的意见时，当时还在上海美专的汪培元认为，低年级唱游的小歌剧应改为歌唱表演；低年级唱游基本七音的发音要用五声音阶教学；每周教学时间，最好规定为二十分钟或四十五分钟一节。唱游形式也是一种音乐教学的方法，是教师在运用各种设备与教学技巧的基础上激发学生学习音乐、表现音乐的兴趣，创造良好的音乐学习氛围。但中华人民共和国成立初期的师资情况无法满足唱游教学的顺利进行，音乐教师的兼职情况很普遍，多数只是级部教师领着学生进行简单的活动，如果学校的场地和设备不够完善，那么活动也可能无从谈起。

除了较大规模的中小学外，多数学校缺乏教学设备，如风琴、钢琴、节奏音响乐器、较大的场地等。没有场地，没有琴，上唱游课便等于上音乐课，还有些学校教室相隔很近，声浪互相冲突，连歌都无法唱好。因此，有些学校把唱游课改为故事课。只有设备较好的学校，唱游才能教好，才能收到良好效果。因受场地限制，设备缺乏，教师业务水平又差，唱游课往往只是成了唱歌或是歌唱表演，谈不到韵律活动和其他活动。虽然中小学低年级唱游教学的定位已经具有了良好的理念基础，但在具体的实施过程中，需要相关客观条件的支持，如空间、音响、音乐教材等，师资也是其中重要的环节之一。由于中华人民共和国成立初期的经济条件对音乐投入的诸多限制以及部分领导意识的淡薄，大多数学校的音乐唱游课都没有专用的教室，课程或者在室外进行，或者直接在普通教室上课。空间的局限性使学生的唱游活动名不副实，真正意义上的唱游课没有得以实施，学生还是坐在课桌旁，以静态的方式进行单纯的唱歌活动。另外，没有适合于儿童唱游的教材也是影响唱游课无法正常开展的原因。中华人民共和国成立初期,教育的相关建设项目还有些落后,音乐的创作没有丰厚的根基,作曲家针对学校的教材创作寥寥无几,特别是低年级学校的音乐教材更是屈指可数,相当一部分教材只能由教师自己创编。这样的客观情况致使中小学音乐课资源贫乏,教师困于"巧妇难为无米之炊"。

(二)不完全意义的欣赏教学法

欣赏教学是中小学音乐课一个重要的教学内容,一般采用录音机、收音机等音响设备使学生欣赏音响资料。这种形式涉及学生的学习状态、音响、场地等诸多因素,是由较多相关因素组成的课堂教学形式。从教学目标看,这时期的欣赏教学多为扩大儿童的歌曲积累服务。教学方法就是利用现有的视听工具,使学生扩大音乐接受面,使音乐常识得以扩充。但因中华人民共和国成立初期经济条件的诸多限制,欣赏教学无法实施。因为设备太少了,甚至根本没有设备,只是偶尔由教师唱一两支歌,或是专门开一次音乐晚会而已。除个别学校外,大多数学校只能听听收音机来开展欣赏教学。因此,学校中的欣赏教学是受客观条件限制的不完全意义上的教学行为,教师进行欣赏教学时,也采用其他辅助的方法,比如借助键盘乐器或其他中西乐器作为欣赏教学的手段。

(三)附属性质的、力求突破的音乐知识教学法

中华人民共和国成立初期的中小学音乐知识的教学也常被称为音乐常识教学,内容以乐谱知识为主,也有一些关于音乐的其他内容,如音乐家及音乐作品的介绍。关于音乐知识的教学,基本都以乐谱知识点的教授为主。而唱歌在音乐课中的主体地位一是使乐谱教学成为必然,二是成为乐谱教学的一个工具。更明确地说,乐谱知识教学是唱歌课的补充延伸内容,这显示出乐谱知识教学的从属地位,因此往往这方面的教学是通过歌

曲附带地讲一些简谱的知识而完成的。乐谱知识是学生普遍不感兴趣甚至强烈排斥的教学内容,因其带有强烈的学科信息教授色彩,而使乐谱知识的教学陷于枯燥乏味的套路。乐谱与歌曲密切结合的乐理教学法是当时较为科学的方法,对于乐理教学,许多教师只在教歌时偶尔"指点指点",或是相反,花一两个小时专授乐谱知识而不与唱歌密切结合,这种教学都是会失败的。当然,乐谱知识本身具有不可避免的客观局限性,但教师本身的音乐素养以及教学技巧在这部分内容的教学中则起到关键性的作用。与乐谱知识形成鲜明对比的是,同样具有知识性的音乐家的故事内容,则受到学生的欢迎。其中,讲冼星海、聂耳等中国音乐家的小故事是具有较好教学效果的内容。学生需要符合自身感性认识的知识,他们的学习注意往往集中于与自我环境及自我期待具有较强相关性的内容,而乐谱知识本身的特点,往往要求教师在教学过程中避免枯燥、呆板的说教式方法,力求把知识化的内容形象化、生动化。有的教师为了使学生乐于接受乐谱知识,会在教具上进行创新,活动音符、音符牌、音阶梯、调号板、变调器、音乐尺等都是简单易行的教学辅助手段,这些教具在帮助学生理解乐谱的道理与记忆乐谱符号上能够起到不同程度的作用。

由以上音乐课堂教学现象可以看出,音乐教学方法的优化意识并不突出。虽然音乐的学科性质决定其教学应具有审美愉悦的接受性,应强调感性思维的积极参与,而音乐知识的教学如果过于强调知识化,便使音乐的感性特征在学生意识中有所背离。对于五线谱的教学,究竟要不要教、什么时候教,用固定调还是首调等,都是令音乐教师感到棘手的问题。从主观上说,教师的五线谱识谱能力也有很大的局限性,要不要教、能不能教都受到了很大的限制。从客观上说,五线谱和简谱是同时并存的两种记谱体系,哪种作为教学的重点以及如何加以融会贯通,是对教师提出的一个不可回避的问题。很多教师在五线谱的教学上采用讲授式,以知识点形式把"线"与"间"的概念进行讲解,这种方法一方面是音乐教学方法过于专业化,另一方面是与受教体的低龄化不相适应。由此而暴露出的教学弊端显而易见,学生的学习兴趣受到很大打击,学习效率不断降低,并与音乐课其他内容的教学严重脱节。如何启发学生的音乐学习兴趣成为音乐教学法进步发展的中心问题。

三、教学方法矛盾剖析

(一)教学目标的人本位与实际教学方法的物态化

前面我们提到,教学目标的确立是有一定科学性的,在这样的原则指引下,音乐课程的开设及教学的发展,应该说是有本可鉴。但在大的原则指向下,教学的实施则由教师自身掌握。在实际的教学过程中,音乐教学具有物态模式或者可以说是工具模式的特点。所谓物态模式(或工具模式),是指音乐教学目标的指向性,以及音乐教学方法的实施特征,指向具体的可见性成果。比如,音乐课中的唱歌教学,其最直接的目的首先是使学生学会这首歌曲,在这样的目标指向性下,教师会反复地范唱,并配合一定的语言讲解,这样的教学过程有着客观的成果评析,使学生的思维塑造、能力发展的人本位教育目标处于弱势位置。虽然也有人会提出异议,认为歌曲中的思想情感传递就是对学生思维教育的一个说明。需要解释的是,这里的人本位论,是指对学生自身发展特性以及自身个性、品质的自我完善,与歌曲中所要表达的统一的思想情感指向没有一致性,而具有个性特征。由此,教育目标中对人的情感、美感教育的终极目标在教学的真正实施过程中,首先要服务于既定的教学任务,而非从人自身精神、个性角度出发。不可否认,音乐这门学科,尤其是歌曲具有自身所特有的教育机能,凭借歌词的传情达意,学生完全能够从中受到启发与教育。这由音乐本体的角度可分析得出此结论。那么,换个视角,作为教育工作者,如何最大限度地发挥音乐学科的教育潜能,最大限度地调动学生的学习兴致则是必要之举。这要求我们在看到音乐教育工具意义的同时,合理论证其学科特点,发挥音乐怡情传意的功能性,不只简单地停留在会唱几首歌曲的层次上,更重要的是让学生从音乐的本质特征中自然而然地接受其词中意义。

(二)课程内容设置的合理化与教学投入的有限化

音乐教学的实施主体——教师,对于教学目标的明确以及如何顺利使其得以实现,关键是教学方法的科学化、系统化、明确化。中华人民共和国成立之初的中小学音乐教师,大多数没有经过专业的师资培训,只要能够看懂简谱就可以担任音乐课的教学,对于音乐知识的系统学习只占很小的比例。对学科特点的掌握不够到位,对学科本质规律不够谙熟,如何在音乐科自身规律中寻找适当的教学方式,对很多教师来说都是一个不够明确的问题。久而久之,教会一首歌曲也就成了唯一的任务。造成这种现象的原因之一,就是教学方法不够系统化,不具有明确的导向性。音乐教学法在师范专业的课程中,对于教学过程的提示也基于物态模式的范畴。

另外,学校领导及教育主管部门对音乐学科的不重视也对音乐教学的顺利开展造成了一定阻碍。有些中小学音乐课只规定上课时数,但没有音乐教室、教具,甚至也没有合适的音乐教材,音乐教学没有完善的教学要求,往往只以教会了几首歌曲作为唯一的教学目标。至于音乐知识、音乐欣赏以及视唱等知识则成为学生望尘莫及的事情。缺乏合格的音乐教师也显示出教育投入的局限性。没有音乐师资的充足储备,没有足够条件的师资培养,使得合格的音乐教师少之又少,音乐学科的真正教育潜能无法最大限度地体现。以上的客观情况在我国的很多地区都存在。教具缺乏、教材滞后、师资紧缺,都显示出音乐课教学方面的投入有限性。当然,客观的经济条件与音乐学科发展的阶段性对这种情形的存在具有不可避免的影响,我们在认识到这一点的同时,也应该从中得到一些启示。

(三)课程建立的初始化与课程完善的迫切化

教学目标的制订不符合各地的具体情况, 特别是在中华人民共和国文化教育起步之初。解析其中的规律,并有效地使其沿着科学的轨道发展,有其学科自身所无法逾越的有限值。很多地区要求根据当地的具体情况制订相应的教学大纲,其中也有一些成功的范例。由此可见,目标与实践的脱节也是造成教学法研究尴尬处境的原因之一。音乐课、唱歌课等课程建制在观念上并没有准确定位与区分,课程目标、课程设置以及教学方法等相关联动因素没有建立自身学科优势化发展的框架。中华人民共和国成立之初,文化教育处于起步阶段,对音乐教育的定位、课程的设置以及师资的培养等方面,都有着很多摸索前进的成分。

音乐学科具有成果隐性的特征, 它的教育成果往往发生在潜移默化的过程之中。在中华人民共和国成立之初,人文科学的相关研究并没有达到很强的相关性,如何使学校中的音乐教学符合人的发展规律,真正实现音乐学科的自身价值,需要依托于相关的科学研究。音乐教学法也不能脱离这种大环境而独立于其外。

（四）教学过程的传递化与教学成果的内省性

音乐教学过程中的音乐理论知识教学是最易与普通学科教学相混淆的，是音乐教学方法研究的"中坚"地带。在识谱教学方面，人们的讨论多集中于传授什么、何时传授，对于学生的接受心理与适用心理缺乏衔接，教学只是起到了信息传递的过程，只是作为音乐学习的工具性知识。更重要的是，缺乏音乐感觉的重要参与，缺少音乐材料的感性补充，把音乐知识孤立教学，教学方法必将成为枯本干枝，出现生搬硬套、死记硬背的枯燥特征。音乐教学的效果可以通过学生的歌曲演唱数量来评定，也可以通过学生的音符识记来作为考试的依据。中华人民共和国成立初的中小学音乐非但没有体现出音乐感性思维教学的特点，还在教学方法与评价体系上参照知识性教学科目的形式，这导致了教学方法的僵化与单一。中华人民共和国成立初的音乐知识教学片面强调了知识化层面，抛开了音乐本源性教学中心，在以音乐知识为教学内容的过程中没有处理好教师、音乐、学生三个因素之间的关系，音乐特质在学生思维、知识结构中的构建作用并没有体现在教学目标中。

（五）时事的变迁与教学的功能化

决定音乐教学方法表现特点的因素还反映在教材方面。音乐教材是音乐教学法研究体系的构成要素之一，20世纪五六十年代的音乐教学过程中的教材选择，在很大程度上是与社会的政治、思想教育等目的相联系的。时事的变迁在音乐教材中有所反映，以教材为依据的音乐教学方法必然会反映出教材中的思想内容。在时事的影响下，教师从对教材的选择到具体的教学实践方法研究，都会服务于"教育"目标的实现。教师会选择具有一定政治影响力的作品用以教学，为此，教学方法的研究便立足于歌曲或乐曲的内容的传达效能。在中华人民共和国成立初期,功能化的音乐教学法研究占有重要地位, 重视教材中的政治思想高度影响了对音乐本体知识体系的教学,"通过音乐的教育" 方法更适用于此时的音乐教学法特征表述。

第三节　改革开放初期音乐教学法发展与改革

1978 年 1 月, 教育部颁布了《全日制十年制中小学教学计划试行草案》,这对当时我国中小学音乐教育恢复正常的教学秩序起到了积极的推动作用。1979 年 2 月,教育部制订了《全日制十年制学校中小学音乐教学大纲》,指出:"通过音乐教学,应使学生热爱祖国的音乐艺术,熟悉民族音乐的语言,接触外国的优秀作品,掌握基本的音乐知识和技能,初步具有歌唱的表现能力、对音乐的感受能力和审美能力。"

20 世纪 80 年代我国实行改革开放以来,教育界提出了变应试教育为素质教育的口号, 这也为音乐教育和教学改革指明了方向。1982 年 3 月 10 日,教育部颁发了《全日制五年制中小学音乐教学大纲(试行草案)》,教学目标相对于 1979 年大纲没有太大的变化,教学内容包括唱歌、音乐知识和技能训练、欣赏三个部分,其中唱歌是主要内容。但这个时期除了把唱歌作为主要教学内容外,与之前的中小学音乐教学状况相比,音乐理论知识的教学地位得到提升。一方面是为了唱歌教学的需要,另一方面也是音乐专业化教学特征的体现。之前的"唱歌课"恢复到"音乐课"的状态,教师不仅要教学生歌唱,还要进行系统的音乐知识教学。唱歌教学法、乐理教学法和视唱教学法都是受到重视的研究内容，都是以提高学生音乐专业知识技能水平为目的。欣赏教学是这些音乐技能教学的延伸领域，在重视音乐专业化训练的情况下，并没有得到足够的重视。音乐教学法呈现高度专业化发展特征的同时，其教学弊端也显露了出来。音乐课的教学成为知识系统的教学，教学方法逐渐接近于其他文化理论课的特点，也会有作业、测验等考试形式。在这种情况下，20世纪80年代后对国外先进教学经验的介绍与吸收，带动了我国中小学音乐教学法的重要变革。这时期介绍了德国、苏联、匈牙利等国音乐教学经验的著作，相关文章大量发表，与此密切相关的教育学、心理学、音乐学、音乐美学等学科的新发展为音乐教育教学研究提供了大量的基础性成果。如果说中华人民共和国成立初期是中小学音乐教学的地位奠基阶段，那么本时期既是音乐教学法的高度学科化发展时期，也是重要的变革时期。

一、唱歌教学法在这个时期的主要特点

在这个时期，中小学唱歌教学法还是以听唱教学和视唱教学法为主要教学方法。听唱法还有很多不同的具体教学方法，如逐句口授、听琴模唱、分段听唱、全曲听唱，视唱教学法可以采用击拍唱、挥拍唱。与中华人民共和国成立初期不同的是，视唱教学法不仅在理论上得到倡导，在实践中已经得以运用并日益深化。视唱教学法研究是中小学音乐教学法研究的重要内容，视唱教学法成为唱歌教学的必然发展方向。教师关注学生对乐谱的熟练程度，并有意识加强这方面的训练。与此相关的乐谱学习、节奏训练、音准训练等音乐基础技能学习都在音乐教学中分列其位。教师在指导学生唱歌的过程中，往往注重唱歌与朗诵、音乐理论、欣赏、练耳、器

乐等知识技能的结合,轻唱与哼唱辅助,使学生的唱歌技能和音乐知识融会贯通,在实践中掌握学习内容。对于解决学生唱歌方面的难点,有的教师总结出一些教学方法,如"多次重复法、对错音辨别法、借名助唱法、音程过渡法、手势指挥法"等。由于对学生的唱歌能力是以演唱专业化的标准进行衡量的, 因此对学生歌唱的节奏感是教师在唱歌教学过程中必须合理解决的问题。20世纪80年代初,有很多教师使用"呼拍"的方法,即"强拍起唱,弱拍呼;弱拍起唱,强拍呼;拍中的强部分起唱,拍中的弱部分呼;拍中的弱部分起唱,拍中的强部分呼"。为了解决唱歌的节奏难点,也有教师使用生硬的"读节奏"方法,即用唱名读节奏。这种方法很容易使学生产生音高记忆上的混淆,不仅没有解决实际问题的作用,还丢掉了最重要的音乐美感因素。

科学的发声训练在唱歌教学中占有重要位置。这是教师对学生歌唱时的正确姿势、呼吸、发声、咬字吐字等基本唱歌技能的教学。音乐教学大纲中指出:"为了提高学生表现歌曲的能力, 进行唱歌的技巧训练是十分重要的。"教师在这方面的教学,往往从生理角度出发,研究关于科学发声的训练方法。从唱歌的呼吸训练看,教师会分阶段、分步骤地安排学生做纯呼吸练习、一定数量的发声曲等。

由于表现儿童生活、情趣的歌曲逐渐增加,因此教师更注重运用形象化的语言、采用比喻的方法启发学生对歌曲意境的想象力。这与中华人民共和国成立初期儿童歌曲中标语性的歌词是完全不同的, 教师的教学方法更强调美感与童化。由此,表演性因素加入唱歌教学中。唱歌教学不仅是教会学生唱会一首歌、做到正确的音准等基本唱歌技巧问题,还重视和培养学生表现歌曲的能力。从歌曲本身来看,教师以对歌曲的介绍、分析与处理使学生深刻感受和体会音乐的艺术形象，使学生在熟练演唱歌曲的同时，能把自己对音乐内涵的理解通过正确的唱歌技巧在一定程度上表现出来，这主要是声音及表情的表现力。另外，律动与动作表演内容加入其中，特别是对于低年级学生，身体与音乐的密切结合在音乐教学中日益突出，这与对国外先进音乐教学理念的引入有着直接的关系。20世纪80年代，国内已经出现了关于国外先进音乐教学法的介绍性文章与著作。1981年，廖乃雄先生在《音乐艺术》上发表了《卡尔·奥尔夫其人其乐》一文，1983年在《人民音乐》上发表了《卡尔·奥尔夫及其儿童音乐教育体系》，这是国外先进教学体系进入国内音乐教育领域的一个先导。在这之后，达尔克罗兹体态律动教学、科达伊的合唱教学理念都相继成为国内音乐教学的有益借鉴。从学习的角度看，对歌曲的理解可以通过身体的律动有所表现，这与之前的音乐表现方式相比有了很大突破。

二、音乐知识和技能训练方面的特征

20世纪80年代初，中小学音乐课的乐理知识与视唱、听音技能训练占到了很大的比重，甚至有人认为应该"直接将音乐课称为专业知识课，以识谱教学为中心进行教学"。音乐学院和各师范院校音乐科开设的很多音乐理论课及中小学音乐课都会有所涉及，只是在学习深度上有一定区别。

（一）乐理知识的教学与唱歌教学紧密结合

值得注意的是，随着学生年龄的增长，乐理知识在音乐课中的比重会逐渐上升。教师会在教唱歌曲的同时，注重乐理知识的有机融合。例如，教师在教唱的同时，提醒学生认识"1 2 3 4 5 6 7"，指出其"do re mi fa so la si"的唱名。由此，可以逐渐深入到音阶、小节、连线、反复记号等相关乐谱知识。当然,教学的过程并非一成不变的,对于中高年级的学生,有的教师主张乐理知识的"相对集中论",认为"除中小学低年级另当别论外,音乐课一上来应先不急于教歌,而是先用七八节课到十几节课的时间,相对集中地讲一些基础理论,进行一些基本训练。这种'相对集中',看来似乎失去了一些教唱具体歌曲的时间,实际上却为学生早日进入'独立识谱,千歌万曲任你唱'的自由王国赢得了更多的时间"。不论是把乐理知识置于先入为主还是与歌曲学习的齐头并进的位置,都在一定程度上显示出乐理知识教学必不可少的重要地位。从另一个角度看,这也是对提高学生音乐技能的训练,教学中仍旧带有音乐专业化的痕迹。

（二）视唱教学

在视唱教学中,普遍认为应把视唱法作为音乐技能训练的重要方法,提倡在学生学习歌曲的最初阶段使用听唱法之后,应把学生视唱技能作为重要技能来培养。在这样的理念下,很多教师在歌曲体裁、旋律等方面都有意识地训练学生的视唱能力。一般来说,视唱能力训练会放在中小学高年级,通常教师会根据歌曲的难易程度,选择容易的地方先由学生自己尝试视唱,在音高难度稍大的部分教师可辅助性地给以伴奏或范唱,逐句教唱的情况一般只针对曲调难度很大的部分。在以上教学步骤后,教师会要求学生能准确而连贯地视唱歌谱,而后再教唱歌词。

在指导学生视唱的方法中,从狭义的视唱教学看,有生唱法(看谱即唱或无准备视唱)、熟视唱(有准备视唱)、识谱背唱(就像语文教学中要求学生背诵诗歌一样)、默唱、移调视唱(训练固定唱名法)等。广义上的有听琴法、听唱法、比较法、说理法、击拍法、呼拍法、垫字法、闭口法、填词法、图示法,这些方法同样适用于唱歌教学中。以下是视唱教学中三种辅助性方法的介绍。

1. 击拍法

在学生视唱练习的实践过程中,教师常常指导学生借助"击拍"的方式来稳定并提高学生的节奏感,把曲谱的节拍组合与手的运动结合起来,使学生对节奏的体验更深刻且形象化,如图 5-1 所示。

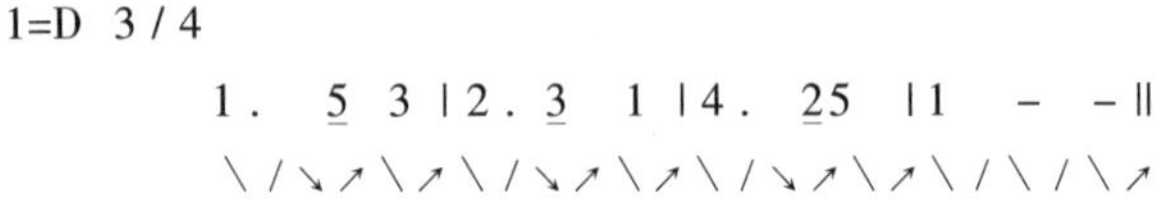

1=D 3 / 4

1．   5 3 |2．3   1 |4．25 |1 - -‖
\ \ ↗ ↗ ↗ \ ↗ ↗ ↗ ↗ \ ↗ \ \

图 5-1   谱例

这种借助斜线的击拍方式在 20 世纪 80 年代的音乐教学过程中得到大范围推广,对学生节奏感的稳定非常有效,得到广大音乐教师的认可。广大教师认为,只有在学生真正地掌握好节奏、节拍知识后,才可以不再借助这种方法。

2. 音阶图等直观视唱辅助工具

在视唱教学中,制作简易、用于训练学生唱歌音准的教具得到广泛推广。音阶图是把音与音之间的远近关系通过直观的图表形式列出,依次便可显示音阶中的音高、序列关系,如图 5-2 所示。

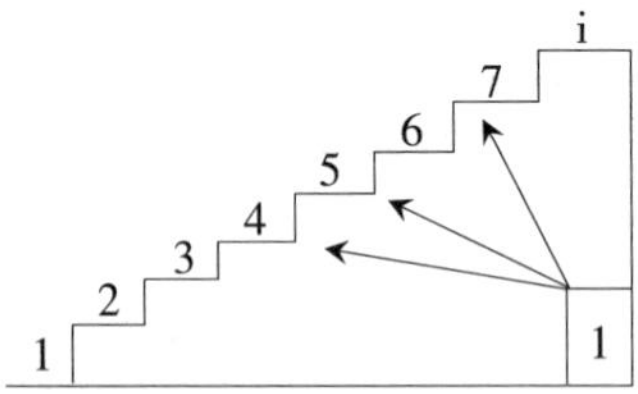

图 5-2   音阶图

3.伴奏

视唱教学的另外一种辅助方法就是伴奏,教师借助固定音高的乐器来指导学生的音准练习也是常用手段。口琴就是经常用到的调整学生音准的乐器。一般教师提倡乐器的使用要在一定限度之内,过多依赖乐器来指导学生音准训练并不是科学有效的。

三、欣赏教学法

音乐欣赏是音乐课的一项教学内容,包括声乐欣赏和器乐欣赏。欣赏教学是"听"的教学法,主要借助录音、唱片、教师的范唱范奏、音乐会、影视资料等手段,使学生大量接触音响,并辅以作品的讲解与提示,以启发学生的想象力为原则,将音乐知识有机融合。20世纪80年代中期,音乐欣赏教学逐渐引起人们的重视, 是在人们意识到识谱教学过于专业化而提出的,音乐的感受力塑造取代了专业性识谱教学的主导地位。如果把识谱教学放在音乐教学的"第一位",甚至以识谱教学为中心,每周仅有的这点音乐课时部分用来进行视唱训练,在教唱歌时,视唱曲谱占去了大部分时间和精力,而体会、表现歌曲情感却"全然顾不上",这样一来,实际上冲淡了音乐教育的审美价值,使音乐课实际上"没有音乐",思想教育也难以实现。作为在借鉴国外音乐教学经验的基础上,针对学生音乐"双基"教学的僵化与专业性问题,很多教师呼吁进行教学改革,提倡注重学生的音乐感受力、表现力、鉴赏力、创造力的培养,要求教师首先是艺术表现力的"楷模",欣赏课则是提升学生审美能力的有效方法。

我国第一个全国性的关于学校艺术教育的纲领性文件《全国学校艺术教育总体规划(1988—2000年)》中提出:"中小学应有专门的艺术教室和活动室,配备教学黑板,多用划线规、键盘乐器、录音机、教学挂图等;教师用具应配教材与教学资料录音带;学生用具应配响板、双响筒、碰钟、串铃、三角铁、沙锤;并配备各科共用的电教器材。"欣赏教学在教学设备方面逐渐得到完善,教学地位得到肯定,教学方法也有了新的改进。教师注重将音乐与其他媒介手段结合,如音乐与图片、音乐与故事、音乐与活动等形式,使欣赏教学更加符合儿童的学习心理。在欣赏课程的安排上,逐渐从音乐史的内容排列顺序转变为某一主题、某一版块的方式。让学生"听"音乐的教学方式取代了以往"讲解"式的教学方法。教师在欣赏教学中注意到了语言的使用艺术,针对中小学生对音乐概念认识的有限性,教师尽量避免过多使用音乐术语,使其语言贴合学生的语言特点。在对音乐作品结构的提示中,还是主要借助使学生"听"的教学方法,鼓励学生从速度、音色等音乐要素中获得认识。从整个中小学音乐课的教学情况看,欣赏教学还属于唱歌和识谱技能教学的辅助部分,欣赏首先是为提高学生的听辨能力服务,教学中包括"听记主题、听辨音色、分析结构",最后才是"按乐曲情绪进行联想,形成'视象'"。同时,随着借鉴美国综合音乐感教学法等国外教学经验,欣赏与创造力的结合也逐渐成为教学目标,欣赏教学的思维创造性逐渐被重视,也为即将到来的音乐教学的人本位理念革新做好了准备。

四、器乐教学法和唱游教学法

1988 年颁布的《九年义务教育全日制中小学音乐教学大纲》与之前的大纲相比,明确了音乐教育的美育功能,增加了器乐和唱游的教学内容,明确提倡采用五线谱。器乐进课堂是在中小学音乐教学中新开拓的领域,是在借鉴国外先进教学经验的基础上的结果,也是音乐教学技能知识训练延伸和拓展的领域,是为了使学生能受到良好的音乐素质训练和能力培养而增加的，其目的在于使学生在学习乐器的最佳年龄接受并获得学习机会。器乐教学对音乐能力的全面发展和培养各类人才都具有现实而深远的意义。中小学音乐教学中常用到的乐器是口琴和笛子，也有一些简单易学的其他乐器，如口风琴、木琴等。教师普遍认为学习乐器可以活跃课堂气氛，激发学生学习音乐的积极性，增强节奏感、音准感，可以提高学生的独立视谱能力。因此，器乐教学不仅是教会学生一种乐器的演奏，更重要的是帮助学生在音乐知识技能方面获得更有效的学习途径。因此，在器乐的教学中，引导学生视谱和听辨能力的训练非常突出，包括视谱演奏、节奏模仿、歌曲伴奏等。教师在课堂中需要把唱歌、欣赏、乐理等知识有机地融合在器乐教学中，以使学生的音乐知识素养得到完善。

唱游教学在中华人民共和国成立初期已经存在，只是由于客观条件以及师资的限制，唱游课的开展并不具备相应的规模，被简单地定位为"活动课"或"游戏课"。1992年的《义务教育全日制音乐教学大纲》中，唱游课被正式列为中小学音乐教学内容，这是在儿童教育心理学、教育学等相关研究门类以及学习借鉴国外音乐教学经验的基础上结合我国国情而确立的。唱游教学是学与玩的教学，它用身体的动作来感受音乐，用协调的动作表现对音乐的理解。它的主要内容有律动、音乐游戏、儿童舞蹈及其基本步法、歌唱表演及小打击乐等。在唱游教学中，教师引导学生把音乐与活动、表现、创造相结合，在儿童的自然音乐感受中进行浅显的音乐知识和技能教学。教师可以引导学生用即兴的动作或手势表现音乐的音高走向，可以用形象鲜明的儿歌来调动儿童对音色的感受，也可以用身体的运动来表现音乐的速度、结构等要素。在完全调动儿童身体感受表现的基础上，启发儿童进行音乐的创作。陈蓓蕾老师总结出一些常用的唱游教学方法,如"游戏竞赛法、律动歌舞法、情景展现法、即兴创作法、横向联系法",发挥儿童的身体与思维能动性是教学法的根本所在。教学的方法也会随着教学内容的改变而有所创新,因此教师往往会在低年级的教学中选取具有丰富儿童表演因素的歌曲,让儿童在教师的提示下或自由的形体创作中,获得对音乐的感觉与认知。

20世纪80年代初期至中期进行了音乐教学的一期课改,这时期中小学音乐课的教学体现出以下三个方面的特征。

(一)美育思想的导向性

1979年的《全日制十年制学校中小学音乐教学大纲(试行草案)》在"目的任务"中指出:"音乐教育是进行美育的重要手段之一,是培养学生德、智、体全面发展的不可缺少的组成部分。"1992年的《义务教育全日制音乐教学大纲》中明确了美育在全面发展教育方针中的地位和作用,从而肯定了音乐教育是美育的主要内容和途径之一。美育口号的提出并不是这个时期的创造物,我国近现代著名教育家王国维先生于1903年在《论教育之宗旨》一文中,提出智育、德育、美育、体育并举的教育宗旨,成为近现代史上第一位提出四育并举的人,也是第一个提出将美育作为教育重要内容的人。20世纪初,蔡元培先生提出将美育列入学校的教育方针,号召"以美育代宗教"和"为人生的艺术"的口号,成为近现代教育史上的一个里程碑。"美育"理念在音乐教育实践中深刻而真实地体现,成为改革开放后一个意义深远的关键词,它是音乐教育价值的合理体现的必然途径。强调音乐的美育作用,通过突出音乐学科自身独特的构成方式,从而达到对学生审美体验、审美情感的塑造作用,对美育问题的讨论促成了音乐教学向更广阔空间的发展。因此,不论是从教育价值观看,还是在教育实践中的尝试,都体现出了人们对艺术教育更充分的认识。1979年,教育部副部长张承先曾就中小学音乐教育问题有过这样的表述:"音乐课能促进学生身心的健康发展,是德育不可缺少的内容。音乐课也能促进其他文化课的学习。音乐,特别是优秀的歌曲,能激励学生勤奋学习的意志,能调剂学习情绪、提高学习效果,能启发形象思维、发展想象能力,有助于培养逻辑思维能力。"姚思源在《对中小学音乐教育的几点意见》中写道:"我认为,作为美育手段之一的音乐,除了进行思想教育(德育),扩大人们对社会的、自然的知识(智育)外,还有音乐艺术本身的具体任务。如果这个问题不搞清楚,音乐课就不可能摆脱可有可无的地位;这也是长期以来音乐课不能很好地按照音乐艺术规律进行教学,在认识上的一个重要根源。"针对长期的"双基"音乐教学现象,审美教育被提到核心的地位。20世纪80年代中期以后,学校音乐教育的核心是音乐审美教育,通过美向德、智、体等发挥渗透和影响,而不应当离开这个审美核心,即超越音乐艺术规律,片面地追求它的德育和智育功能。音乐教育价值观的深入认识是促使学校音乐课不断正规化、科学化发展的最强大动力,也是音乐学科系统化、完善化的意识理念推动力。

(二)专业化教学模式与人本位思想的矛盾

从教学实践看,这个时期的中小学音乐教学法沿袭了专业音乐教育的模式,从提高学生的音乐素养进而达到美育的目的。而对学龄期儿童的基础教育来说,音乐过于专业化的教学已经忽视了音乐所能带来的感性美的首要作用。从教学方法看,教师也在努力使专业化的教学内容具有人文的意义,符合儿童的思维习惯。教学的专业化模式和音乐学科的人文感性教育特征出现矛盾性。例如,在中小学生的普通音乐教育中,把音乐教学的目标定为发展学生的"调式感",提高其准确听音的技能。这些用于培训专业音乐家的教学内容同样被用在了儿童的音乐教学中。同时,在教学的过程中,教师也在努力从教学方法上进行创新,希望解决专业化的音乐训练与儿童情趣之间的矛盾。以唱歌教学为例,在教唱跨度较大的音程时,教师会用"指唱"或"梯子(音阶)"的方法来帮助学生掌握音高。教师也为了避免学生对音乐知识化教学的反感与僵化,而注重"精讲多练",把音乐知识(包括基本的声乐知识)的讲解贯穿于唱歌、视唱中,避免那种"从概念到概念"的抽象讲解。在歌曲的选材上,教师也注重计划性,按照歌唱技巧或音乐知识,由浅入深地合理安排教学进度。音乐技能教学的专业化教学方法是本时期的重要特征,但不可否认,其中也蕴含了人本位教育思想,特别是借鉴了国外先进的奥尔夫、柯达伊、达尔克罗兹等音乐教学经验,音乐课的教学方法从根本上获得了巨大的革新。

(三)国外教育理念的传入

对国外教育理念的引入是20世纪80年代之后的一个突出现象。其中较有影响力的有瑞士的达尔克罗兹首创的体态律动学、匈牙利柯达伊的音乐教育、德国奥尔夫的音乐教育、日本铃本和雅马哈的音乐教育、美国的综合音乐感教学法等,同时影响我国基础音乐教育的还有德国、苏联、日本、罗马尼亚等国的中小学音乐教学大纲。改革开放之后这些新鲜血液的注入,使我国中小学音乐课获得了更加宽广的视野,广大教育工作者将国外教育的先进经验与我国音乐教育状况进行各方面的比较综合,提出我国原有的音乐知识技能教学方法应该进行改革,如何融合各国先进教学经验成为我国教学法研究的新问题。

随着改革开放号角的吹响,经济、文化无一不在开放的舞台上兼收并蓄。作为教育领域中日益受到重视的普通音乐教育,对国外先进教学理念的引入、推广是其前进中的重要推动力。音乐课教学目的日益深化,教学实践注重学生能力的提高,不再局限于教学内容的灌输。虽然我国本土的现实状况不可能与国外先进教学理念在短时期内得到很好的契合,但从思维模式与实践的角度方面,都为我国中小学音乐教学提供了可贵的借鉴。

20 世纪 80 年代以后对国外教学经验的引入改变了我国以音乐知识体系教学为中心的教学理念,在借鉴吸收奥尔夫、科达伊等国外先进教学经验的背景下, 我国在 20 世纪 80 年代中后期展开了第二次音乐教学改革,这是我国音乐教学法研究一个重要的转型时期,也引发了大量关于我国音乐教学法与国外音乐教学法的比较研究。

1.国外音乐教学理念的引入

首先,从学习客体观察,音乐本体与精神、能力延展相比较而言,奥尔夫等音乐教育体系对后者有着更多的关注。脱离音乐知识本体的束缚,立于学生能力基点,发挥音乐教育的工具作用,最大限度地挖掘学生自身创造性潜能的提升,都是奥尔夫等音乐教育体系的本质所在,创造、直觉、情感、交流、个性等都成为这些教育模式的关键词。在奥尔夫等教育体系看来,中小学阶段的音乐课应该是符合儿童的生理特性、与之学习习惯相适应的教学形态。儿童完全可以自由活动,选择自己感兴趣的内容,对音乐的各种形态都可以探究。学习内容是开放性的,如果需要,音乐课中出现天文地理的科学知识也不足为怪。我国从建立学堂、设立音乐课、学习学堂乐歌的阶段,直至美育口号的提出都在音乐本体方面努力探索,试图借用音乐本质特点对学生的人格潜质进行熏陶、教育。20 世纪后半期,国外音乐教育理念的引入使人们认识到, 对学生能力的开发还有更广阔的领域,音乐课是一种发挥个体能动性、活跃思维、有助于人际交往的动态化模式,这与我们传统意识中音乐课正襟危坐的状态大相径庭。我们的传统意识认为,音乐课就是一门课程,它有教学的本体与客体,与其他课程一样,承担着知识传承的任务,音乐教学法与其他学科在行为过程中没有本质上的区别。当然,中华人民共和国成立初期就有低年级学生的唱游课,这种课程设置与教学方法说明对儿童学习兴趣与音乐本体特点需要结合考虑。但是,由于客观条件的限制以及传统教学思维的原因,很多教师认为,律动就是儿童跟随乐曲,做有规律的舞蹈性动作。教师按照乐曲的旋律、节奏、速度及地区特点适当编写小的组合,动作以不影响唱歌的呼吸以及课堂秩序为宜。有特色的动作要反复出现,既便于记忆又完整统一。音乐与肢体的和谐性被固定在了教师的舞蹈编配中,音乐教学法的改革势在必行。音乐教学区别于其他学科的独到之处,在于运用具有时间艺术特质的音乐进行美感熏染,是作用于学生感性意识的教育模式。然而,仅仅对这一点的认识并没有使音乐特质的作用发挥到最大程度,而仅仅把某些歌曲、某些音符、某些节拍作为音乐发挥其功效的唯一方法,这也就是我们音乐教学最初的落脚点,音乐教学法也就围绕着如何把这些歌曲、这些音符、这些节拍教授给学生。随着人们对世界认识的不断更新,“音乐”的内涵也在不断完善,音乐教学法的变革使音乐课堂空前活跃,音乐一直充溢在课堂中,教师引导学生在音乐中活动,在音乐中表现,在兴趣中获得。这是音乐教学法所呈现的有别于传统意义的特征。

其次,学习客体决定了音乐教学法的选择。从教学方法看,由于教学目的根本性的不同,也就使教学方法展示出了不同的面貌。既然传统的教学客体是教材上客观存在的一首首歌曲、一条条线谱,那么就决定了我们在教学中要教会学生如何呼吸、发声,如何理解歌词的含义,如何认清五线谱上的音符。教学方法具有优劣的界限,正如教师不会科学的发声而使学生只会"喊歌"的现象,那么他的教学方法正确与否便值得怀疑。教学方法正确与否的判定标准还是集中于教师是否把音乐教学计划中的某一项或某几项音乐内容(包括歌曲、音乐知识和欣赏曲目)"成功"灌输给学生。在奥尔夫等国外音乐教学体系中,教学目标首先界定于学生能力的发展,鉴于此目的,教师在教学过程中不会对某种知识与技能做硬性的规定,而是针对学生的学习习惯和思维习惯为他们提供好的引导。"法无定法"可以很好地诠释这种音乐课的教学方式。"教学方法"在这里不再具有统一的判定标准,没有具体的操作规范,如果在这里更换为"教学理念"应该更为妥当。这对我国的音乐教学法变革的影响首先体现在教学价值观的评定方面,如果音乐知识的传递显性成果失去其评定指标的意义,那么音乐教学的方法便可发展多维性的空间。

2.启发式教学与程式化教学

20世纪末之前我国的普通音乐教育,在对音乐教学资料的选择以及教学方法的探究上,都强调利用世界范围的音乐教育相关优秀资源,启发、诱导学生感受音乐的美感,增强艺术表现力。无论是我国传统的普通音乐教学还是国外音乐教育理念的论点,都主张以生动的音乐作品激励学生的思维想象空间,以音乐独一无二的艺术价值影响学生的感性思维活动。以音乐作为引线,启发性的教学在国外音乐教育理念中具有典型性。我国的程式化教学痕迹明显,有些教师认为,以往的教学常规,一般是将某段视唱或节奏练习、歌曲和伴奏以及音乐处理准备得详细,而后就按照这些程序和内容去支配自己和学生的一切活动,因此往往能预测这个备课公式所产生的课堂结果。在教学革新的过程中,教师支配性的教学方法逐渐融入"启发"的意义。"启发"一词,在我国的音乐教育中也是一个极为重要的词汇,然而笔者认为,我国在其语义的生成指向以及实践成效上与奥尔夫等国外音乐教育体系存在本质上的区别。我国的"启发"教学带有明显的程式性特征,也可以称作不完全的启发式教学。针对这个论点,我们可以从以下两个方面加以讨论。

第一,从教学过程的目的指向性分析,启发式教学目的具有人本位性,或者说纯粹人本位。在教学过程的某阶段看,也许目标显示出物态性或实质指标性,即某音乐知识的掌握或歌曲的熟练演唱,但这都不是启发式教学的根本目的所在。音乐作品对学生思维能力的影响实效才是启发式教学的最终目的。这里所说的思维能力,并非单纯的音乐思维,而是作为社会中的个体所必须具备的大脑思维、实践能力。从这点看来,启发式教学是在对音乐学科价值深度挖掘的基础上建立起来的,奥尔夫等国外音乐教学向我们提供了不同于传统的音乐教学思维角度。在我国传统意义上的普通音乐教学中,"启发"一词在教师的教学过程中与国外音乐教学理念有着根本性的不同。教师首先要"启发"学生对固有音乐作品的理解与想象,学生的思维在很大程度上要围绕预先设计好的课程内容而走向较为统一的思维定式中。我们可以称作目的单向性,即是否掌握音乐课中的教学知识内容为其首要课程及教学方法成效性的评价方式。在这样的导向下,程式化教学模式在我国传统音乐教学中具有明显的痕迹。

第二,启发式教学应该是在大方向的目的指向下,借助音乐开发学生任何一种潜在的思维、想象能力。排除音乐课程的单一性,提倡学生的音乐体验与参与,既提供了审美体验的可能性,又将学生的创造力扩大到最大限度。在这里所说的一切可能性,可以包括音乐以外的与音乐能够产生一定关联的知识门类。每个教师可以有不同的选择,每个学生也可以有不同的选择,只要是能够开拓学生思维、启发学生想象力的知识,都可以作为教学过程中的媒介。当然,我们的音乐教学还是在音乐的基础上展开,以音乐作为教学主轴,以螺旋式知识累积来发挥音乐独到的教学价值。贝内特·雷默在《音乐教育的哲学》一书中写道:"一门教学课程要成立,就必须包容一切可能的音乐体验以及参与模式和发展样式。"音乐课若要实现其教学价值,必须借助唱歌、欣赏等一切相关形式。在我国的传统音乐教学中,这样的过程往往是把唱歌等音乐技能作为音乐教学是否具有有效性的评价指标,这样的前提便会使音乐课可以在固有的情境下,如教材、空间、时间的框架式规划下进行。我们的音乐教师就可以在普通的音乐教室中,给每一个学生分发一本教材,在每周固定的时间教固定的歌曲。音乐课呈现出封闭性与单一性特征,音乐教学方法便显示出程式化样式。

3.教与学的主体辩证关系对音乐教学法的影响

20世纪美学的研究经历了几次重大转型,从最初的研究作家转向研究文本,再从研究文本转向研究读者。作为音乐教学哲学观的因素的音乐美学,也经历了从对作曲家到作品再到听众的研究转向,当代音乐教学的学生成为音乐教学过程中的主体对象。音乐课是实践性、活动性的课程,它要求师生双方都要积极地投入音乐活动中,这是音乐课区别于其他数理化学科的一个重要标志。我国从19世纪60年代至90年代的洋务运动所主张的新式学堂问世开始,音乐便一步步成为正式的学校教育科目。在学堂乐歌的教学浪潮中,唱歌成为学生在音乐课堂中所学习的唯一内容。以后随着对音乐课程认识的不断深化,教学内容逐渐增加欣赏、乐理等丰富的内容。但是，长久以来学堂教学模式在人们头脑中留下了根深蒂固的印象，坐在课堂中聆听教师的讲解与示范，对音乐科目的认识与其他文化科目没有太大的差别，我们的学生在音乐中的活动不是自由的，不是想象力的创作结果，而是在教师的要求和提示下完成，并要在不破坏课堂秩序的前提下进行，这种音乐学科知识化的讲授方式持续了半个多世纪。

在教师与学生主体论的问题上，我国传统的教学模式对教师的主导地位毋庸置疑。这里存在历史的、现实的种种原因。随着教学研究的深入和社会环境的变化，音乐教育领域开始重视音乐本身的教学意义，从音乐本身出发的教学研究发生在音乐技能、知识等多个板块中。唱歌、欣赏、乐理等音乐学科性质的教学逐渐细分化，"唱歌为主，识谱为辅"的状况逐渐被唱歌、识谱或乐理、器乐、欣赏并重的音乐教育结构所代替，学生的音乐课开始生机盎然。在这个过程中，学生的主体地位已经开始带有一些迹象，教学考虑学生的接受能力，教学内容循序渐进，教学方法逐渐摆脱知识化而转向音乐化，这都是学生主体意识的萌芽。学生主体地位的真正确立是在20世纪80年代以后，国家政治经济也已稳定，改革开放的格局已经建立，音乐教学在总结传统、借鉴国外的基础上，在教学目的、教学内容的制订上，真正建立起学生主体地位的教学思路。

第四节　21世纪音乐教学法发展与变革

21世纪是一个"学习化"时代，教育由传授给学生固有的书本知识全面转向塑造学习者的新型人格。同时，随着音乐教育学科的研究成熟化，把音乐教育放在世界大舞台的视野中去研究成为 21 世纪重要的音乐教学新理念。然而，长久以来应试教育机制所形成的音乐技艺性、知识性的教学模式与素质教育理念形成严重的碰撞，对传统的音乐授教模式与国外音乐教育体系的融合与重构问题引起普遍关注。在世界经济一体化的大背景下，地球村的发展状态又在国内引发了人们对中国及世界传统音乐的教学思考，教学资料的极大充实引起教学方法的相应革新。中小学音乐教学法的革新发展受到多方面的影响，从 2000 年开始，教育部确立了学校艺术教育改革的基本发展思路："以法规建设为基础，以课程改革为核心，以教师队伍建设为主要任务，以农村学校艺术教育为工作突破口，加强艺术教育的科研工作，真正使艺术教育在今后几年里有一个较大的发展。"在这样的思路指导下，制订新的音乐课程标准刻不容缓。中小学音乐教学法的实践与总结和以下四个因素有着紧密而不可割裂的关系。

一、教学方法的理念指引——《全日制义务教育音乐课程标准（实验稿）》

当前实施的音乐课程标准首次将审美价值、创造性发展价值和表现与社会交往价值作为学校音乐教育的三大主要教育价值。

在国内基础音乐教学取得一定成果并具有相当规模的背景下，随着国际间优秀音乐教学经验的相互交流及实践的深化，为争取教学目标与教学方法的最大优化，而在 21 世纪初由中华人民共和国教育部制定了《全日制义务教育音乐课程标准（实验稿）》，它就是"在新的历史条件下，现行音乐教育观念、内容、方法、手段和评价体系等方面已不能适应素质教育发展的要求"的历史要求下所出现的，它也通常被我们称为"新课标"。新课标是我国在借鉴吸收国外音乐教学理念的丰厚积累下，真正要求自身教学实践与其实践教学融合的体现。在国家方针中,明确提出学生审美、创造、社会交往、文化传承方面的教育价值,是 21 世纪基础音乐教学的又一重要里程碑。对音乐课程的定位之后,就是相应教学方法的革新,在课程目标与教学内容获得深度上的补充之后,对课程内容的择选、对学习(或课程主题)的把握、对学科的多维伸展以及对课程的评价方式,都可以纳入音乐教学法的涵盖之中。这是因为自国家课堂体制建立以来,音乐教学目标较多地表述为"培养儿童活泼、愉快、热情、勇敢及'五爱'国民公德和保卫祖国、保卫世界和平的爱国主义思想和感情"(1950 年)、"是全面发展教育中的完成美育的手段"(1956 年)、"是启发学生革命理想,陶冶优良品格,培养高尚情操和丰富感情"(1979 年)、"建设社会主义的精神文明,造就一代新人"(1982 年)、"培养学生的审美能力;使学生热爱社会主义祖国、热爱社会主义事业、热爱中国共产党;对学生进行集体主义教育、爱国主义理想教育"(1988 年)。学生至善至德的教育目标较突出,在此种方针的指导下,教学内容与教材基本是统一且固定的,教学方法因此而单一且有模式化痕迹。在国家统一新课标的表述中,音乐教学从课程基本理念、教材择取到教学过程,都是具有可以在极大限度内发挥教师潜能以及激发学生学习潜能的诱因功能,从教学的策划到教学的评估,都是教学方法的体现。因此,"方法"的创新在当今具有了前所未有的广度和深度,教师可以发挥高度的能动性与创造性。与其说音乐教育是争取在最大限度内挖掘学生的潜能与创造力,不如说首先应在教师的教育教学科学领域引导其向科学、灵活方面发展。

二、教学方法之内容择取——多元文化

随着世界音乐学术研究的不断细化,诸如比较音乐学、音乐民族学、音乐人类学、比较音乐教育领域的研究,使人们开始把视野投向了又一全新的领域——多元文化。

对多元文化音乐性质和价值的研究给世界普通音乐教育提供了一个值得关注的问题。其中,美国对多元文化音乐教育的研究与实践为其他国家提供了很好的借鉴。成立于1953年的国际音乐教育学会近年来也针对多元文化音乐教育问题组织世界各国音乐教育人士展开了一系列讨论与实践,大家普遍认为"音乐"应该与"文化"相结合来理解,世界上的音乐种群没有好坏优劣之分,每种音乐种类都代表其深厚的文化底蕴。随着"地球村"的形成,人们应该意识到接受外来音乐、外来文化是自身获得发展不可或缺的内容。在中国,多元文化在普通音乐教育中的渗入,已经使音乐教学实践发生了新的探索。音乐课所接触到的学习客体也随之扩大化、兼容化。传统的音乐教学内容不再是编好的教材那样单一而固定,教师可借助发挥创造性教学方法的媒介越来越多。中国普通音乐教育已经逐渐融合世界音乐素材,在教学媒介发生极大的延展时,教学方法必定随之发生联动革新。在强调音乐"民族性"的同时,以开阔的视野,学习、理解和尊重世界其他国家和民族的音乐文化,通过音乐教学使学生树立平等的多元文化价值观,以利于我们共享人类文明的一切优秀成果。在音乐教学中的多元文化体现,主要在于各国各民族的音乐品种,如各民族的特色乐器、音乐节奏形态及旋律形态等。这些音乐形态是在各国文化形态下的反映,学生由对音乐形态的接触与理解而达到对文化的感知。这是音乐学科

在新时代下具有创造性的功能体现。如何凸显音乐形态的主要特征、如何在我国学生理解的基础上达到对这些音乐的认知，绝对不同于以往教授某一首歌曲的方法。音乐与文化、感性与认知，当今音乐课程内容的外延使教学要在内容的贯穿与相关性方面寻找合理、科学的方法，并非简单地叠置来组织教学内容。教师既要利用音乐来传递文化，也要在文化的传承中使学生了解音乐。从这个角度说，教学方法的表现形态首先应该是"音乐文化的组织方法"和"构建方法"，其后才是"教的方法"。

三、教学方法之音乐本体形态

教学内容的多元化使音乐课堂表现出前所未有的丰富性与充实性，但从另一个角度看，也使音乐课程的音乐主体概念逐渐淡化或中间化。在传统的概念中，音乐课与"歌曲"似乎有着最为密切的相关性，而现在的音乐课似乎并非一项内容而能概括的。在之前音乐课中的节奏、音色等"音乐"内容逐渐从属于学生的自身能力发展等教学目标之后，也就是说，音乐本体的教学内容从之前的唯一或是独立性特征，发展到更细化或者更有相合性特征，也可以说已经是"元素"形态的教学。所谓相合性，是指依附于某种音乐或文化形态中所能体现出来的音乐本体特质。例如，在使用四川民歌《太阳出来喜洋洋》讲解商调式时，教师在制订教学内容时，会首先确定民族文化的第一层目标，即四川民歌乐种；而后是它的音乐特征，这时商调式被提炼出来，即以元素性特征表现在教学过程中。虽然有时也以《太阳出来喜洋洋》作为商调式教学内容的媒介体，但从教学思路上说，这样一般会先引入商调式的概念表述，再引入曲例。特别是针对中小学低年级学生来说，直接以曲例入手，欣赏先导，商调式作为音乐教学的第二层目标更为合理。当然，如果想在教学目标与内容方面寻找最佳的结合点，教学方法的最优化便是最重要的方面。音乐本体的元素性现象是感性教学思路的体现，不把音乐本体作为"刻意"知识性传授，而是由其他的音乐独立形态来呈现音乐本体特征，是音乐教学过程的现阶段现象。音乐教学方法就是要在呈现独立的音乐形态时，恰当而合理地达到音乐本体知识的提炼与传授，使学生对音乐学科体系内的知识得到构建。

四、教学方法之课程依托——学科综合

新课标"前言"的第二部分提倡音乐学科的综合发展，"音乐教学的综合包括音乐教学不同领域之间的综合；音乐与舞蹈、戏剧、影视、美术等姊妹艺术的综合；音乐与艺术之外的其他学科的综合"。这不仅要求教学内容上的整合，也赋予了音乐课程更广阔的范畴。学科的综合要求在课程设置方面突出新的内涵，是音乐学科发展到特定阶段的产物。正是由于人本位教育思想的确立，注重教育心理学、哲学的学科交叉发展，不仅在教师自身的教学方法上提出了新的视角，而且随着课程论的发展，使音乐课程发展到多维性、多元性形态。"音乐教学法"在这时更多的意义在于大量利用音乐相关性因素的融入，包括民族文化、历史形态、视觉艺术、地域差异等。传统意义上的音乐课程教学法又多了一层含义，即"组织音乐课程的方法"。学科的综合表现为多种形态，但主要还是依据音乐主体的教学需求，以此作为主线，在多方位与其他学科得到交叉整合。得当的音乐教学方法在于怎样高效率地运用其他学科的学科优势，既使音乐本体相对突出，又使其他学科和音乐本体形成交叉整合。评判音乐教学法优劣的标准不再是一首歌曲、几个音符就能得出的，更多的是知识信息的汇总及组织

方式,对音乐课程的再定义方式,即每节课的重组与创新方式。

可以说,21世纪初的音乐教学更注重实践性的拓展,方法论不仅在理论上对各方理论进行总结归纳,更在实践中摸索发展。与20世纪音乐教学方法相比较,21世纪的音乐教学对音乐教学法的研究更具有冷静、客观、实际的态度,在21世纪的中小学音乐课中,教师与学生的主动性都被最大限度地调动了起来。音乐课程的发展是音乐教学法发展的重要推动力。从教师的角度来说,教学方法不再是对某一领域(或层面)知识的指向性方法,在课程内容、课程目标等因素最大限度扩展的前提下,教师对内容的组织与排列、教学能动性等因素的选择都是教学方法评价体系的指标。可以说,"音乐课程教学法"是"音乐教学法"在新时期下的再表述。

第五节　中国当前教育语境中的音乐教学法改革

一、中国现阶段的音乐教学法使用现状

(一)教学方法落后

仅从中华人民共和国成立后的音乐教育方面来看,音乐对于人的个性完善、个性思维发展等方面的教学意义,已经在各时期的教学大纲及课程目标中多有表述。可以说,历史始终处于风云变幻之中,教育目标的指向与其是紧密结合的关系,教育目的的改变在各时期的表述都非常明确且具有一定的先进性与实际性。教育目的在某种程度上是具有科学性的,那么,教学方法相对于教学目的来说,存在严重的滞后现象。从音乐教学

方面看,中华人民共和国成立后的将近七十年的历程中,音乐教学方法的研究还处于学科知识分化的狭窄、单一、刻板的研究模式中。即使是在当代全球教育信息流通化的背景下,我们的音乐教学法研究依旧没有突破固有的框式。教育目的与教学方法之间的脱节现象在 20 世纪后期后现代教育思潮的发展洪流中显得格外突出。中国现阶段的音乐教学是在世界经济文化的风云变化和多种思想浪潮中做以抉择与定位的。20 世纪下半叶产生于欧洲大陆的后现代主义思潮让人们又产生了对现代音乐教育的反思。后现代主义教育思想强调多元、崇尚差异、主张开放、重视平等,推崇创造,否定中心和等级,去掉本质和必然。在这样的观念指引下,学校在教育目标上发生了重大变化。在后现代教育思潮中,学生对文化、社会、生态环境、自然伦理道德层面都要建立自己的批判意识,反对同一性,学校课程的重点是学习和自我发现。

(二)音乐教学方法呈开放态势

音乐教学呈开放态势,学校、社会、家庭音乐教育体系的构建成为现阶段音乐教学发展的更为广阔的根基。音乐教学不再只是学校课堂中的一门学习科目,更多的眼光投向了学生所生活的所有环境因素。"教学"这个术语不仅用于正规的课堂情境,现在也可以用于复杂的社会、家庭情境中,可以说,"教学"的实施过程可以存在于对诸种看法、信念和价值观念系统地获得的许多领域。正如 J.M.索里和 C.W.特尔福德所著的《教育心理学》中对教育形态的设想:"学校将比过去提供更多的直接经验,较少的替代性经验,……学校可能将日益成为社会,而社会也将日益成为学校。"作为学校主要教学形式的课堂教学将会在其教学目标、教学方法上进行本质的变革。面对来自各方多如潮涌的音乐信息,学生不论是在学校还是在社会,都时刻处于判断与学习的过程中。教师的教学不能仅限于教材的固定内容,教学的空间也不能仅限于学校的三尺讲台,突破固定信息的传递教学模式是更新教学方法的必要举措。教师的教学要求注重对学生音乐思维的引导,在于对学生音乐判断力的提高,因此在被称为信息化时代的今天,培养学习者在成长的过程中发展自我选择信息的能力就显得格外重要。换言之,在音乐教学中养成信息处理能力和选择判断能力,是一件重要的事情。有效地利用大众传播媒体,并通过大众传播媒体向学生提供更为广泛的音乐信息,让学生亲自接触、体验音乐,受到音乐的感动和得到音乐的乐趣,掌握研究音乐的方法,这样的教学才能培养学生必要的信息处理能力和选择判断能力。音乐学科化研究方式的音乐教学方法将会接受更复杂、更多维的音乐教学环境的挑战。因此,我们不仅要考虑课程综合化的发展趋势,还要在个体生理、心理研究领域展开更多、更深层次的合作。

(三)综合教学法与副科教学法的辩证统一

随着人们对音乐教育的逐渐重视,也随着人本位教育思潮的强烈导向,音乐教学方法的研究较之前而言,在逐渐地倾向于与其他学科教学研究相中和、相渗透。当代音乐教学的显著特征在表层形态上表现出音乐学科知识教学的淡显化。中小学阶段的学生喜欢活动、模仿力强,直观的教学方法和音乐整体授课的方式成为主要的方法论观点。针对中小学生的音乐知识技能教学受到争议,音乐教学法研究集中于技能教学法研究的现象有所改变。然而,支持音乐知识教学弱化趋势的更深厚基础,应该是教学结构的理性逻辑构建。音乐课不能成为"大杂烩",不应该是资料的形式堆积,音乐教学方法不能简单地从音乐本体主导论转向人本位学生主导论。针对中小学生的音乐教学,是要在音乐的思维与学生的感性思维之间寻找多维而合理的结构搭建桥梁。音乐本体知识是音乐教学的本原,教学法研究是要寻求以适于儿童接受的方式,摆脱知识框架的生搬硬套,而把基础的音乐学科知识以多种有创意的方式教授给学生。音乐的思维是教师教法的根本, 这与学生个体发展是无根本性冲突的。王安国所著的《从实践到决策:我国学校音乐教育的改革与发展》中对素质教育有一个全面的论述,他认为,音乐教学不是万能之学,它在发展个体某一能力方面作用显著, 但若使音乐教育功能在提升个体某项能力方面发挥最大潜力,则必须以音乐本体作为主干。所以,笔者认为,在新课标的宏观指导下,还应针对音乐教学中音乐知识本体教学进行更详细具体的定位,以为学生主体教学意识表述增加学科基础涵盖。关于音乐知识教学的具体内容,当然要与传统教学形式有所不同,内容的改革要与当前世界音乐教育的现状相结合,在教学上要求摆脱"灌输式"的教学方式,与个体能力发展意识相对应,开发思维。这样既是新阶段教学思维的正确体现,又可以把音乐学科的最优势一面发挥出来。教学方法的实施是其中的重要环节,要寻求最合理的结合点。

(四)语言操作在音乐教学法中的运用

随着 20 世纪三四十年代世界各国丰富的音乐教学经验理论逐渐传入我国,我们在审视自身教育体制的同时,对外来的有益教育教学经验进行合理的吸收与融合。在这个过程中,新事物与旧模式的结合在一些方面相得益彰,在某些方面又貌合神离。新课标中对学生个性发展、学科综合、多元文化等新的教学理念的表述使教师在思想意识中从本质上融合这些因素,而不只是在教学方法上把这些因素简单地相加。中小学阶段学生的学习特征是从以形象思维为主而逐渐向自我认知、自我探索方向发展,感受与鉴赏是整个音乐学习活动的基础,如何培养学生对音乐的兴趣,如何培养学生良好的音乐鉴赏能力,是中小学阶段音乐教学法重要的讨论问题。在感受与鉴赏板块内容的教学中,教师往往对传统的讲授法避而远之,认为语言的传递是过时的、落后的,音乐是唯一启发学生情感意识的媒介工具。这就是比较突出的新课程教学理念与传统教学思路所产生的冲击在教学方法的实践过程中所必然产生的现象。在某些情况下,在音乐的教学过程中,语言很容易具有固定性语义,音乐教学中的语言讲解性功能的过多体现,会在音乐理解上造成单一性,学生的音乐认知能力、音乐思维能力会受到语言的束缚。自觉地关注语言的不稳定性以及历史的局限性能使我们尊重"认知范式"的多元性,意识到那些"已经是很清楚的问题"其实还有我们并不清楚的方面,因为人类认识的进步常常不仅反映在原有范式下所做的新探索、新发现,更体现在由于思想范式变换而发现的原先被遮蔽了的认识盲点。学生对音乐的认识是建立在多种基础之上的,这包括自身的生活经历、学习的前理解状况以及学习氛围的营造等。因语言而抹杀感受的差异性,是音乐教学中的不当之处。但是,语言的应用在中小学音乐教学法中也不可以完全摈弃,刻意地回避语言,一味地聆听音乐,相对于中小学阶段的学生而言,音乐难免会多出几分陌生感,并会因个体的理解差异而丧失了对音乐最美好一面的感受。教师的讲解、提示,力求简明生动、富有启发性。语言在儿童的音乐鉴赏教学中具有辩证的功能,教师的语言艺术是中小学音乐教学法研究中的一项内容。因此,笔者认为,教学方法使用正确与否的标准不是表现在具体的教学手段的区别上,而是看其在所属的特定教学氛围以及对教学内容组织合理与否的界定上。教师如果以为由于表现形式的意义是不可言传的,所以文字对教学就没有用,那就大错而特错,或许是致命的错误。语言仍然是达到审美目的的基本手段。不可否认,"语言"带有个人的主观色彩和历史局限性,语言具有意义传达的有限性。然而,针对学龄儿童的认知结构的发展阶段,其"前理解"结构是极为有限的,语言的描绘不仅可以给儿童的想象提供间接的材料,而且对想象的开展起着指引和调整的作用,语言的意义就在于其恰当地找到学生知识的盲点而给以明确的补充。教师不应该是限制"语言",而是寻求一种"介质语言",在教学内容与学生个体之间建立独特、合理的"语言–音乐"建构。

(五)音乐本体淡化

"关于音乐的教学法"还是"通过音乐的教学法"成为音乐教育教学科学研究的中心议题。音乐与情感在教学中的比例关系在一定程度上也显示出音乐教育的中心思想。笔者认为,音乐教育原则和音乐教学行为一定要坚持音乐本体的中心地位,并将其贯穿于全部的教学过程中。关于情感的教育是作用于学生思维的潜移默化的教育,不能被某位教师的意志所左右。教学是关于音乐的教学,情感是多种因素的复式作用,音乐相对于不同的学生个体起到不同的辅助作用。音乐本体的美及其知识体系应该是音乐教学的基本内容,方法论研究也是首先植根于音乐本体知识的教学科学研究。另一方面,音乐本体的淡化现象与课程观的发展也是相关的。音乐课程的内容设置与教学实施都显示出多元化、综合化的特征。音乐课程正以前所未有的包容性吸纳来自各方面的元素。当代课程观注重发展学生的逻辑思维、注重激发学生的创造力、注重知识结构的最优化配置,音乐课程也必然着眼于学生的个体发展,也必然要求自身在最大可能性上进行学科的延展。音乐课的多元性怎样来体现,音乐性在其中的比重要如何分配,这个问题在实践教学中往往会出现矛盾。我们的音乐教学首先应该是对音乐目标的达成基础上,辅以其他学科知识的呈现,或者以其他学科知识作为对音乐目标达成的工具性介质。综合的同时,我们的音乐教学仍然应该是"音乐"教学。为音乐教学所进行的信息量汇集以及多维课程结构设置方面,综合及多元都是很有效的实践手段。音乐教学中对音乐本体及相关材料的取舍,都是当代音乐教学法研究的重要课题。

二、教学方法的改革重构

(一)教师

身为教学法实施的主体,教师的作用必须予以重视。教师是整个教学过程的控制系统,而学生则是受控制系统。教师在对教学信息的吸收与组织中起到主导性作用,当然,这是在符合中小学阶段学生受教需要的前提下完成的。教师既要传授音乐知识,又要组织课堂教学,是教学过程中的行为主体。对中小学阶段的学生而言,教师的教学控制能力更加重要。7至10岁的学龄儿童需要多元化、直观化的教学方式,对他们的音乐学习进行适当的指导是非常重要的。我们需要正确建立教学中学生学习自主性与教师导向性的科学、合理的临界点。学习教材内容仍然是学生在学校中的最大任务,教师是教学活动中不可或缺的角色,是"活的知识载体",学生的受教知识应该来源于教师。音乐教学如果没有教师指导学生系统地学习音乐知识和技能技巧,就不可能从感知音乐的美到创造音乐的美,最终达到表现音乐的美。因此,教师的指导帮助是极为重要的。我们改进教学方法,研究教学规律,最终目的是让学生掌握尽可能广博、实用的知识体系。教学方法的施行者是教师,主导教学方向的是教师,新课标中的学生主体意识的凸显也应该是对教师教学方法的指导和指向,不要在重视学生自主学习的同时而忽视教师知识教学的存在。

（二）实践

音乐教学法的研究不能成为"空中楼阁",更不能成为边缘模糊、淡化本质特征的过渡性学科。当代对音乐教育人本位教育的准确定位,体现出音乐教育主目标的科学性。对教学成果具有直接影响作用的是次级目标的制订。笔者认为,音乐教育的次级目标应该是以音乐核心概念为轴心,以多元性、立体性、交叉性的教学策略去诠释传统的"音乐教学法"概念,也可以说,这是"音乐教学法"的意义重组。"方法"不是一成不变的定律,也不是一种或几种程式化的演示,它是处于不断运动与变化之中的,是研究怎样将不断扩充的教学内容加以组织的问题。传统的方法论的弊端就在于把教学内容简单地叠加、并行排列,形成一个封闭型的教学构局。随着革新步伐的加快,教学内容在形态上形成一个有机的组合体,以本体知识为基本框架,呈发射状构局,对教学方法的研究更注重寻找各内容之间的有机结合,从而使教学方法具有无约定性的、创新性的、开放性的特征。音乐教学法研究的任务是要把学科结构的最佳构建的效能发挥出来,是要在学科与学生个体之间搭建平台。这个平台两极重心的转移也是影响教学法的重要因素。

（三）外延

为学生营造立体的审美感受空间是音乐教学必要的延伸手段。贝内特·雷默在《音乐教育的哲学》一书中写道:"审美体验是一种生命力很强的草,凡是有人的地方,它就会茂盛茁壮地生长。只要有良好的生长条件,审美感受力就会盛开、繁衍,结出快乐的果实。在丑恶的条件下(也就是缺乏审美品性的条件下),在缺乏对人的生活体验质量的关心的条件下,在对作为体验的一个正常组成部分的意义期待很低的条件下,审美感受力就得不到充分发展,就会衰弱。"我们不仅要在学校中注重音乐审美教育的施行,也要在一切可能的相关体系中延伸这一行为。音乐教学法不应该只是课堂上的音乐教学法,应赋予其空间、时间上的新含义。

（四）结合当代中国音乐教育现状的四大教学法重组

现在国外先进的音乐教育体系主要包括达尔克罗兹教育体系、柯达依教育体系、奥尔夫教育体系和铃本教学法。这些音乐教学经验虽然来自不同的国度,教学的内容与方法都各有特色,但首先可以明确的是,教学的主要目标是"音乐",教学的主要内容是"音乐",无论是通过达尔克罗兹的体态律动、柯达依的首调唱名、奥尔夫的原本音乐教学,或是铃本的反复强化教学,都是建立在音乐学科基础上的教学方法研究。因此,可以说,对中国影响极深的世界四大音乐教学法是在音乐学科教学方法不同视野中的展现形式。对先进音乐教学理念的借鉴是必要的,冷静客观的审视也是必然的。各国的文化与音乐背景不同,必然会使教学方法存在一定差异。正如平均律与五度相生律体系下的音阶教学,生搬柯达依手势教授五声音阶便不可取。如果把铃本的教学法单单看作为了培养职业音乐家和音乐工作者,那么其倡导的早期音乐教育和创设良好音乐学习氛围的观点便会陷入狭隘的教学思路。再综合考虑我国目前的教学规模以及可利用教学资源,尤其要求基础音乐教学综合吸收并重组国外教学经验,注重教学方法的可实施性以及与资源的相关性。登高可以望远,但重要的是因地才可制宜。

（五）寻找适合中国音乐教学的教材

当20世纪80年代大量介绍国外先进教学经验的同时，已经有专家呼吁，吸收引入国外教学法并不是一味照搬，而是在其教学理念的引导下，发掘本土教学资源，研究适用于本土音乐的教学方法。经过了三十多年的积累与摸索，很多专家与教师形成了独到的思路教学模式。但能够建立起完善的教学体系的条件还不够成熟。我国的本土音乐有着深厚的民族文化积淀，最重要的一点是，本土音乐在地域方面的差异以及文化发展不平衡方面的原因，使音乐教学内容中并不能都有所涉及。例如，地方小曲、渔鼓、花鼓戏、碟子曲等民间音乐曲种，其他的地方民歌或是仪式音乐，由于音响、曲谱、教师等资源的限制，不论是从文化还是音乐角度来看，都成为教学方面的盲点。对于这些音乐素材，除了进行必要的整理与挖掘外，还要寻找适合这些中国本土音乐素材的教学方法。

笔者认为，对中小学阶段的学生而言，本土音乐的教学在资源选择上，应尽量做到声（音乐）、像（影像）、图（图画或图表）并用的方式。有些民间音乐素材可以从节奏入手，也可以从音色入手，在突出音乐形态特质的基础上渗入文化意义的特征。关于其文化的阐释，可以在音乐比较的基础上引导学生感受其音乐语言的差异特征。感性的接受是主要的教学目标，特别是音乐的节奏或唱腔特点，可以引导、鼓励学生通过身体的律动以及其他表现方式，对该音乐品种的概貌有所理解。视觉、听觉手段的教学方法是本土音乐素材教学的必要手段。另外，如果条件允许，实地考察或通过网络进行远程交流，会增加学生的兴趣与注意力，放在实际环境中的教学效果会令学生印象深刻。在教学的过程中，还有一个问题是教师需要注意的，中小学阶段的学生往往会以音乐的"好听"与否来判断音乐的价值，而越是古老的音乐品种，其美的标准越会与当代音乐审美产生较大的差异，也越容易使学生丧失聆听的兴趣。在这种情形下，教师的教学也需要随着学生兴趣的转移而有所改变，不能强加于学生自己主观的音乐评判标准。利用学生的思维模式、学生的表述语言来突出或浓缩学习客体的独特韵律，使学生从比较感兴趣的方面进入学习状态。当然，具体的学习群体要有不同的教学方法。例如，城市的学生与农村的学生在学习蒙古族长调时便会有不一样的感受，教师就要注意教学方法上的差异。我国地大物博，各民族地区的音乐品种流派众多，教学的对象也是千差万别，因此教师一定要在深入研究了解教学内容与教学对象的特点的基础上，制订科学合理的教学方案。教无定法，但相对于不同的群体与客体，总有最佳的方法来与此适应。

参考文献

[1]骆旷怡.21世纪我国中小学音乐课程标准研究[D].扬州:扬州大学,2016.

[2]李珊珊.中小学音乐教育引发的思考[J].音乐时空,2016(7):181-182.

[3]林琳.新课标背景下中小学音乐教科书分析研究[D].哈尔滨:哈尔滨师范大学,2015.

[4]于丽.论改革开放初期中小学音乐教育的发展态势——从政府与民间良性互动的理论维度切入[J].戏剧之家,2015(6):217.

[5]刘昭.析二十世纪以来我国中小学音乐教育课程标准的发展沿革[D].保定:河北大学,2014.

[6]杨和平.新时期中国学校音乐教育法规建设研究[J].交响(西安音乐学院学报),2013,32(3):91-98.

[7]焦姣.21世纪中国中小学音乐教育观念研究[D].南京:南京艺术学院,2013.

[8]刘建君.中小学音乐教育的现状及对策研究[D].赣州:赣南师范学

院,2013.

[9]高明星.1949—2009年中国中小学音乐教育八次改革研究[D].哈尔滨:哈尔滨师范大学,2013.

[10]金世余.中华人民共和国中小学音乐教学大纲的发展[J].教育教学论坛,2012(22):255–258.

[11]李宁.新时期我国学校音乐教育法规建设研究[D].金华:浙江师范大学,2012.

[12]刘惠敏.中国音乐教育史理论研究现状分析[D].北京:中国音乐学院,2012.

[13]段彩霞.改革开放后我国中小学音乐教育发展研究[D].曲阜:曲阜师范大学,2011.

[14]胡洪刚.对中华人民共和国成立以来学校音乐教育改革的研究[D].曲阜:曲阜师范大学,2009.

[15]代苗.我国中小学音乐教育发展与改革浅析[J].发展,2008(02):105.

[16]王媛媛.中华人民共和国成立后我国小学音乐教学法理论与实践的变迁[D].上海:上海音乐学院,2007.

[17]张小鸥.多元文化音乐教育理念对我国中小学音乐教育改革的影响[D].长春:东北师范大学,2007.

[18]邢彦琴.国外中小学音乐教育的启示[J].教育理论与实践,2007(08):48–49.

[19]曾燕群.中小学音乐教学"综合化"发展研究[D].长沙:湖南师范大学,2006.

[20]杜永寿.中小学音乐教材论[D].福州:福建师范大学,2006.

[21]黄琦.中小学音乐教材建设初探[D].长沙:湖南师范大学,2006.

[22]宋莉.中国音乐教育的近代化问题研究[D].金华:浙江师范大学,2006.

[23]井华.解读中小学音乐教育的改革和发展趋势[J].中小学教师培训,2005(11):56-57.

[24]卢笛.中小学音乐教学法类型研究[D].开封:河南大学,2004.

[25]马达,陈雅先.中国音乐教育学的历史发展及其展望[J].浙江艺术职业学院学报,2003(04):60-72.

[26]范元玲.当代中国中小学音乐教材研究[D].长春:东北师范大学,2002.

[27]吴斌,郭声健.我国中小学音乐教育内在的问题[J].人民音乐,1999(12):30-31.

结束语

我国中小学音乐教育课程标准经过一百多年的不断改革和发展,在实践的基础上取得了明显的成绩,在结构和内容上越来越完善。由于社会历史的原因,虽然在有的时期没有得到良好的发展和实施,但就整体而言,我国中小学音乐教育课程标准的发展是积极的、向上的,为我国音乐教育的发展奠定了基础。所以,认真而又实事求是地对一个多世纪以来我国中小学音乐教育课程标准进行分析和总结,对于我国当代音乐学科的建设有着非常重要的意义。

对我国中小学音乐教育的状况进行客观的评价和理性的反思,将会更有利于把握我国中小学音乐教育的发展规律与前进方向,更有利于我国的音乐教育事业按照固有的发展规律快速、健康、稳定地向前发展。

改革开放后,我国的中小学音乐教育已经取得了有目共睹的巨大成绩,总体来说有七个方面:第一,教育行政主管部门制定了相关的指导中小学音乐教育教学工作的文件、法律、法规,以往的音乐教育无法可依,较为混乱的局面现在得到了巨大的改变;第二,中小学音乐课程的开设情况逐渐得到了好转,开课率明显大幅提高,中小学音乐教育长期存在的比较空白的状态得到了相应的改善;第三,优秀的中小学音乐教师大量涌现,中小学师资队伍建设的情况得到了一定的改善;第四,教育行政部门对中小学音乐教育的管理、教研机构、教学咨询方面逐渐重视,音乐教育过去没有专人负责、没有专门机构管理的状态得到了可喜的改观;第五,形式多样、丰富多彩的课外音乐实践活动大量开展,促进了中小学音乐教育事业的快速发展;第六,国外著名的音乐教学方法大量引进,在深入学习探讨后,中小学音乐教育教学水平得到了明显的提高;第七,在编写适合中小学音乐教学的教材、配备音乐教学器材、音乐教育教学的理论研究等方面都取得了令人满意的成果。正是因为取得了这些成绩,所以我国的中小学音乐教育事业才能快速稳步地向前发展。

在取得一定成绩的同时,我们还要清醒地认识到,由于我们国家的音乐教育起步相对较晚,因此目前我国中小学音乐教育的基础相对薄弱,底子比较差,而且发展不均衡,所以其存在的问题同样也有很多,总的来说,有五个方面:第一,中小学音乐师资力量紧缺,现有的教师综合素质偏低;第二,中小学音乐课的开课率普遍不高,尤其是临近考试时,音乐课几乎停滞;第三,政府对中小学音乐教育的投入经费相对较少,教学器材、设备奇缺;第四,中小学音乐教育的管理机制不合理、队伍不健全、机构不完善;第五,中小学音乐教学水平偏低,教材编写的质量不高等。当然,这些问题的存在总的来说不是靠几个科研工作者或几个音乐教育科研课题所能解决的,它需要依靠政府等相关部门来协调解决。

中小学音乐教育是实施审美教育的重要途径之一,由于社会环境以及长期的历史原因,中小学音乐教育在整个学校教育中一直扮演着思想道德教育的角色,它与德育的关系一直以来都没有得到很好的解决,这就造成了只关注中小学音乐教育的外在功能——主要是指辅德功能，而忽略了其内在的、最本质的功能——审美功能，有的甚至把音乐课程直接当成道德教育课，这就必然使人们不能真正地、全面地、科学地理解音乐课程的价值，虽然音乐教育的德育功能不容忽视，但一定要认清音乐教育与德育教育的关系。实施音乐教育可以达到一定的德育教育的目的，这是音乐教育的重要任务之一，但不是唯一任务，因此不能把音乐教育和德育看成从属或包容的关系。此外，在进行德育教育时，不能违背音乐教育的规律。因为音乐教育进行德育教育有它自己独特的手段方式，即通过寓教于乐的方式，达到思想情感上的潜移默化。违背音乐艺术规律，忽视音乐教育的特点，都难以收到德育的效果。换句话说，不能一味地把中小学音乐课程当成学校教育的一种附属课程或点缀课程，而忽视或不重视中小学音乐教育在培养学生的创造能力、开发学生的潜能、完善学生的人格、美化学生的人生等多方面的独特功能。错误、歪曲地认识中小学音乐课程必然会引起人们在理解音乐教育的教学目标和教学任务、教学原则和教学方法、教学内容和教学形式上产生相应的偏差。

因此，我们需要有强烈的责任感，吸取历史的经验教训，认清实际，展望未来，在历史教育的背景下对我国中小学音乐课程标准进行分析，并进行大胆的改革与实施。在我国新音乐课程标准的指导下，我国的学校音乐课程一定会发展成为教学内容丰富、教学方法多样的一门学科，对学生的人格、审美的培养有着极大的促进作用，使学生成为优秀的社会主义建设者和接班人。